高校体育教学方法与实践研究

郭景斌　韩宛娜　张兰华　著

吉林科学技术出版社

图书在版编目（CIP）数据

高校体育教学方法与实践研究 / 郭景斌，韩宛娜，张兰华著. -- 长春：吉林科学技术出版社，2023.7
ISBN 978-7-5744-0814-2

Ⅰ．①高… Ⅱ．①郭… ②韩… ③张… Ⅲ．①体育教学－教学研究－高等学校 Ⅳ．① G807.4

中国国家版本馆CIP数据核字（2023）第 177122 号

高校体育教学方法与实践研究

著	郭景斌 韩宛娜 张兰华	
出 版 人	宛 霞	
责任编辑	周振新	
封面设计	树人教育	
制 版	树人教育	
幅面尺寸	185mm×260mm	
开 本	16	
字 数	280 千字	
印 张	12.75	
印 数	1-1500 册	
版 次	2023年7月第1版	
印 次	2024年2月第1次印刷	

出　版　吉林科学技术出版社
发　行　吉林科学技术出版社
地　址　长春市福祉大路5788号
邮　编　130118
发行部电话/传真　0431-81629529 81629530 81629531
　　　　　　　　　81629532 81629533 81629534
储运部电话　0431-86059116
编辑部电话　0431-81629518
印　刷　三河市嵩川印刷有限公司

书　号　ISBN 978-7-5744-0814-2
定　价　81.00元

版权所有　翻印必究　举报电话：0431-81629508

前　言

近年来，我国不断推进体育教学改革，推进素质教育的普及，虽然取得了一定的成果但教学改革还有很长的路要走。

本书从理论和实践两个层面高校体育教学进行了研究。突出了系统性、实用性和时代性特点。首先，本书逻辑清晰、结构完整、内容系统全面；其次，本书的理论研究和战略性观点的提出是建立在我国高校体育教学现状的基础之上的，符合高校体育教学的发展规律和特点，指导性强、实用性强；最后，本书是在我国高校体育教学的改革和发展时期进行的科学研究，充分体现了时代性特点。

在本书的写作过程中，参考了许多专家和学者关于学校体育教学方面的书籍和资料，在此表示敬意和感谢，由于水平所限，本书难免存在不妥之处，恳请广大读音批评指正。

目 录

第一章 体育教学理论 ……………………………………………………… 1
第一节 体育教学的概念与特点 ……………………………………… 1
第二节 体育教学的本质与功能 ……………………………………… 7
第三节 体育教学的现状与创新 ……………………………………… 12
第四节 体育教学改俄的发展方程与趋势 …………………………… 18

第二章 高校体育教学方法的发展与改革 ……………………………… 25
第一节 体育教学方法基本理论 ……………………………………… 25
第二节 体育教学方法的选择与应用 ………………………………… 31
第三节 高校体育教学方法的发展与改革 …………………………… 40

第三章 高校体育教学的创新性探索 …………………………………… 47
第一节 现代体育教育新理念 ………………………………………… 47
第二节 体育教学的人文主义探索 …………………………………… 56
第三节 体育教学中新教育技术的应用 ……………………………… 59

第四章 高校体育教学设计研究 ………………………………………… 64
第一节 体育教学设计基本理论 ……………………………………… 64
第二节 体育教学设计的背景分析 …………………………………… 74
第三节 体育教学设计的评价研究 …………………………………… 78
第四节 新课改下体育教学设计思考 ………………………………… 80

第五章 高校体育教学模式基础理论 …………………………………… 83
第一节 体育教学模式基本理论 ……………………………………… 83
第二节 新型体育教学模式的构建 …………………………………… 94
第三节 体育教学模式的发展走向 …………………………………… 98

第六章 体育教学模式改革研究 ······102

- 第一节 体育教学模式理论与发展 ······102
- 第二节 体育合作学习教学模式 ······108
- 第三节 多媒体网络体育教学模式 ······115
- 第四节 体育翻转课堂教学模式 ······118

第七章 现代学校体育教学方法的优化选用 ······123

- 第一节 学校体育教学方法简述 ······123
- 第二节 学校体育教学的主要方法 ······128
- 第三节 学校体育教学方法的选择与运用 ······136
- 第四节 学校体育教学方法的最优化组合 ······140

第八章 高校体育运动训练的方法 ······142

- 第一节 重复训练法 ······142
- 第二节 持续训练法 ······144
- 第三节 间歇训练法 ······145
- 第四节 变换训练法 ······146
- 第五节 竞赛训练法 ······147
- 第六节 综合训练法 ······148

第九章 高校体育科学运动训练实践探索 ······151

- 第一节 科学运动训练常识 ······151
- 第二节 科学运动训练过程监控 ······168
- 第三节 运动负荷研究 ······168
- 第四节 训练运动处方与损失预防 ······171

参考文献 ······194

第一章 体育教学理论

第一节 体育教学的概念与特点

一、体育教学的概念

(一)体育教学的定义

体育教学是由"体育"和"教学"这两个词语组成的,把教学的概念与体育的理论体系相结合,形成了全新的教学内容与教学方法。在实际的体育教学过程中,体育教学和其他学科一样,具有完整、成熟的体系,需要进行组织活动和管理活动。体育教学与其他学科的教学也有不同点,如体育教学对教学环境有独特要求,对场地和器材也有不同的需求。由此可见,体育教学并不是思路固定、例行公事的教学活动,我们不能把其视为一种休闲娱乐的放松活动,它需要众多因素的共同作用才可以正常、合理、科学地开展。

体育教学的实践过程就是要通过学校教育,让学生在教师的管理指导下,进行理论的学习和了解,运动技术和技能的尝试与掌握,从而提高身体素质、保持身心健康、提高运动水平,形成对自然和社会环境的适应能力,培养良好的思想品德,养成终身锻炼的习惯,塑造自我个性的教育过程。

体育教学的概念目前尚无统一定义,不同学者都有各自的独特看法。潘绍伟、于可红在《学校体育学》中把体育教学定义为"学校体育的重要组成部分,是实现学校体育目标的基本组成形式,体育教学是教师的教与学生的学的统一活动。"龚正伟在《体育教学论》中指出:"体育教学论研究的对象是体育教学。体育教学与其他各科教学一样具有共同性,都是一种有目的、有计划、有组织地对学生传授知识和技能,发展智力和体力,培养品德与形成个性的教育过程。"姚蕾在《体育教学论学程》中指出:"体育教学是一种以体育教材为中介,学生在体育教师的指导下掌握体育知识、技术和技能,养成良好的体育锻炼习惯,促进学生身体、心理和社会适应能力健康发展的教育活动。"人们对新事物的概念界定一般都是在长期实践中的认识和总结，只有把概念弄明确了，人们才可以进行客观准确的思考与判断，才能更好地展开深刻的研究，进而得出更加深刻的结论。

任何事物的概念都应具有简洁、科学的特性，而如果把事物的目的、功能、价值等问题融于概念之中，则会使其不够简洁。基于相关学者的研究和定义，可将体育教学的概念进行归纳总结。体育教学是以体育实践性知识，即运动技术为主要学习内容的教学活动。需要注意的是，这种定义从一定程度上忽视了体育教学理论的学习。在体育教学中，学习技术、技能和战术的同时还要学习理论知识。在体育学习中，理论性知识的学习不仅仅是单纯地通过看教材、上网、看视频或室内理论教学课获得的，而是要把身体技能练习与理论性知识的学习充分结合，或者把体育理论知识的学习穿插于体育课堂教学的动作练习之中。也就是说，在体育教学中，既要重视技术技能的传授，也应该重视传授理论知识。而仅仅依靠阅读教材、论文、期刊、媒体资料或室内理论课等形式来对体育理论知识进行学习，从某种程度上来说是不太可靠的。

当然，在体育教学中，体育室内理论课肯定也是教学体系中不可或缺的一环，但它与一般意义上的理论知识学习仍有一定差异。一是在体育教学中，理论课的比例很小，每学期只有两课时左右；二是作为运动技术学习的补充课程，当学生对技术动作具有了一定经验后，再去学习相关的理论知识，这样能够对已经掌握的实践性知识有更深入的理解。体育教学的上位概念是教学，它指的是"以课程内容为中介的师生双方实施教与学的共同活动"，其特点是通过各学科的系统知识、技能的传授与掌握，来发展学生的身体和心理。教学的上位概念是课程，课程概念的覆盖范围比较大，教学是指各科学、各领域内（如语文、数学、物理、英语、体育等）的师生双边活动，在范围上不如课程那么广泛，更加具体化。因此，体育教学具有明显的学科教学特征，教与学的互动是体育课程的下位概念，与它同一层次的概念有物理教学、数学教学、语文教学等。体育教学是学科教学的一部分，体育教学应先属于教学，教学活动是体育教学的下属概念，是体育教学的第一本位。

（二）体育教学的内涵

体育教学活动并不是一成不变的，而是一个动态过程，这一过程中包括了知识和技能的传授过程。在体育教学的不同阶段，体育教学的概念、角色等也因为多方面的作用和影响而不断发生着变化。经过多年发展，现阶段体育教学的内涵包括以下三方面：

1. 体育教学是一门学科

在体育教学体系中有着诸多构成要素，其中主要有教学目标、教学内容、教学方法、教学模式、教学评价等内容。体育教学的目标主要是锻炼学生体能、提高身体素质、加强学生身心健康，它是一门相对特殊的课程，配合德、智、美、劳的发展，来促进学生身心的全面发展。体育教学中主要的教学组织形式是课程教学，体育课程教学是指为了实现教学目标，配合德、智、美全面发展，并以发展学生体能、促进学生身心健康为主的特殊课程教学。通过上述界定，明确了学习体育运动的知识与技能，但对学生的活动与对体育运动的体验，情感的反映与社会适应的关注比较有限。

2. 体育教学是教育的组成部分

体育教学是在体育教师的指导下，从运动科学、生物学、教育学、运动心理学、运动保健学、社会学等学科中吸收知识的精华，在体育与健康方面有规划、有组织、有目标地以身体练习为主要形式的活动，它与德、智、美、劳方面的培养相配合，共同促进了学生身心的全面发展。除了在运动能力上没有比较详尽的要求外，体育运动与体育活动训练方面的教育都能让学生身心的发展得到锻炼和培养，这也是素质教育的主要内容及方法。

3. 体育教学是活动

体育教学主要是有组织、有计划、有目标的进行相关体育活动的组合。相关学者在研究中也提出了类似看法："现代体育教学是为了使学生能在身体、运动认识、运动技能、情感及社会方面和谐发展的有计划、有组织的活动。因此，在教学实践中，学生仅仅掌握课本上的理论是远远不够的，体育教学是在亲身参与学习运动技能的基础上，来进行动作技能的体育活动，要达到一定的标准，才能积累体育感受的体验，通过这种身体的感觉和感受才能学习并掌握技术动作。

二、体育教学的特点

体育教学与其他学科教学有一定的共同点，但也有很多不同点。从体育教学的性质来分析，体育教学与其他学科教学的共性主要体现在以下几个方面。

第一，体育教学是教师与学生的交流及互动。在体育教学过程中，教师与学生的双边活动和其他学科的教学活动一样，具有互动性强的特征，教师与学生存在着双向交流。学生在课上的一举一动是公开的，教师的指导对全体学生都会带来或大或小的影响，教师的"教"与学生的"学"是课堂教学对立而统一的充分体现。

第二，班级授课制是体育教学和其他学科教学共同的上课方式。与其他课程教学一样，体育课的班级组成一般是自然班，但也有打破自然班组合的情况，如在高校体育课的选修课程中，每个教学班的人员组成并不是自然班，有同一个学院、同一个专业各个平行班的学生，也有同一个学院不同专业的学生，甚至有不同学院、不同专业的学生在同一时刻一起上体育课的情况。出现这样的情况是由高校体育教学的特点所决定的，虽然打破了自然班的建制，但实际教学中依然体现出了班级授课的特征。班级授课制的特点是一个学期内体育课堂教学的班级学生相对固定，且班级内学生的年龄、生理基础、技能水平基本处在同等水平线上。

第三，体育教学的主要目的是为了传授相应的知识和技能，这与整个教育事业的"传道授业"有着同样道理。一方面，相较于其他文化学科，大部分学生喜欢并且愿意上体育课，并且学校对体育课的要求越来越细致、严格，大家都知道参加体育活动对身心发展具有很好的促进作用，特别是对智力开发具有特殊的作用。

因此，体育教学是对"知识与技能"进行传承的独特方式。不同的是，体育教学传承的是体育文化。结合体育教学的性质，并对其他学科教学进行对比分析，可以总结出体育教学的基本特点。下面就来阐述一下体育教学的具体特点。

（一）师生身体活动的频繁性

在体育教学过程中，由于"身体知识"源于人体不断地思考、操作与实践，因此在体育教学中，需要体育教师反复进行相关技术动作的示范、指导与反馈，而学生要做的则是端正态度，集中注意力观看，之后再进行身体动作的尝试与体验。不通过亲身实践与身体练习，是无法习得相关技术与技能的。所以，在体育课的实际教学过程中，教师与学生进行身体动作教学是很常见的事情，但在其他学科的教学中很难看到。其他学科的课程一般情况下都在室内进行，还必须要求安静融洽的课堂氛围，这样才能对激发学生的思维、产生学习效果起到良好作用；但体育教学则恰恰相反，在活动过程中既有学生强烈的身体活动，也有适当的感情与情绪表达，这些都是外显的行为表现，不仅渲染了体育文化，而且直观地体现了体育运动中积极与阳光的一面。

（二）传承运动知识的操作性

与其他学科明显不同的是，体育运动的知识是"身体"的知识，身体知识对学生认知自我具有重大作用，其重要性需要得到足够重视。身体知识是一种回归人类自身感觉的知识。这方面的理论是人类发展过程中的一种特殊知识，是人们对外部自然知识的追求转向对人体内部知识的追求的结果，是人类面向自我、面向人类人体、面向人类自身的一种挑战。当今，各级学校都十分重视学生的主体性，关注学生的个性养成，这种追求人类自我知识的教不仅显示出体育教学的特殊性，而且还体现了体育教学知识传承的特殊目标与根本意义。我们可以满怀信心地认为，在未来，这类知识必将被大部分教育者所接受与认可，并将广泛地应用于人类身心健康的具体研究之中。

（三）学生身心合一的统一性

体育对人自身自然的改造，不仅是外在结构与生理机能的统一，还是身体和心理的统一。体育教学要在传承体育文化的同时还能改变学生的身体形态，并强化学生的心理与社会适应能力的发展。体育教学与其他学科的智育教学所处的情境是不同的，它营造了一种能够直观感触到的教学环境,这些直观明显的、生动形象的、富含情感的教学情境对学生的心理与社会适应能力的健康发展起到了促进作用。

因此,体育教学中的身心发展是一元的,符合辩证唯物论的哲学观点。身体发展是体育教学的基础,心理发展是依靠身体的发展而发展的,心理的发展同时也促进着身体的发展。体育教学中身心合一的统一性主要体现在以下三个方面。

第一,体育教师在教学中选择教学方法时必须要考虑学生的个人情况,符合学生的身心变化规律,使学生在一定运动负荷的要求下,在身体锻炼与整理休息的过程中实现发展身心的目的。在人体开始运动后,机体的生理机能状态出现变化,各器官进行工作,长期坚持后运动水平就会进一步提升;发展到一定水平时,会维持一段时间;当体内堆积大量代谢物质,如糖原等物质消耗过多后,机体的运动水平就会下降,在体育课程教学中,教师对运动负荷和调整休息有着科学的分配,所以学生的生理机能变化不是直线,而是具有波峰和波谷的曲线。

第二,体育教学的内容在选取上不仅要注重对学生身体各器官与系统、各种运动能力和各种身体素质的正面促进,而且还要注重对学生心理健康及社会适应能力的培养,要符合心理学、体育美学和社会学等方面的要求。

第三,体育教学要符合学生的年龄特点和心理特点。因为学生尚处于成长发育阶段,在心理上很容易出现变化及波动,思维、情绪、意志等方面的变化会对动作技术和体育技能的学习产生影响。这种生理、心理负荷波浪式的曲线变化规律体现了体育教学具有独特的节奏。

因此,体育教师应根据学生的心理特征对教学进行全面设计和组织,在促进学生身心发展的同时,还可以培养学生对体育的积极性、形成对体育项目的兴趣,让体育教学更有效地发挥自身的功能。

(四)教学内家的审美情感性

体育具有艺术感和美感,而体育教学中体现出的美感首先体现在师生运动过程中的形体美与运动美上。学生通过身体锻炼让自己的身形变得更具有美感,形成身体各部分线条的美、身体比例对称的美,在运动的过程中体现出人体结构的美,这些都是体育运动的外在美。其次,体育教学还体现了人类挑战自我的精神之美,也就是内在美。在运动中克服身体和精神的障碍,达到运动学习的目标;运动实践中体现谦虚、谦让、尊重等良好的道德风范,这些也都是美的表达。除了体育运动的外在美和内在美外,体育教学活动还体现了教学内容的审美性。

每一个运动项目都彰显出了不同的审美特征与美学符号,如球类项目,除了表现出人的运动能力和运动天赋外,还需要具备团队合作、相互协调、互帮互助等人际交往的素质;田径项目更多的是表现人类的力量与速度,同时显现出没有永远的赢家,永不放弃、奋勇拼搏的豪迈气概；健美操项目展示的是柔韧、灵巧、艺术表现形式、婉约、柔和的美等。

人们在长期的发展实践过程中，各个体育方面的知识和技能通过反复积累得到了运用及发展。首先，体育教师通过长期的总结和提炼，将其准确地传授给学生，让学生去感触与体验，从中感受到美，得到美的启迪，陶冶情操，净化心灵，促使身心的和谐发展。其次，教学是一种思维创造的社会活动，师生共同创造和谐课堂的教学情境给人以意境的感悟与精神上的感化，令人感受到体育教学的美好。同时，在体育教学中教师与学生之间还有一种看不见、摸不着的联系，构成了教与学的统一。在教师在传授知识的过程中，也伴随着师生之间丰富的情感交流。

（五）教学过程的直观形象性

体育教学的过程中体现了直观形象性。具体来讲，教师在讲解动作的直观形象，教师在教学讲解中的声音要洪亮、清晰，还要生动形象、通俗易懂地描述了动作技术，把要传授的知识进行艺术加工，把复杂的技术动作诠释得形象、通俗，这样能让学生加深对动作的感知与记忆。同时，体育教师采用特殊的方式进行动作演示，还需要通过直观的动作形象进行示范，具体方式有教师亲自示范、优秀学生示范、学生正误对比示范、教学模具示例、人体模型实例和动作图解等，使学生通过感官形成对动作的基础意识，建立正确的、清晰的运动形象。学生可以通过各种渠道与媒介观看正确的动作示范，获得生动的表象，同时活跃思维，从而达到掌握体育知识、技术和技能的目的，还能发展自身的观察能力和形象思维能力。另外，体育教学的组织与管理也体现了直观形象性的特征。

在体育教学中，每个学生的动作和形态都是直接显露出来的，教师能看得一清二楚；而反过来，教师在课上的一举一动，所有学生也能一览无余。因此，体育教师对自己的言行也要进行自我约束，因为教师要起到表率和带头作用，对学生的行为具有潜移默化地教育意义；而学生的课堂表现则是直接的、真切的反映，特别是在学生于教学中学习动作的过程中，所表现出来的言谈举止都是真实的情感流露，这一信息正是教师所需要注意与收集的，通过观察、反馈及指导，帮助学生不断进步。直观形象性是体育教学的重要原则，只有坚持直观性和形象性才能使学生更好地理解、更快地学习。

（六）客观外界条件的制约性

体育教学还有一个与众不同的特征，那就是体育课的教学效果更容易受到外界各个方面的影响，更容易遭到客观实际情况的制约，如学生的体育基础素质、体质水平、学生的性别、年龄、生理和心理特点，外界气候条件、运动场地、器材设备等，这些因素都在不同层面对体育教学的质量有着不同程度的影响。

从体育教学的角度来说，体育教学的实施要体现教育的全面性，不仅要根据学生的运动基础进行区别对待，而且还必须对学生的年龄、性别、生理和心理特点等进行全面考虑。因为男生和女生在身体形态、运动素质、机能水平运动功能等方面差异巨大，所以教师在教学设计、教学要求、教学组织等方面根据学生的性别不同要有所区分。如果忽略了学生的差异，在组织、方法和内容上盲目地选择，不仅达不到增强体质、培养身心的目标，还有可能会增加学生的运动负担，造成运动疲劳的情况。

从体育教学的环境角度来看，体育课大多数情况下都在室外进行，而在室外就会有各种客观影响因素，如天气、气温、气候、噪声等。同时，学生在室外有新奇感，心理上更加不受拘束，这种环境会使学生的注意力不集中。还有一些不可控的因素，如学校的各种活动、节假日等，都会对体育教学产生大大小小的影响。同时，体育教学对场地、器材设备条件的要求也是体育课比较独特的一个要求。因此，在教学计划中，从教材内容选择到教学组织方法实施，从一学期的教学计划到每一课时的具体计划，每一位教师都必须考虑到这些客观实际的影响因素，排除各个因素的干扰，提高体育教学质量与效果，同时还要克服严寒酷暑、风雾雨雪等不利条件，培养学生坚持不懈、战胜自我的精神。

第二节 体育教学的本质与功能

一、体育教育的本质

从根本上讲，体育教育的性质是由体育的本质决定的，体育的本质属性是"增强体质、增进健康"，而身心健康是人全面发展的重要内容，体育在促进人的全面发展中起着非常重要的作用。另外，我们对组成体育教育的教育部分做一个详细的认知，广义的教育泛指一切有目的的影响人的身心发展的社会实践活动。狭义的教育是指专门组织的教育，即学校教育，它不仅包括全日制的学校教育，而且也包括非全日制的学校教育、函授教育、成人教育等，它是根据一定社会的现实和未来的需求，遵循年轻一代身心发展的规律，有目的、有计划、有组织、系统地引导受教育者获得知识技能，陶冶思想品德，发展智力和体力的一种活动，以便把受教育者培养成为适应一定社会（或一定阶级）的需要并促进社会发展的人。下面主要探讨一下体育教育的本质。

（一）体育教育促进人全面发展的特性

根据马克思主义教育观的原理，体育是全面发展教育的重要组成部分。体育教育是全面发展的教育中的一部分。体育教育是以学生身体活动（运动）为根本特征，区别于学校中的德育过程和智育过程，它主要是以身体教育或通过身体教育的角度来实现马克思历史观念中的人的全面发展。

(二) 体育教育的社会制约性和服务性

从体育教育的产生与发展过程来看，体育教育会受到一定社会的政治经济的影响和制约，并为一定社会的政治经济服务。现代体育教育更是引起了世界各国的重视，近年来，很多国家都补充和修改了体育教学大纲，加强改革体育教育，提高体育教育的地位，加强体育师资队伍的建设，投入一定的物力和财力，促进体育教育事业的发展。我国也非常重视体育教育，特别是最近20余年来，国家出台了一系列的政策文件来加强青少年的体育教育工作。1999年，中共中央、国务院颁布了《关于深化教育改革、全面推进素质教育的决定》，明确指出了实施素质教育不仅要抓好智育，还要加强体育，促进学生的全面发展和健康成长。要切实加强学校体育工作，使学生养成体育锻炼的习惯。2007年，中共中央、国务院颁布了《关于加强青少年体育增强青少年体质的意见》。2011年，教育部颁布了新版的《体育与健康课程标准》。教育部、发展改革委、财政部、体育总局于2012年联合出台了《关于进一步加强学校体育工作的若干意见》。2016年，国务院办公厅颁发了《关于强化学校体育促进学生身心健康全面发展的意见》，文件指出要不断改革创新体制机制，还要全面提升体育教育质量，健全学生人格品质，切实发挥体育在培育和践行社会主义核心价值观、推进素质教育中的综合作用。

从以上我国20余年来不断出台的加强学校体育的政策文件来看，体育教育已经深受我国政府和社会的关注和支持，体育教育事业在我国迎来了发展的良机。综上所述，社会经济的发展会在一定程度上制约了体育教育的发展，但是良好的社会经济发展会为体育教育的发展提供良好的土壤，促进其健康发展。而体育教育事业的不断推进也会为社会培养一批德智体美全面发展的人才，从而为社会的经济发展提供最好的服务，因此两者是相辅相成的、不可或缺的。

(三) 体育教育研究的多维体育观和方法论

随着现代社会的快速发展，人与人之间的竞争越来越激烈。因此，在学校教育中，必须提高体育教育的质量。通过体育教育的方式培养身体强健，意志力顽强，能适应现代社会竞争的，具有综合素质的现代人才。这要求我们必须从多方面，并且用多种方法去研究体育教育，从而提供一定的理论支撑。体育教育的本质应该从生物学、社会学、心理学、人体科学等多维的角度去探究，其本质的理论应该是全面的、系统的、多维的、立体的。现代体育教育的发展已经充分显示出了它的多种功能。随着社会的进步和不断发展，还需要不断更新观念，不断提高研究的方法技能，并从多角度去分析和研究体育教育，这样才能使体育教育不断适应社会发展的需求，并促进体育教育的改革与发展。

二、体育教育的功能

（一）体育教育的本质功能

根据体育教育的本质特征，体育教育的本质功能主要包括健身功能、健心功能、和教育功能。

1. 体育教育的健身功能

（1）提高人体心血管系统的机能。①参加体育运动可以使心肌细胞内的蛋白质合成增加，心肌纤维变粗，从而使心肌收缩力量增强，进而使心脏的每搏输出量增加，心脏的供血能力就会增强。②参加体育运动可以增加血管壁的弹性，从而预防或缓解因血管壁退化引起的疾病，如退行性高血压等。③参加体育运动可以加大人体毛细血管的开放程度，从而加快血液与组织液的交换，以提高机体新陈代谢的水平。④参加体育运动可以显著降低血液中的血脂含量（胆固醇、蛋白质、三酰甘油等），从而有效地预防冠心病、高血压和动脉粥样硬化等疾病。⑤经常参加体育运动可以使人在安静时的脉搏和血压降低。

（2）增强人体呼吸系统的机能。①经常参加体育运动，特别是做一些有氧耐力运动，如长跑、游泳等运动项目，可以使呼吸肌的力量增加，促进肺组织的生长发育和肺的扩张，从而使肺活量增加。此外，经常性地进行深呼吸运动也可以提高人的肺活量。②参加体育运动后，由于增大了呼吸肌的力量，从而使呼吸深度增加，提高了肺的通气效率，从而提高氧从肺进入血液的能力。

（3）促进人体骨骼和肌肉的生长发育。人从出生到成人，是一个不断生长和发育的过程，而人的生长和发育主要体现在骨骼和肌肉的生长和发育方面。参加体育活动可以促进骨骼和肌肉的生长发育。人身高不断增长的主要是因为人长骨的骺软骨的不断增生，直到其骨化的完成，身高将不会增长。在青少年时期，通过让青少年接受一定的体育教育，参加一些体育运动，特别是一再跳跃类、牵拉类的运动可以刺激骨骼中质软骨的增生和分裂，从而促进青少年身高的增长。此外，参加体育运动还可以使人的骨骼变粗、骨密度增厚，并且可以增加骨骼的抗压和抗弯折能力。相关医学研究表明，经常参加体育运动，可以增加人体内氧化酶的浓度和线粒体的数量，从而提高人体肌肉的有氧代谢水平，提高肌肉的能量利用能力，从而更好地为机体供能。总之，青少年通过参加体育运动，可以促进骨骼和肌肉的生长发育，从而健康地成长；成年人通过参与体育运动，可以保持骨骼的硬度和韧度，保持肌肉的力量和柔韧，从而健康地生活。

2. 体育教育促进心理健康的功能

这里所说的健心功能主要指的是，参与体育运动可以调节人的心理状态，促使人保持心理健康。现代社会极大地丰富了人们的物质生活，但是精神生活却不能很好地得到满足，快节奏的生活、高压力的竞争使人们在精神上和心理上出现了一定的问题，出现了如抑郁、焦虑、感情淡漠等心理症状，而在青少年群体中，如恋爱受挫、考试升学的压力、大学生就业的压力等都给他们带来了不同的心理问题，而心理健康对人的整体健康具有重要的意义。

参加体育运动能够调节人的心理状态，促进人的心理健康。主要体现在以下方面：参加体育运动可以刺激人体产生一定的内啡肽，而内啡肽具有调节体温、心血管和呼吸的功能，也可以调节人不良的情绪，振奋精神，缓解抑郁，使人的身心能够保持轻松愉悦的状态。此外，参加体育活动可以增加人与人之间的情感交流，特别是一些集体的运动，可以培养人的团结协作精神，化解人的孤独感和抑郁感。参加体育活动还可以让人获得自信，如在比赛场上的制胜一击、球场上的关键角色的扮演等，都可以让人对自己进行一个重新的认识，在现实生活中的失败或许可以在赛场上获得认可，从而增加自己对生活的信心。总之，参与体育运动是一项非常好的调节人心理的活动，可以促进人的心理健康。

3. 体育教育的教育功能

作为一种教育活动，体育教育对人的教育功能是其本质功能之一，主要体现在以下四个方面。

（1）教会人基本的生活能力。人从生下来以后，就缺乏生存需要的基本能力，如走、跑、跳等，这些都需要后天加以学习和训练，而体育教育是最好的途径。体育教师从小就教我们站立、走路、跑步的正确姿势，为我们日后生活打下了坚实的基础，这是人最初始的需求，从这个角度来讲，体育教育不可或缺。

（2）传递体育知识和文化。体育是人类生产生活中不断形成的文化活动，是一项宝贵的文化遗产，因此必须通过一定的活动来传递这种文化。体育教育就是承担这个职责的最好助手。通过体育教育，人们可以学习体育知识，掌握锻炼身体的办法，并且可以让人认识到体育对人的健康的价值，促进人们形成一定的体育意识，养成体育运动的习惯，从而形成健康的生活方式。通过引导青少年参加体育比赛，观看体育比赛，对体育规则和文化有进一步的认识和了解，从而起到传递体育文化的作用。

（3）促进人的社会化。每一个人都不仅是一个自然人，更是一个社会人，具有很强的社会性。人在经历家庭教育、学校教育、社会教育的共同作用后，人的社会属性逐渐成为第一性，逐渐完成个人的社会化。每个人只有完成社会化，才能不断适应社会的需要，如果一个人不能充分地、完善地完成社会化，那么他就可能会对社会产生一定的危害，因此必须努力促进人的社会化。很多学者都提出了通过体育教育、体育运动来促进人的社会化。这是因为，人在参加体育运动或者体育比赛时，都需要遵守项目的规则和要求。而遵守规则放到社会领域便是遵守法律法规、遵守纪律等。体育比赛中强调的公平公正，如果延伸到生活中，就是追求社会的平等和公正。在参与体育比赛的过程中，需要跟不同的人交流，如队友、裁判、观众等，这些都可以帮助人适应社会中的角色，通过参与和体验，不断改正自己的行为。体育教育是一项非常好的促进人社会化的活动。

（4）进行爱国主义的教育。在体育教育的活动中，体育比赛等活动可以激发人们的爱国热情，是一项进行爱国主义教育的好手段。我们时常能在奥运会、世界杯等世界性大赛的舞台上看到运动员在取得胜利后披着国旗绕场一周的画面，这些都能很好地给观看比赛的青少年传递极大的爱国热情，进行良好的爱国主义教育。国际比赛前的奏国歌仪式总能激发人们爱国的热情，让人们接受爱国主义的洗礼。因此，各种形式的体育活动和比赛是最好的爱国主义教育。

（二）体育教育的延伸功能

体育教育除了本质功能以外，还有一些延伸功能，其延伸功能主要包括娱乐功能和经济功能。

1. 娱乐功能

在进行体育教育的过程中，可以感受到体育活动与娱乐的天然联系。体育运动中本身就包含着娱乐的元素。在体育教育过程中为学生安排的体育游戏就含有娱乐的成分。现代的体育教育已经不单单是传统意义上的体育课了。人们在闲暇时间参加一定的体育教育活动，如参加体育培训班接受健身指导等，都可以缓解人紧张的情绪，让人产生快乐的情绪，从而起到娱乐的作用。

2. 经济功能

体育教育的经济功能主要体现在以下几个方面。一是，通过让人学会体育技能，参加体育运动，来促进人的身心健康，从而可以为国家和社会健康工作，就像那句口号"每天锻炼1小时，健康工作50年"。一个人只有拥有健康的体魄，才能为社会创造价值，创造经济效益和社会效益。这是体育教育经济功能的间接体现。二是，现代社会已经拥有了很多的体育教育培训机构，是通过培养青少年的体育技能来产生经济效益，这是体育教育的经济功能之一。三是，通过体育教育可以培养一批竞技运动员，而优秀的竞技运动员可以成为体育明星。体育明星具有很强的吸金能力，如一些足球运动员的代言收入可以达到几千万美元，这是他们产生的经济效益，也是体育教育产生的经济效果。

第三节 体育教学的现状与创新

一、体育教学现状

近年来,学校体育教育已经成为了体育教育领域中重点关注的问题,许多专家学者都将研究的目光锁定到这个领域,而高校体育教育更是成为其中的关键。一时间,许多关于改革高校体育教育的理念和方案被提出来。然而在经过更加深入的论证和实践的尝试后发现,其中许多方案的实施存在问题,不能如预期那样给体育教育带来效益上的明显改变。为此,要想提出最恰当和符合我国教育情况的方案就应该先从最基本的高校体育教育现状开始分析。通过对大量相关文献的研究,目前国内外的教育形式可归纳为以下几种类型:

(1) 传统守旧的体育教育;
(2) 基于学生体育的体育教育;
(3) 基于竞技体育的体育教育;
(4) 快乐体育教育;
(5) 基于个性特征的体育教育;
(6) 基于传统项目的体育教育;
(7) 基于发展能力的体育教育;
(8) 注重体能的体育教育;
(9) 基于终身教育的俱乐部体育教学。

目前来看,我国绝大多数的高校体育教学的形式仍旧更多采用传统的体育教学模式。这种模式把走、跑、跳、投等基础运动作为主要教学内容,为了确保教学模式的统一性,追求教学程序循环渐进的结果,会侧重于某一层面,而不能照顾到更加全面的需求。这就是体育教育改革的着手点,但是目前的改革也并不理想,这种改革只是盛行一时,并没有推动改革浪潮的兴起。

目前,随着中国高校体育教育的重要性日益增加,教学目标和教学需求也随之增加。对教育进行改革的同时,还要把素质教育作为教育改革和发展的主题,并与科学技术、经济、文化、社会相结合。因此,高校体育不再是提高学生体质的一种简单方法,而是一种全面的素质教育方式,使大学体育充分发挥个人才智,促进个体发展。基于这样的环境背景,高校体育教育应该具备的功能如下:

(1) 增设"野外生存体验""攀岩登山"等新课程,在课程开展的过程中,要适度地增加难度和阻碍,使学生在消除阻碍的过程中,发散思维,借助团体的力量,共同面对困难并想办法解决，提升他们的适应能力，培养吃苦耐劳的精神，强化团队意识。

（2）课程的设置要以学生的兴趣、喜好为基础，还可以添加一些时代元素，要吸引他们参与其中，在体验的过程中感受快乐，要让他们有成就感，培养他们自信、自强、乐观的心态。

（3）提升他们的沟通交流能力、组织能力等，促进身心的健康发展。

二、高校体育教育现状中的问题

高校体育是国民体育的基础之一，是全面发展教育不可或缺的组成部分，它对培养有理想、有道德、有文化、有纪律的社会主义建设人才，增强人民体质，建设社会主义精神文明有着直接或间接的效能，所以党和各级政府历来把它放在相当高的地位。

随着改革的不断深化，高校体育较之以往有了比较大的发展，但同时，必须看到在我国市场经济发展的新的历史时期，社会发展对培养人才提出了更高的要求。在学校教育的内涵和外沿的不断扩大和丰富，在大众体育的逐步普及和竞技体育飞速发展的社会背景下，作为高等学校教育工作的重要组成部分和培养学生全面发展的主渠道高校体育，从某种角度上看，它的现状已不能满足现如今社会发展的需求。了解高校体育的现实情况对高校体育以后的发展具有重要意义。

卢元镇教授在《中国学校体育必须走出困境》中总结了我国学校体育面临学生体质状况下降、"每天锻炼一小时"不能得到落实、中小学体育课被挤占和体育课低质量、学校体育不能为国家培养竞技运动后备人才和学生运动竞技不能纳入国家比赛体制四个方面的困境。这些情况除了体育课被挤占在高校体育没有涉及之外，其他几个方面的困境也同样是高校体育面临的现实问题。但是，现实中的高校体育不仅仅面对这几方面困境，还面对其他诸多影响高校体育良性运行方面的困境，如有来自教育制度方面，也有来自体育理论和实践矛盾等方面，具体来说有以下几方面。

（一）大学体育功能的弱化

学校体育是促进青少年全面发展的重要内容，对青少年的思想品德、智力发育、审美素养的形成都有不能代替的重要作用，是进行爱国主义、集体主义教育，弘扬民族精神、传承民族文化的重要途径。大学体育是我国各个大学必不可少的一门基础课。体育课目的在进一步增进学生的身心健康，努力提高学生的体育活动能力，使学生在校期间能精力充沛、更好地进行学习，为将来建设祖国、保卫祖国打下良好的基础，真正变成德、智、体全面发展的人才和接班人。体育的功能可以总结为七个方面，即健身功能、娱乐功能、促进个体功能、社会感情功能、教育功能、政治功能、经济功能。

当前我国高等学校体育课主要有三种主要形式：一是普通体育课。主要进行全面身体锻炼，这类课大多在大学一年级开设。二是专项体育课。为满足学生不同的爱好和个性发展，进一步提高某项体育运动技术、技能，使之在全面发展的基础上有所特长，有利于开展终身体育。这类课一般在大学二年级开设。三是保健体育课，这是为体弱或患有某种慢性疾病的学生开设的，带有医疗性质的体育课。目的是通过适当的体育活动，来改善学生的健康状况，使其早恢复健康。体育课的内容和方法皆视学生的具体情况而定。

从大学体育实施的情况来看，大学体育功能并没有得到完全发挥，甚至还有弱化的现象。其中，从大学生体质的健康状况来看，体育总局发布的2010年全国学生体质和健康调研结果表明，大学生身体素质继续呈缓慢下降的趋势。增强大学生体质健康是大学体育基本而又重要的任务，但是大学体育实施效果并不理想。

到2020年，我国已经进行了6次全国范围内的学生体质健康测试，结果显示：现代疾病和青年人缺乏体育锻炼有关。我国中小学生及大学生的体质健康水平表现出明显的不协调，具体表现为形态发育水平提高，体能素质差；高身材、低素质等特点。另外，我国学生近视率一年比一年高，尤其是小学生、初中生近视率上升幅度明显；肺活量、爆发力、速度、耐力等素质水平呈持续下降趋势。

（二）体育课程实际地住低下

体育课程的实际地位低下是相对于体育课程法律地位来说的。高校体育课程的主要组织形式为体育课堂教学，高校体育的法律地位也同样奠定了高校体育课堂教学的法律地位。但法律体系下的高校体育在具体实施中出现了较大不同，高校体育课程在课程建设、资源配置、课程实施等方面和其他学科课程相比，投入明显不足，不仅影响了体育课程教学的顺利进行，还影响了体育教育质量。

多年来，因为受传统体育教学思想的影响，很多人错误地认为体育教学就是要学习运动技能，通过跑跑跳跳、锻炼身体来增强学生体质，从而严重忽视了体育理论知识的学习和教学。

国家在体育教学方面安排了小学一初中一高中一大学十多年的体育课课时，并制定了《学校体育工作条例》系列法规文件。中国高等学校普通体育课教学大纲和中小学相比，主要有以下特征：①教材内容按运动项目分类，强调"田径是各项运动的基础"，把田径作为重点教材。女生规定学习篮球和排球，男生在篮球、排球和足球中必须选择两项。②规定了男女分班上课，对病弱学生开设保健课或医疗体育课，③没有具体划分年级要求，各校自行编订教学进度。中国高等学校普通体育教学大纲规定体育课是一门基础课，并列为考试和考查科目。根据学生的运动成绩、学习态度和掌握体育知识、技能的情况，来评定学生体育课的成绩。许多高校在中共中央及教育部门政策的大力扶持下，成立学校的体育管理机构以及体育教师在职前和任职后的培训机构，并组织大量的教职研究者制定各种各样发展条件的标准，完善了体育课程教学制度。但很多学生在毕业时就和体育告别，十多年的体育教学并没有使终身体育概念深入人心，也没有培养出体育锻炼的技能和良好习惯。

（三）高校体育教材和教学内家陈同

我国高校体育教材大多针对传授体育竞技技能编写，教学内容千篇一律、亘古不变，没有体现出当今社会发展对体育教学培养真正需求的内容，和时代不相符，实用性比较差。体育课的内容、教学配置形式和考核方式的设计，以及课外体育活动内容安排和实施办法，当前有相当一部分院校基本上还是在使用五六十年代的运作模式，在培养目标上力求统一性，教学内容安排上强调系统性，考核标准注重竞技性，教学形式体现规范性，学生练习要求纪律性，所以这样的模式显得呆板、机械，以至于使高校体育的主体—学生的体育意识和能力在客观上造成障碍，使教师的主导作用和潜力难以发挥。

体育教材的编排多数以运动项目的单项教学和训练为主，不仅背离了现代体育教学的培养目标，还在一定程度上忽视了多数学生的参与需求。很久以来，我国高校体育一直沿用竞技运动教材体系，采用培养运动员的教学训练模式来给大学生上体育课，因为过分注重技术动作的规范，对完成动作的质量标准有些高，被挺大一部分同学视为"负担"，从而使他们对体育运动失去兴趣，这和高校体育教学的目标相"背离"。无论运动训练还是体育教学，如果采用同一种运动技能教学模式，实施一个教学质量标准，就会忽视不同教学对象对体育运动需求的个性，普通学校体育教学中不分情况照搬竞技运动教学模式，一定会导致偏离教学基本目标，进而使高校体育陷入形而上学的沼泽。此外，体育教材的编排多数以运动项目的单项教学和训练为主，背离了现代体育教学的培养目标，在一定程度上忽略了大部分学生的参与需求。最后，教材的编写没有考虑到学生特点、个性和兴趣的培养，不利于学生依据教材知识形成一套适合自己的锻炼方法和锻炼习惯。

三、高校体育教学创新

21世纪的高等学校体育，创新是教学改革最强烈的呼唤，也是时代的最强音。学校体育不仅有培养和发展人的创新意识、创新精神、创新能力的任务，而且学校体育的发展也要靠改革和创新来实现。当创新方法真正落实到教学实践中，一个很重要的问题是对过去的教学模式、教学内容、教学方法进行积极的反思，提高了教师对教学过程的反思意识。

（一）构成高等学校体育教学创新的基本条件

教学创新从本质上看，应是教师的一种能力，是一种在传统教学方案基础之上的提升，是在对传统教学过程不断质疑的过程中，教师对教学过程的一种逆向思维和发散思维。因此，高师学校要实现体育教学创新的目标，必须明确创新的指导思想，创新应具备以下基本条件：

1. 提高体育教师的教学研究能力是实现教学创新的根本出路

体育教师要积极投身于教学实践与改革中，改变自己的职业形象，改变体育教师的职业形象，这要靠体育教师自己的努力，积极增强科研意识、参与学校的教学改革，不断进行反思，设计和运用切合实际的教学方法，才能使教学处于一种创新状态。从自然观察的角度看，任何外来研究者都会改变课堂的自然状态，如想要达到观察的目的，又不改变原有的氛围与状态，做到原汁原味，就只能依靠教师。体育教师从教学实践出发，可以拥有更多的研究、创新机会，充分利用实践机会，大胆改革，创新先进的教学模式和教学方法，才能获得体育本身的生命力和尊严。

对于教学创新来讲，意味着体育教师要确信自己有能力构建新的知识结构，积极改革自己的教学实践。因为学校教学改革和创新的关键在于教师，改革和创新的任务最终还是要落实到教师身上。改变体育教师的职业形象，就必须花大力气提高体育教师的教学研究能力。以改革创新为契机，来促进教师大量涉猎和收集教育教学的信息，提高理论素养，增强情报意识，使教师较快地接受先进的教育思想、理论和观念，进一步拓宽知识面。教学创新是教师的一种积极的教学实践活动，是教师对教学改革的一种强烈愿望，是自觉自愿的行动。

2. 提高体育教师的教学效能感是实现教学创新的动力源泉

教师的教学效能感是影响教师素质提高的一个重要因素。也就是说，一个满足于现状、教学效能感不强的教师，是很难在教学中有所创新的。

从现阶段高师体育教学面临的困境来看，如何满足当前学生对体育的需要，如何实现教和学的完美统一，除了受学校教学模式、目标、课程、教法和教学环境、教学条件等诸多因素的影响外，还会受到教师主观因素的影响，教师的教学效能感便是其中之一。教师的教学效能感是教师教育信念的重要组成部分，自我效能教师的教学效能感更多地表现在教师的师德和人格方面，高师学校要推动教学改革和创新的不断深入，加强教师师德的培养，将是未来教师竞争的焦点。

3. 拓宽教师继续教育的渠道、提高教师的教学能力是创新教学的基础

高师学校体育教师继续教育的必要性和必然性已经成为了共识，在加强对教师继续教育的措施上，要采用灵活多样的方法，应重视对教师所学课程的正确引导，立足本职工作，把教学实践与所学课程结合起来，引导工作和学习相互促进。重视学科理

论、理论素质的培养，还要重视教师教学艺术和技术的训练。改变教师继续教育的观念，更重要的是在选用教材方面，能够编制一套包括参考资料性的阅读教材、适合自学的通俗理论教材、适合答疑性的高层次结构导论式教材在内的继续教育的专门教材。只有这样，才能把教师的学习和工作有机地结合起来，促进教师教学能力的提高。教学创新需要教师专门的教学能力，教学能力是教师最基本的能力，是教师能力的综合表现，能力是知识内化的结果，知识是能力的基础。拓宽教师继续教育的渠道为进一步提高教师教学能力和教学质量，积极进行教学创新打下坚实的基础。

（二）反思性教学对高师体育教学创新的启示

反思性教学是近些年西方一些发达国家兴起的新的教学实践。20世纪初反思性文化的出现强化了教学主体的反思意识，给教育工作者以极大的启示。随着心理学和伦理学以及教育理论等的进步，人们认识到把增强教师的职业道德感或责任感作为反思性教学的基础，教师对教学的"合理性"追求，成为教学主体反思自身行为的动力。反思是教师自觉得行动，教师在长期的教学实践中，借助反思不断探究和研究如何解决教学问题。

1. 立足教学实际，创造性地解决教学问题

创新是对传统、常识、常规与秩序的修正、超越和发展。其实，教师和学生都是创新教学实践活动的主体，唤醒学生的主体意识，弘扬学生的主体精神，就必须在教学实践活动中，为学生创设一个放松、民主、和谐的教学氛围。教师针对问题设计教学方案并加以研究，通过解决问题，进一步提高教学质量。立足教学实际，实施创新教学，培养学生的创新精神和创新能力，要重视学生创新智力品质的培养，又要落实学生创新非智力品质的培养，在教学的各个方面都要重视学生的创新。

2. 立足"两个学会"，加速教学过程的整体优化

由于反思性教学以"两个学会"为目的，因此体育教师在教会学生掌握运动技术的过程中，要让学生树立终身锻炼的思想，学会自我锻炼的方法。教师学会教学，本身就是一种不断学习和创新的过程，学会教学是为了更好地满足学生学习的需要，是教师对教学内容的进一步理解。

3. 增强教师的职业道德感

教师的职业道德感不仅是反思性教学的重要基础，而且也是教师创新教学的基础。教学创新要求教师要有更高的职业道德感，才能对教学中出现的问题进行思考，进而想办法来解决。教师要关注和研究同行在同一问题上的研究成果，在教学实践中要加以推广和改进，只要有利于本地区学生的实际情况，有利于学生的发展，能够提高课堂教学效果，就是一种创新。

从某种程度上讲，提高教师的职业道德感比提高教师的技术、技能更为重要。体

育教学是一种积极的、主动的让师生共同活动的过程，体育教学的过程也蕴含着创新教育的过程，改变教师的教育观、教学观、质量观、学生观，必须重视教师全面素质的发展。提高教师的自我效能感和教学效能感，使教师真正从"运动技术型"向"技术理论型、学者型"转变。

第四节 体育教学改革的发展方向与趋势

一、学校体育教学改革的发展历程

（一）学校体育教学的改革行程

改革开放以后，我国学校体育进入新的发展时期，表现出思想的多元化与实践的多样化。在指导思想方面，随着 20 世纪 80 年代初以增强体质为主导思想的确立，以往以传授运动技术、技能为中心的思维模式得以改观并逐渐被打破。

1990 年《学校体育工作条例》的颁布施行使增强体质、增进健康的主导思想再次得到确认，增强学生体质、增进学生健康作为学校体育的首要目标，已逐渐取得了共识；随着思想的解放及认识的深入，快乐体育、终身体育、成功体育等多种教育体育思想也相继出现。由于认识不断深入，对学校体育的结构功能与体育教学的结构功能也有了新的看法，明确了体育教学与学校体育在过程、任务、内容及评价等方面的差别，促进了学校体育实践的发展。随着基础教育向素质教育的转轨，从社会、生物、心理等多维看待学校体育的观念逐步形成，重视体育意识、习惯与能力的培养为终身体育打基础，并将学校体育看作终身体育一个子系统，学校体育思想也逐渐形成。在体育教学方面，由于明确了体育教学与学校体育的区别与联系，所以逐步确立了以体育知识、技能教学为主的指导思想，并注重卫生保健知识及体育健身基本原理的教学。

在认识上逐渐注意到体育知识、运动技术、运动技能的区别，明确了增强体质与运动技术、技能及运动项目技能的关系。为处理好体育教学中运动技术、技能与增强体质的关系，1996 年国家教委根据课程论研究的进展，颁发了《体育两类课程整体教学改革的方案》，将体育课程分为学科课程和活动类课程两部分，并对两类课程的目标及要求做出了规定。

体育课教学以追求运动技能提高的模式在认识上被打破。在体育教学的内容上，坚持健身性与文化性相结合的原则，在注意健身性时，也会考虑内容的文化性，并注意对一些竞技运动项目做"教材化"处理；坚持民族性与世界性相结合的原则，在继承教学内容以现代项目为主的同时，还要重视对民族传统体育内容的引入；坚持统一性与灵活性相结合的原则，教学大纲规定的选修内容比例逐渐提高，使教学内容在统一基本任务与要求的指导下，表现出较大的灵活性。在课外体育方面，重视课间操、课外体育锻炼与课余运动训练。在内容上提倡丰富多彩，以发挥地区、学校的特色、传统，注意组织形式的多样，重视校内与校外的结合，体育俱乐部的形式也开始出现。在课余训练方面，提倡为国家培养体育后备人才，重视课余训练和小学、中学、大学的"一条龙"制度建设。

（二）学校体育教学的改革趋势

从总体看，随着素质教育的深入以及对学校体育功能认识的深化，学校体育的发展将会有以下几个方面的趋势：①在指导思想上，更注重社会需求与学生需求的结合，注重个性的发展，注重科学化与社会化发展，注重体育意识、兴趣、习惯和能力的培养，注重体育与卫生保健的结合，注重体育教学与课外体育的结合，以求整体效益的获得；②在学校体育内容上，注重健身内容与竞技文化的结合，并注重竞技文化的"教材化"及多种变式的引入，健康及运动文化知识将更多地融入教学内容，地方性、民族性的体育内容也将更多地走进学校；③在组织形式上，学生体育俱乐部及学生体育团体将受到更高程度的重视，校内外体育组织形式间的联系也会得到加强；④在课余训练及竞赛方面，随着学校体育的发展及运动训练体制的改革，学生课余运动训练与竞赛将会有更大发展空间，并表现出多层次性的特点。上述发展变化，将对体育教师提出更高的要求，也将对原有的体育教育专业的培养模式、课程模式进行改革。

二、体育课程改革历程与趋势

2001年，国家教育部颁布了义务教育《体育（与健康）课程标准》。2003年，又相继颁布了高中《体育与健康课程标准》（以下简称《课程标准》）。这昭示着新的体育教育思想和理念将成为我国基础教育体育课程改革和发展中的主旋律。基础教育体育课程的改革对高校体育教育专业的课程改革提出了新的思考和要求。因为高校体育教育专业是培养基础教育体育教师的"母鸡"，理应主动适应基础教育体育课程改革和发展，加大、加快高校体育教育专业课程改革的步伐。"体育课程教学改革"对高校体育教育专业培养目标和课程设计有什么影响？这些影响的程度如何？以什么方式施加这些影响？都牵扯到一个基本问题，即"对第八次体育课程教学改革的基本认识"的问题，只有把这一问题梳理清楚，才能对上述疑问有清晰的认识，明确地回答，才能有效地解决。

（一）对第八次课程改革的获本认识

基础教育体育课程在课程理念、课程内容、教学方法、教师的行为等方面都发生了重大改变，强调"健康第一"和"以学生发展为本"的指导思想，重视课程内容的时代性和地方特色，要注重教学方法的多样化，关注教师的职业专业化过程，特别是强调体育课程在增进学生的健康和促进学生全面发展方面的重要功能和价值。淡化体育教育专业中的竞技化教学倾向，牢牢树立"健康第一"的指导思想；丰富课程内容，应体现时代特征和地方特色；提倡多样化的教学方式，重在培养学生的实践能力和创新能力；提高学生未来的职业专门化意识，强化体育的健身育人作用。

（二）新课改对体育教育专业的直接影响

高等教育体育教育专业是培养中小学体育教师的摇篮，由此可见基础体育教育与高等体育教育专业有着血脉一体的内在联系；基础体育教育改革必然对体育教育专业发展产生较大的牵引作用，这些作用主要表现在如下方面：

（1）是否承认知识、运动技术对体育教育专业的影响：淡化、轻视运动技术，直接导致了学科与术科比例的失调，术科学时比例过小。这是在课程设置上导致学生运动技能下降的根源。

（2）是否承认教师的地位和作用对体育教育专业的影响：否定体育教师的地位和作用，必然会降低体育教育专业学生的学习动力和兴趣，易导致学业无用论的结果。

（3）是否承认教材研究对体育教育专业的影响：否认教材研究的实质，即反对教材的完整性、系统性和规范性，易降低体育教育学科的科学性，进而造成体育学习的不完整、不深入。

（4）是否承认身体素质的提高对体育教育专业的影响：否认身体素质的提高就是否认体育锻炼的效果，就是把身体素质与健康割裂，将扰乱体育教育专业的学生对两者的正确认识。

三、现代体育教育的发展趋势

（一）"健康第一"的体育教育思想

健康是当今时代的主题，也是我国目前提倡的生活理念。接受一定的健康教育，对每一个人的成长和全面发展都至关重要。健康教育和学校健康教育的概念是1800年由美国的教育家思列斯曼首次提出的。世界教科文组织也曾表明：每一位孩童都应当享有健康学习的权利，还要注重提升他们的健康观念和具体的实践能力，提高全世界范围内民众的健康水平。所以，为了顺应时代的发展，社会的需求，在未来的教学活动中，要借助体育教学这一途径，强化对学生身体健康的教育，达到强身健体、提升品德素养、促进身心全面发展的教育目标。体育教育和健康教育两者是紧密相连且彼此促进的。基于此，未来的体育教育理念更要注重"健康第一"思想的贯彻，在体育教学中融入健康的元素，让学生意识到健康的重要性，掌握强身健体的方法，调动学生对体育的积极性。我国最新版的《体育与健康课程标准》中，也提出了"健康第一"的理念，强调并促进学生健康成长是体育课程的最终目标。

（二）以素质教育为主线的体育教育

现代教育已经逐渐发展成为真正的素质教育，素质教育注重个体在各方面的发展，体育教育是素质教育的一个重要手段。其本质内涵在于让学生参加体育锻炼，参与体育比赛，提高自身身体素质、心理素质、社会适应能力以及人格等方面的综合素质。在实行素质教育的过程中，身心健康素质是学生发展其他素质的重要基础。让受教育者参与一定的体育教育，使他们拥有完美的身材、强健的体魄，身体机能也能得到强化，并有助于平和心态和定期锻炼习惯的养成。因此，体育教育应该以素质教育为主线，不断提高自身的教育品质，丰富自己的教育内容，为培养全面发展的人才做出贡献。

（三）以创新性和快乐性为特征的体育教育

现代教育越来越注重对个体创新性的培养，创新是一个民族发展的动力源泉，有没有创造性思维也是衡量一个人综合素质的重要指标。因此，在素质教育发展的今天，任何教育都离不开对创新性的培养，体育教育也不例外。

因此，体育教育工作者应该在日常的体育活动中，注重培养学生的创造意识、能力和精神，通过一些体育项目中的技战术来训练学生的创造性思维，在体育教学中，让学生自己创造性地做出一些动作，如让学生自己创编徒手操，自己布置场上的战术等，不断提高学生的创造意识和创造能力。随着体育教育的不断发展，人们不断探索体育教育的形式。其中，日本出现了快乐式的体育教育，该模式流传到我国后，深受广大师生的喜爱，并且也在一定程度上缓解了学生的厌学情绪。

快乐教育模式的含义可以从三方面进行理解。①激发了学生的参与热情，提升他们对体育运动的喜爱度。②这种教育模式可以说是通用的，适用于任何群体，对每一个学生来说，都会起到促进作用。③顾名思义，快乐体育一定会给学生带来很多乐趣，会让学生感受到体育运动的意义和价值，会让他们变得更自信。从以上分析来看，现代体育教育越来越重视创新性在体育活动中的培养，而快乐性也渐成为体育教育中的一个重要特征，这两个特征将会不断促进体育教育的发展和完善。

（四）以终身体育为目的的体育教育

"终身体育"的思想是1965年由法国成人教育家保罗·朗格朗提出的。苏联学者提出"终身体育"就是培养与发展学生从事体育活动的能力和学习的主导能力，让学生在学习时代学会"一技之长"，养成与掌握终身进行体育锻炼的习惯和方法，使之终身受益。这种思想的确立极大地秉承了体育教育的思想，也促进了体育教育的发展。

终身体育的含义包括两个方面的内容：一是指人从生命开始至生命结束中学习与参加身体锻炼，使终身有明确的目的性，使体育成为人在一生中始终不可缺少的重要内容；二是在终身体育思想的指导下，以体育的体系化、整体化为目标，为人在不同时期、不同生活领域中提供参加体育活动机会的实践过程。

终身体育倡导人们不仅在学生阶段参与体育运动，而且更应该在人生的每个阶段都参与运动，也许每个阶段参与的运动项目不同，但都是为了促进身心健康的全面发展。因此，体育教育过程应该以培养人终身参与体育为目标，帮助其形成运动技能的同时，也要促进其形成运动健身的意识，激发其参与运动的永久兴趣，让受教育者充分认识到终生参与体育的意义和作用，这应该是体育教育的最终目的。

（五）探索"体医结合"人才培养模式

"体医结合"从表层进行理解就是体育与医疗的结合，即按照医学的理论体系将体育健身方法进行科学化归纳，使之处方化。在"体医结合"思想中体育具有健康（预防）、治疗、康复的作用。随着全民健身上升为国家战略，"体医结合"将会成为推动健康中国建设，增进人民健康的重要战略依托。

北京体育大学副校长胡杨在接受《中国青年报》记者采访时表示，健康、医疗相关课程体系是体育专业院校社会体育指导员培养的薄弱环节。他还表示，体育专业院校的运动康复和运动人体专业的学生缺少体育技能实践能力，且专业知识主要为运动训练和运动损伤方面知识，缺乏健康、医疗方面知识，致使这部分体育人才很难及时转入医疗健身行业。

结合当前社会发展对体育人才的需求，体育专业院校应抓住机遇，探索"体医结合"人才培养模式，拓宽人才培养新领域，培育体育专业院校新的办学特色。在"体医结合"思想中体育具有健康（预防）、治疗、康复的作用。

体育专业院校在探索"体医结合"人才培养模式过程需要注意两方面：首先，探索"体医结合"人才培养形式及人才类型；其次，调整"体医结合"课程支撑体系。在"体医结合"形式方面，结合"体医结合"的指导思想以及大众的需求培养体育人才，主要包括传统中医学与体育的结合，竞技体育中的体能训练方法手法、身体监测、康复治疗手段在大众健身中的应用，民族传统体育与医学结合等形式，传统中医学与体育结合在成都体育学院中已经开展，并发展成为了学校的特色专业；竞技体育训练方法与大众健身方式相结合，北京体育大学与首都体育学院也已经进行了实践探索，两个学校将竞技体育中的体能训练和身体功能的训练方法应用到了大众健身和中小学体育课程之中，引起了强烈反响。

在传统体育与医学结合方面，北京体育大学成立了民族民间体育和体育养生专业，将导引术和太极拳等传统体育力健身、养生相结合在体医结合人才培养课程体系方面，体育专业院校应当增设健身和医疗方面的课程内容，同时针对运动康复专业运动技术基础薄弱的问题，增加相关技术实践课程的学习。

（六）社会需求导向下的多元化人才培养模式探索

国家体育人才市场呈现出体育产业、高质量大众健身指导人才严重紧缺与体育专业院校培养的体育人才就业难的两极分化状态，反映出了体育专业院校人才培养目标与社会需求的矛盾问题。由此体育专业院校应遵从社会发展需求，探索多元化的人才培养模式。

根据高等教育对人才培养类型的划分，体育专业人才可以划分为应用型人才、研究型人才、复合型人才。相应的人才培养也分为三种模式：应用型人才培养模式、研究型人才培养模式和复合型人才培养模式。应用型人才培养模式强调以社会服务为培养方向，注重理论知识和实践知识的掌握。

应用型人才培养模式是当前体育专业院校本科专业人才培养的主要方式。以社会需求为导向培养应用型体育人才，需要体现出"厚基础、宽口径""理论与实践并重"的培养方针，通过多种必修课程和选修课程来拓宽学生的理论基础知识面，同时应当紧跟社会发展及时增加新兴知识，以适应不同的社会需求（如运动康复专业应增加健康、医疗课程，以适应"体医结合"人才需求）。另外，要注重学生的实践技能与实际操作能力的培养，以适应工作岗位的需求（如体育教育专业、运动康复业的运动技术能力）。

研究型人才培养模式侧重对理性、学术与知识等目标追求。研究型体育人才培养要注重创新、专业、教学的发展方向，创新指把握专业和学术发展前沿动态，不断探索未知领域；专业指在体育某个专业领域有较深的研究和建树；博学指掌握深厚的体育学科专业知识，具有较强的学习、研究和实践能力。研究型人才培养模式主要适用于研究生层次体育人才培养。复合型人才培养模式是应用型和研究型人才培养模式的结合，兼顾社会需求和科研导向，适用于办学类型定位于研究教学型的体育专业院校。

（七）办学过程开放化：办学社会化与交流国际化

在办学主体多元化发展以及高等教育市场化、国际化发展的时代背景之下，中国高等体育教育的单一办学体制已经呈现出了多种弊端。由此高等体育专业院校应实行开放化办学，提高体育专业院校的市场化和国际化办学水平。首先，体育专业院校要面向社会，提高服务国家和区域经济发展的意识，加强与地方企事业单位的合作交流，拓宽办学资金来源；增加与地方科研机构、高等院校、兄弟院校的科研、教学合作，提高学校的科研、教学水平；加强与国家、地方体育局的合作，增加对体育事业的科技、教育、训练等方面的支持。其次，在国际化办学方面，体育专业院校在前期办学成果的基础上，继续扩大对外交流合作的范围和深度，在进行学术研讨、科研项目合作、体育项目引进、跨国课程开设、留学生培养等方面增加合作，以提高高等体育专业院校的办学质量，增加在国际高等学校的竞争力，加快"双一流"建设。

第二章 高校体育教学方法的发展与改革

在体育教学过程中，教师选择的体育教学方法是对学生学习兴趣的激发、体育教学目标的完成、体育教学的实际效果等均产生重要的影响，所以发展和改革体育教学方法尤为重要。本章从体育教学方法基本理论、体育教学方法的选择与应用、高校体育教学方法的发展与改革三个方面进行解析，进而对体育教学方法进行多维度、深层次的阐述。

第一节 体育教学方法基本理论

一、体育教学方法的含义

体育教学方法具体是指在体育教学过程中，为了达到体育教学目标和实现体育教学目的而由师生所采用的可操作性的教学方式、途径和手段的总称。针对体育教学方法的含义，可从以下几个方面加以理解。

（一）体育教学方法是"教"与"学"的统一

体育教学方法是教与学的统一，只有师生之间实现有效的双向互动，才能够更好地发挥体育教学方法的价值与作用。体育教学活动可以简单理解为"教师的教"和"学生的学"两个层次的内容，教师和学生是教学活动的主体。体育教学方法和手段都是针对学生来选择与运用的，教师和学生之间具有密切的关系，在师生的双向互动中，体育教学的任务和目的逐步实现。因此，教和学两方面的内容贯穿于体育教学方法实施的始终。

教学方法是在师生互动中得到贯彻与实施的，体育教学的方法也是师生之间行为动作总和的体系。体育教学的方法与其他科目教学方法的主要区别在于体育教学方法在注重教学语言要素的同时，也要更加注重动作要素。在体育教学过程中，各种动作的掌握和熟练都需要教师进行示范、讲解以及纠正，并在此基础上，要学生重复进行练习，才能最终掌握相应的技术动作。因此，体育教学方法是教师和学生的动作和行为的总和。

（二）体育教学方法与教学目标不可分割

任何一种体育教学方法都具有一定的目的性，如果脱离了目标，那么体育教学的方法也就失去了其存在的意义。体育教学方法应与体育教学目的之间保持密切的联系，教学方法的实施应能够促进体育教学目标和任务的实现。因此，体育教学方法作为体育教学的重要组成部分，其服务于体育教学的目标和任务。体育教学方法和体育教学目标之间具有一定的不可分割性，如果将两者割裂开来，那么体育教学方法没有明确的方向，会表现出一定的盲目性；而体育教学目标和任务如果脱离了体育教学方法，则不能有效实现。

（三）体育教学方法具有多元化功能

现代体育教学不仅注重学生动作和技术的掌握以及各方面身体素质的增强，它更加注重学生的全面发展。因此，体育教学方法具有多元化功能，其不仅能够在一定程度上促进学生运动能力，而且还能够促进学生思想道德品质、心理素质等方面的发展，对于学生的全面发展具有重要的促进作用。

二、体育教学方法的分类

在现阶段，对于教学方法依然没有统一的划分标准和依据，一般将体育教学方法划分为教法类、学法类以及练法类三种类型。

（一）教法类

1. 知识技能教法

（1）基本知识的教法

基本知识的教学包括体育保健类知识以及体育的相关理论等的教学。体育基本知识的教学方法同其他学科的教学方法类似，这类教学方法进行分类时也较为复杂，要根据不同的分类依据将其分为不同的类别。

在体育教学过程中，教师在选择相应的体育教学方法时，要注意教学的体育活动和它的多功能作用的发挥，要将体育教学的基本知识与体育活动的具体实践密切结合起来，教学方法要具体可操作。

（2）体育技能的教法

体育技术技能的教学方法即为普通意义上的运动教学方法，这是体育教学方法中与其他学科的教学方法有很大差别的部分。在采用相应的体育教学方法时，首先应确定体育教学的目的。教师应明确教学的目的是使学生掌握运动技术技能，还是发展学生身体或是要达到其他什么目的。其次，应对体育教学的内容进行分析和处理，运用相应的动作教学方法来实现相应的教学任务。体育教学的目的以及体育教学的内容不同时，活动的方式也会有很大的区别，这时就需要采用不同的动作方法和策略。因此，体育技术技能教学方法具有灵活多变的特点，应根据具体的教学情况随机应变。

2.思想教育法

思想教育法是对学生进行思想品德教育和美育的方法，这也是体育教学的重要任务之一。在开展相应的思想教育时，应结合体育教学的特点采用相应的教学方法，确保教学能够获得很好的效果。体育教学方法的运用要能够促进学生顽强拼搏的意志品质的形成，培养其团队协作的意识，要促进学生个性意识的发展，并促使其形成正确的价值观念和审美观，培养其探索性和创造性思维。

（二）学法类

学法类即为指导学生进行学习的方法，这也是体育教学的重要方面。在进行体育教学时，指导学生进行学习的方法时应注重以下两个方面内容。首先，应确保学生能够较好地掌握前人积累和总结的知识和经验，在继承的基础上求得发展；其次，学生应将相应的知识和经验与自身的个性特点相结合，从而最终形成终身体育意识以及拥有相应的能力。

从整体分析，学法类的教学方法应使学生不仅能够掌握相应的知识和技能，而且还要使其愿学、会学，并且在以后的工作和生活中能够对所学的知识进行运用，使其养成良好的体育锻炼习惯。

（三）练法类

指导学生锻炼的方法是体育教学里最具本质特征的方法。练法类教学方法对于学生的身体素质以及各项运动技能的发展具有直接的作用和效果，在教学过程中，学生应能够理解和感受身体运动时的各项体验。在教学过程中，具有众多的身体锻炼的方法，其效果也是因人而异。学生的学练法可划分为三个阶段，具体内容如下。

1.第一阶段

第一阶段为建立动作技术的直观表象阶段，通过听、看、思、记等手段来实现相应的学习，具体方法有观察法、聆听法、探究法、形象思维法、归纳思维法、有意记忆法、理解记忆法、联想记忆法。

2.第二阶段

第二阶段为运动技术的实施和矫正阶段，具体方法有模仿练习法、分解练习法、完整练习法、表象练习法、重复练习法、变换练习法、间隙练习法、游戏练习法、循环练习法等。

3.第三阶段

第三阶段为动作技能的巩固和提高阶段，具体方法有强化练习法、提高难度练习法、比赛练习法等。

除此之外，在教学过程中，各种教学方法既可以单独使用，也可以进行有效的整合，从而形成一定的方法体系来运用。在教学过程中应使得学生了解各种练法的作用和意义，并明确不同练法之间的联系，从而能够运用自如。

三、体育教学方法的特征

（一）多种感官集体参与性

体育教学活动是感知、思维和练习三者的结合，因此，其教学活动也需要多种感官参与其中，这样才能够保证各项动作的顺利完成。体育教学活动的特殊性要求在体育教学过程中，所有参与者都需要动员身体的各种器官。具体而言，教师需要在体育教学活动中为学生进行相应的动作示范，并且对学生的动作进行必要的指导和纠正；学生则需要进行必要的准备活动，然后再进行相应的动作练习。在学习过程中，参与者的眼睛、耳朵以及触觉和听觉等感受器官对运动的方向、用力的大小和动作的幅度等方面进行感知，学生可以通过自身和他人信息反馈控制身体完成正确的动作，形成正确的动作定式。

鉴于体育教学活动的上述特点，在进行体育教学活动时，教师应运用多种方法，有效调动学生的各种器官参与教学活动，以使得学生能够更好地掌握相应的活动。具体而言，在体育教学活动中应引导学生进行认真学习，积极进行思考，还应注重动作技术的调节控制，并大量进行重复练习。对于学生而言，正确的体育教学方法能够最大限度地调动多个身体器官参与活动，从而帮助其掌握各种动作，实现学习目标。

（二）感知、思维和练习有机结合性

在体育教学过程中，学生的学习是一个复杂的认知过程，在这一过程中学生需要动用思维、感知、记忆和想象，并结合具体的身体练习最终实现动作的掌握。因此，体育教学方法也是感知、思维和练习相结合的过程，在结合过程中，学生需要通过自身的信息接收器官将外界信息传送至大脑皮层，并运用大脑对各种信息进行整理、分析和加工，然后大脑指挥人体的各器官完成相应的动作；通过动作的不断重复，使得学生建立起相应的动力定型，来实现动作的自动化，同时还可以掌握相应的动作技术。在这个学习过程中，信息的感知是动作学习的基础，思维活动则是学习过程的核心，而练习是动作技术掌握的重要手段。体育教学方法的实施过程是认识与实践、心理与身体相结合的过程，是感知、思维和练习三者的有机结合。

（三）实践操作性

体育教学方法与一般的教学方法相比，最大的特点是实践操作性。体育教学方法必须与体育教学实践紧密相连，当然有些方法是室内学科教学方法的借用，如直观教

学法、讲解法等，但这些方法必须根据室外体育教学的特点、环境、学生的队列等情况加以调整，否则就不能适应体育教学。

体育教学的主要方式是身体运动，身体运动是学生对自身身体的运动感受，具有"此时此地"的特点，因此在选择与安排教学方法时，一定要根据体育教学自身开展体育活动的实践特点进行，而不仅仅是停留在理论层面上。只有结合实践操作的体育教学方法，才能让学生在掌握动作技术的概念的基础上，还能通过身体实践活动达到掌握运动技能、促进心理发展的目的，体育教学方法必须得到体育教学实践的检验，才能判断其教学方法是否有效。

（四）时空功效性

体育教学可以划分为不同的阶段，在不同的阶段内，有着鲜明的阶段特点，师生之间也会相互之间产生一定的影响。在教学的开始阶段，教师处于主导地位，随着时间的推移，学生的主体地位也逐渐增强。

在教学过程中，教学方法和途径发挥了重要作用。在开始阶段，对于学生学习动机、兴趣、欲望等的激发，需要教师运用合理的方法；教师可以通过讲解、示范等方法来使学生理解和掌握相应的知识和技能；学生在学练过程中，通过一定的方法来感知、理解和掌握相关的知识。总之，在体育教学的不同阶段，体育教学方法都发挥着相应的作用，这是体育教学方法的时空功效性特点。

（五）运动与休息合理交替性

在体育教学过程中，学生的大脑和身体通过一定的学习活动会产生相应的疲劳，造成学习效率下降。尤其是高强度的身体运动对于学生的体能消耗较大，这时为了保证教学活动的正常进行，有必要安排相应的休息活动。

在学习活动中，学生通过一定的认知、理解和记忆后，就会有相应的脑力消耗；通过进行相应的身体练习，则会使得人体的能量消耗加剧，人体相应的器官还会出现一些疲劳症状，并且随着运动负荷的增加，会对学习活动产生一定的消极影响。因此，体育教学方法注重运动与学习的结合，使学生的身体疲劳能够得到一定程度的恢复，保证其能够保持较高的学习效率。需要注意的是，这里的休息并不一定是指暂停相应的活动，也可能是一种积极性的休息——通过开展相应的轻松的活动，来达到身心的放松，帮助学生缓解疲劳症状。安排休息时，应注重积极性休息和消极性休息的结合，使得休息能够更好地达到预期的效果。

（六）继承发展性

体育教学的方法是在长期的体育教学实践过程中逐步发展起来的，经过多年的积累、发展和创新，逐渐形成了内容丰富的体育教学方法体系。很多教学方法具有鲜活的生命力，经过多年的发展依然在教学过程中发挥着巨大的作用。这些有效的教学方法值得人们对其进行总结、整理和借鉴。在教学实践过程中，在继承传统的经典教学方法的基础上，一些新的教学方法不断被提出，使得体育教学方法的体系不断完善。需要说明的是，尽管体育教学的方法众多，但不应过于沉迷现代化的教学方法，更不能对一些国外的教学方法进行刻板的模仿。教育工作者应在扬弃的基础上发展创新，在时代发展的大环境下，在体育教学具体实际的基础上，对教学方法不断进行开拓创新。

四、体育教学方法的价值

（一）有利于推动体育教学任务的实现

在体育教学过程中，体育教师与学生双方互动的连接点是体育教学方法。科学有效的体育教学方法有利于密切联系体育教学活动中的两个重要主体（教师与学生），这一连接有利于体育教学目标与任务的实现。倘若没有实效性的科学体育教学方法，体育教学任务就难以实现。

（二）有利于良好教学氛围的营造

合理恰当的体育教学方法能够提高学生参与体育学习的积极性，还能促使其学习动机不断得到激发，同时也有利于良好教学氛围的营造。良好的教学氛围反过来又有利于感染学生，引导学生主动参与学习，从而促进了一种良性循环的形成。良好的体育教学方法的科学的运用，有助于提高学生对体育教师的信任度，从而乐意听从教师的引导而学好体育课程，这就使得体育教学过程的气氛变得十分融洽与和谐。

（三）有利于促进学生身心的全面发展

良好体育教学方法体现出一定的科学性特征，体育教师受到科学思想的感染与熏陶而采用科学恰当的教学方法进行体育教学，这对学生的身心发展是极为有利的。相反，不具备科学性与不恰当的体育教学方法所产生的消极影响会对学生身心的发展造成阻碍。在体育教学活动中，实施体育教学方法的过程通常也是学生对体育运动技术进行体验与锻炼的过程。所以，教师不仅要向学生灌输体育方法论的知识，同时也要引导学生的训练实践，促进学生身心的全面健康发展。因为体育教学活动特殊作用的存在，科学的体育教学方法也有利于培养学生的丰富情感、锻炼学生的意志品质。因此，科学的体育教学方法能够积极影响学生身心的全面发展。

（四）有利于体育教学质量的提高

科学的体育教学方法能够通过对各种有利因素的充分利用来提高学生的学习兴趣与热情，引导学生充分发挥其主观能动作用，从而促进其学习效率的不断提高，最终促进体育教学质量的提高。

第二节　体育教学方法的选择与应用

一、体育教学方法的选择

（一）选择体育教学方法的依据

1. 体育教学目标

体育教学目标的主要特征之一是多层次性，身体发展目标、技能发展目标、知识发展目标、社会发展目标和情感发展目标等是体育教学目标的不同层次。为了实现不同的教学目标，应采用不同的教学方法。在体育教学中教学目标并不是孤立的，它是多种目标的综合，而每一单元、每一堂课目标的侧重点是不同的。因此，在教学过程中应根据具体的课堂教学目标来选择重点发展某一方面的教学方法—课时教学目标是体育教学总目标的具体化，这一目标具有很强的指导性。它既有相应的运动技能和运动理论方面的知识，也有心理和品质品格方面的内容，针对这些不同的教学目标，应选择与之相匹配的教学方法。

2. 体育教学内容

体育教学的内容与教学方法之间具有密切的关系，如对一些技术动作的教学内容应采用主观的示范操作的方法，而对一些原理和知识结构方面的内容则应注重运用语言法进行讲解，不同性质的体育教学内容应采取相应的教学方法。每一种教学方法为实现一定的目标而运用在某一教材内容时，其效果也会表现出一定的差异性。因此，在体育教学过程中还应注重教学方法的灵活性。

3. 体育教学环境

教学环境对教学方法的选择产生重要的影响。教学环境包括场地器材、班级人数、课时数等，同时，外界的社会文化环境也对教学环境产生重要的影响。教学环境必然会对教学方法产生制约作用。例如，一些直观教学方法需要借助一定的教学器材才能实现相应的教学目标，而学校体育教学资源的具体情况在一定程度上对教师采取的教学方法具有决定作用。

教师在体育教学过程中应充分利用现有的教学环境，选择合理的教学方法，最大限度地利用现有的场地、器材条件。

4. 学生的实际情况

在教学过程中，教学方法的实施对象是学生，采用多种教学方法的最终目的是为了促进学生更好地学习。因此，在选择相应的体育教学方法时，应与学生特点及其实际情况相符合。学生的实际情况表现多方面的内容，包括学生的年龄特点、性别特征、身心发育状况以及相应的知识储备和学习能力等。

学生处于不同的年龄阶段，其身心发展过程也具有阶段性的特点。对于大学生而言，低年级学生和高年级学生的身心发展特点会表现出鲜明的差异性。另外，男女性别上的差异性也会导致其对于体育的态度有所不同，因此应采取合适的方法，充分调动学生对体育学习的积极性。学生的经验和知识储备以及其相应的学习能力也是教师选择不同的教学方法的重要依据。对于知识储备量较为丰富，已经掌握了基础的知识技能，并且学习能力较强的学生，其在学习新的体育技能时能够更快、更好地掌握。此时，教师可采用合理的教学方法促进学生的技能水平向着更高的水平发展。

5. 教师的自身素质

体育教师是各种教学方法的实施者，其自身的素质对于教学活动的效果产生重要的影响。体育教学如果能力和素质有限，则其将不能发挥相应的教学方法的作用，从而对教学活动产生消极的影响。因此，教师在选择相应的教学活动时，应对自身的专业素养、能力水平以及教学方法以及特点有着客观的理解。

通常情况下，体育教师所熟练掌握的教学方法越多，则越能够根据自身以及学生的实际情况选择出最佳的教学方法。不同教师根据学生实际状况采取同样的教学方法，也会得到不同的教学效果，可见教师自身条件极大地影响着体育教学活动。所以，教师要有提高认识自身素质与教学风格的意识，并通过积极的学习增强自身的素质，尝试和掌握更多的教学方法。

（二）选择体育教学方法的要求

1. 一般性要求

相关研究表明，在对体育教学方法进行选择与配合时，应当考虑并达到几个方面的一般性要求：第一，体育教学方法必须符合教学规律原则；第二，体育教学方法必须符合体育教学的教学目标；第三，体育教学方法必须符合体育教学内容的具体特征；第四，体育教学方法必须符合学生学习条件的可能性；第五，体育教学方法必须符合教师实际条件的可能性；第六，体育教学方法必须符合学校的教学条件，并且具备较为显著的功能与达到一定效果。

2. 具体要求

（1）体育教师要全面了解各项体育教学方法，倘若体育教师对各项教学方法没有做到深层次掌握，那么体育教学方法的选择就无从谈起。教师在了解体育教学方法时，不仅要了解动作技能形成的方法，而且还需了解传授体育知识的方法，另外，也需要了解发展学生个性、开展思想品德教育以及锻炼身体的方法等。教师只有全面了解与掌握多种体育教学方法，才能依照体育教学的实际要求，选择富有针对性和实效性的体育教学方法。

（2）教师要遵循多中选优原则，原因在于各项体育教学方法均有其自身的优势与劣势，均有其自身的独特性能，但是尚未有任何一项体育教学方法能够达到所有的要求。因此，教师在对体育教学方法进行选择时，必须要达到全面了解与掌握体育教学方法的要求，随后才能结合体育教学的实际状况，在众多体育教学方法中选择出最能发挥其独特性能的教学方法。为了真正达到从中选优的要求，所有体育教师均需建立一个具有个性化特征的教学方法"仓库"，以体育教学方法的具体性能为主要依据，将其编成系列（如将其编成卡片），将性能相同或者相近的体育教学编成一类，当教师需要选取适宜教学方法时即可从中选取。

（3）教师要采用比较的方式，从中选优。不同的体育教学方法能够实现相同的目标，至于使用哪一种教学方法的效果更佳，则需要教师对具体教学方法进行多方面比较，从而实现从中择优的目的。教师可以通过每一小类或者每一类体育教学方法，了解学生对理论知识的掌握情况，运动技能、身体素质水平、自身个性的发展情况，思想品德和行为习惯的培养情况进行认真分析与比较，充分考虑特定体育教学方法的适用范围和适用条件，具体教学方法解决哪些教学任务最为适宜，结合哪些教学内容最为适当，对于哪些类型的学生最为符合，对教师和教学环境的具体要求等多项内容展开综合比较逐级筛选，最终做出最为恰当的选择。倘若体育教师能够达到这些要求，则能够为高效运用体育教学方法奠定坚实的基础。

（三）选择体育教学方法的注意事项

1.注意师生之间的协调配合

在体育教学过程中，教师和学生的默契配合是取得良好教学效果的重要保证。教学活动不存在没有"教"的"学"，也不存在没有"学"的"教"。因此，不管是何种教学方法，都应考虑到"如何教"和"如何学"两个方面的问题。

在传统体育教学过程中，片面强调以教师为中心，教学方法也只是注重教师"如何教"的问题，而对于学生在教学过程中的作用则选择性地忽略了。例如，教师在动作示范时，只考虑动作的优美和协调性，而没有考虑学生的感受，从而使得学生的学习效果不佳，影响教学活动的开展。因此，体育教学方法的应用应考虑师生双方的合理配合，避免两者的脱节。这样才能取得良好的教学效果。

3.注意学生内部与外部活动的配合

学生的学习过程是内部活动和外部活动的综合体现，内部活动是学生的心理活动以及相应的生理生化反应等方面，外部活动则是其动作质量、情绪、注意力等方面。首先，在选择相应的教学方法时，应注重两者之间的配合；其次，在选择相应的体育教学方法时，应注重两者之间的配合，教师应善于分析学生的内外活动变化，有机结合指导学生外部活动的方法与激发学生内部活动的教学方法，以促进学生主动积极地参与到体育学习中；最后，在选择体育教学的方法时，还应对多种教学方法进行对比分析，从而确定最佳的教学方法。在教学过程中，应明确不同的教学方法适应什么样的教学内容，能够解决什么样的教学问题，能够对什么样的教学对象起到更好的作用等。

4.注意不同学习阶段的前后配合

学生在学习过程中，在不同的学习阶段会表现出不同的特点。体育教学方法的应用应考虑到学生学习知识的不同阶段的前后配合。例如，在动作学习过程中，应注重"模仿型"向"创造型"的过渡，并实现二者的有机结合。

学生的学习过程是由不了解到熟悉的过程。在学习的初始阶段，通常以模仿（模仿教师或他人）学习为主，之后学生就会形成动作定式而完全摆脱模仿，从"模仿型"过渡到了"创造型"。这两个阶段之间既具有一定的联系，又相互区别。因此，在运用教学方法时既要防止两者之间的互相代替，又要防止两者之间的割裂。

二、体育教学方法的运用

（一）体育教学方法的优化组合运用

1.优化组合运用的原则

（1）最优性原则

不同的教学方法其特点、功能和应用范围都会有相应的差异性，各教学方法都有其优缺点。因此，在对教学方法进行组合运用时，会形成不同体系的综合教学方法，每一套教学方法都有鲜明的特点。教师在进行教学方法的优化组合时，应根据实际情况，选择一套最符合实际情况的教学方法。教师在教学方法选择时，应从整体入手，将各种教学方法进行有机结合，来充分发挥教学方法体系的整体功能。

（2）统一性原则

统一性原则要求教师在选择相应的教学方法时，应注重"教"与"学"的统一，使得两者之间密切结合，相互促进。如果只强调其中的一方面，则教学活动并不会取得良好的效果。另外，统一性原则还要求，在教学过程中应将教学方法的多种功能充分地发挥出来，以促进学生素质的全面发展。

（3）启发性原则

不管是何种形式的教学方法，都应该能够更好地调动学生的积极性和自觉性，促进学生进行积极思考与探索，促进学生全面提高自身素质。在体育教学活动中，注重学生兴趣和动机的培养，发展其自主思维和学习的意识。

（4）创造性和灵活性原则

在选择体育教学方法时，应注重发挥教师和学生的创造性。应对教学方法进行积极的改进和创新，使其更加适用于自身的教学实践活动。只有这样，才能够实现教学方法的功能最大化，从而取得较好的教学效果。教师要对教学方法进行不断的发展和创新，这样才能与教学水平的发展相适应。

教学活动是一个动作的过程，教师在课前设计的相应教学方法可能在具体的教学实践中面临多方面的问题，这就需要教师进行灵活应变，根据实际的教学情况，对所选的体育教学方法进行灵活的、创造性地运用。

2. 体育教学方法优化组合的程序

（1）进一步明确体育教学任务

选择不同的教学方法要以教学任务和教学目标为主要依据。因此应将一节课的具体教学任务进行分析和细化，制定出相应的详细任务规划。

（2）根据实际情况将总体设想提出来通过对教学任务、教学内容、学生的具体情况以及教学的外部情况等进行分析，对相应的教学方法进行评估和分析。在提出教学的总体设想时，应将教学方法的可行性和适用性都充分考虑进来。

（3）对多种体育教学方法加以优化组合制定教学方法和教学方法的具体方式及细节表，对于各种教学方法进行分析，并对其不完善的地方进行相应的补充。在此基础上，将优化组合后的教学方法应用于具体的教学实践过程中。

（4）在体育教学过程中对优化组合的教学方法实施与评价，应对教学方法产生的效果进行跟踪了解，可通过学生反馈的形式了解具体情况。对于教学方法的反馈信息进行归纳和分析研究，并对教学方法做出相应的调整。在以后的教学过程中，要不断地总结经验和教训，促进教学方法的不断优化。

（二）常见体育教学方法的具体运用

常见体育教学方法主要有语言教学法、直观教学法、完整教学法、分解教学法、预防与纠错教学法，具体运用如下：

1. 语言教学法

语言法即为在教学活动中，教师通过对学生进行语言指导，从而达到相应的教学效果的方法。作为一名教师，能够正确、简明、形象地使用语言，对于学生的学习和教学工作任务的完成具有重要的意义。正确地使用语言，不但能够使学生更好地理解相应的学习目标和任务，而且还能够促进其对相应的知识和技能进行快速掌握。由此可知，在体育教学过程中，教师应注重语言法的运用，注重语言的技巧。大多数学校的体育教学中，语言法的运用形式有讲解、口头汇报、口头评价以及口令和指示等。

（1）讲解法

讲解是指教师将相应的动作要领、方法和规则要求等方面的知识向学生进行说明，其目的在于更好地指导学生进行相应的运动技能的学习和掌握，讲解法是较为常用的教学方法，在运用时应注重以下几个方面的问题：

首先，要明确讲解的目的，根据教学的目标、教学内容和学生特点进行讲解，在讲解过程中，应对自身的语速、语气进行调节，并抓住教学内容的重点和难点，具有一定的目的性和针对性，这样才能使学生明白哪些是重点和应该着重理解哪些方面。

其次，在进行讲解时，应注重其内容的正确性，不管是具体的工作原理还是相关的基本知识，都应做到准确无误。另外，还应注重讲解的方式是要与学生的学习情况和学习能力相适应，使学生能够更好地接受相应的知识。

再次，为了更好地使学生理解相应的技术动作，讲解要做到生动形象、简明扼要。具体而言，在讲解过程中应注重将新的技术动作和知识内容与学生已经了解和熟悉的内容联系起来，使学生更好地理解相应的动作技术。另外，教学时间有限，学生的注意力集中程度也会随着学习时间的延长而有所下降，因此应抓住重点，简明扼要地进行讲解。

又次，在内容讲解过程中，一些知识体系和动作技术不能将其孤立起来单独讲解，要注重启发学生的发散性思维和创造性思维，使学生能够触类旁通、举一反三，更好地理解相关的知识，达到学以致用的目的。

最后，在进行讲解时，还应注重讲解的时机和效果。在讲解相应的内容时，首先应选择合适的站立位置，确保每个学生都能够听到相应的内容。另外，给学生进行讲解时，应充分调动其好奇心和积极性，如此才能取得更好的效果。

（2）口头汇报法

口头汇报是教师了解教学效果的一种重要方法，这种方法要求学生根据教学需要，向教师表述学习心得和提出有关教学内容、方式和疑难等相关方面的问题。通过学生的口头汇报，能够使教师明确自身在教学过程中的不足，为教师提高和发展自身的教学水平提供相应的依据。对于学生而言，通过这种方式不仅能够培养其语言表达能力，而且还能够促进其进行积极的思考，加深其对于教学内容的理解。因此，在教学过程中安排相应的口头汇报不仅有助于教师和学生素质的提高，还有助于整体教学质量的提升。

（3）口头评价法

口头评价同样是一种重要的语言方法，对于学生的动作完成情况以及课堂表现给予相应的口头评价，能够更好地促进学生的学习。

口头评价包括积极的评价和消极的评价。积极的评价即为对学生的正面鼓励，这能够在一定程度上激发学生的积极性，促进教学活动的更好开展；消极的评价则是否定性的评价，这种评价往往指出学生的不足，明确其提高的方法和努力的方向，教师用这种方式时应注重语气和口气。

（4）口令、指示法

在体育教学过程中，需要借助多种口令和指示，如"立正""跑""转体"等。这些语言简短有力，能够很好地指导学生进行相应的技术动作的学练。需要注意的是，运用这些口令和指示时，应注意把握其时机和节奏，否则会造成学生动作不协调和出错。另外，还应注重发音洪亮有力，不仅要使学生能够清楚地听到，还应给学生以势在必行之感。

2.直观教学法

直观法是体育教学中较为常用的一种教学方法。通过相应的直观的方式作用于人体的感觉器官，引起相应的感知，从而实现体育教学目的。在实践过程中，人们认识事物时都是首先从感觉器官的感知开始的，因此，直观教学法能够使得学生更易于理解相应的教学内容。直观教学法的运用形式主要包括动作示范、条件诱导、多媒体技术、教具和模型的演示等。

（1）动作示范法

动作示范是指教师采取一些示范动作使学生对技术动作的形象、结构和要领进行掌握的基本方法。通常在进行动作示范时，教师可亲自进行示范，也可指定相应的学生进行动作示范。在采用动作示范方法时，应注重以下几个方面的问题：

首先，在进行动作示范时，应具有一定的目的性。如果是为了使得学生了解动作的基本形象，示范动作可稍快；如果动作示范是为了使学生了解相应的动作结构，并引导学生进行学习，则需要动作稍慢，可略夸张；如果是示范相应的重点和难点动作，可多示范几次。

其次，示范动作一定要注重其正确性，以避免对学生造成误导。在进行相应的讲解时，不仅要注重内容的正确性，还要体现出教学内容的特点，并与学生的学习能力相适应，提高学生的学习兴趣。

再次，进行动作示范时，应使得全体学生都能够看到。因此可使学生呈圆圈形站立或是错位站立。

最后，在进行动作示范时，一般会配合相应的讲解方法，使得学生能够更好地理解。可采用先示范后讲解、边示范边讲解和先讲解后示范等方式。

（2）条件诱导法

条件诱导法也是较为常用的一种教学方法，以某种条件为诱因，并与相应的动作建立联系，从而达到相应的教学目的。例如，通过相应的音乐伴奏和喊节拍的方式，形成一定的动作节奏感；通过简单的语言提示使得学生的动作能够流畅进行。除此之外，也可设置相应的视觉标志，指示学生进行相应的动作方向和运动轨迹、幅度等方面的操作。

（3）采用多媒体技术法

电影、幻灯、录像等是多媒体技术的主要内容，在运用电影和电视、录像时，应注意播放内容要与体育教学目标相适应，并有机结合电影和电视、录像与讲解示范练习多媒体技术虽然在教学过程中得到了普遍的运用，但是在体育教学过程中，其应用并不广泛。这与体育教学在户外授课、器材运用不方便具有很大的关系。

（4）直观教具与模型演示法

在体育教学过程中，对于一些高难度的动作可以采用图表、照片和模型等直观方法进行辅助教学。通过运用这些教学工具能够使学生更加易于理解相应的技术结构和动作形象。另外，对于一些战术配合，也常采用模型演示的方式来进行讲解。

3.完整教学法完整法指的是从动作开始到结束，完整地进行教学和练习的方法

一般在技术动作的难度不是很高或技术动作不可进行分解时，会采用完整法进行教学。另外，在首次进行动作示范时，也会采用完整法来进行动作技术形象的示范。完整法的优点在于动作协调优美、结构简单、方向路线变化较小，各部门之间具有密切的联系。其缺点在于对一些复杂的动作而言，采用这种教学方法会为教学带来一定的困难。

为了便于学生进行学习，促进教学活动更好地开展，应注重几个方面的问题：首先，在讲授一些简单和易于掌握的动作技术时，教师可以先进行完整的动作示范，示范之后，学生直接完成完整的动作练习；其次，有些技术动作无法分解时要采用完整教学法，需要注意的是，在采用这种方法时，要对其中的各项要素进行必要的分析，但不能局限于动作的细节，要从整体上进行把握，以确保动作的完整性和流畅性；再次，对于一些难度动作，可适当地降低其难度，先通过降低难度或是徒手完成相应的动作，在此基础上逐渐增加难度，降低难度时不能使技术动作出现错误，对于一些器材的质量以及高度、距离等标准可适当降低；最后，在采用完整法进行教学时，可适当改变外部的环境条件，在外力条件的帮助下完成相应的完整动作。

4.分解教学法

分解法即将完整的动作划分为几个部分，并逐步使学生掌握完整的动作技术。这种方法适用于难度相对较高，并且动作可分解的运动项目。在采用这种教学方法时，能够将复杂的动作分解为简单的动作，从而使技术难度降低，更加有利于学生的学习和掌握。但是，这种方法也有其缺点，即它注重对于局部动作的分解把握，可能在一定程度上使得学生对于整体的理解不全面。因此，分解教学法和完整教学法通常结合

起来使用。

在运用分解法进行教学时，需要注意以下几个问题：第一，应仔细分析动作技术的特点，采用合理的方式对其进行分解，注重时间、空间等方面的有序性和统一性；第二，将完整的技术动作分为多个环节时，应注重各个环节之间的联系，注重动作结构之间的联系性；第三，在熟练掌握各阶段的动作之后，要注重各个环节之间动作衔接的连贯性，同时还要保证其过渡的流畅性，形成有机的整体。

5.预防与纠错教学法

为了防止和纠正学生在练习过程中出现和可能出现的错误动作，教师在教学过程中经常采用预防与纠错法。在教学过程中，学生对于各种动作技术的掌握不标准和出错的状况是不可避免的，教师应正确对待，并注意进行有意识的引导和纠正。

预防和纠错是相互联系的。预防具有一定的超前性，要求对于可能会出现的错误动作进行积极的引导，并要对其出错的原因进行分析；纠错具有鲜明的针对性，针对学生的错误动作采取相应的纠正措施，并分析出错原因。预防与纠错方法的运用形式有以下几种：

（1）语言表述法：为了使学生建立起正确的动作概念，应注意动作细节与要点描述的准确性，使学生能够明确理解各种技术动作的标准和结构顺序。通过这种方式，能够使学生建立正确的动作意识。

（2）诱导练习法：为了使学生的动作准确无误，可采用诱导性的教学方法，使学生达到相应的教学要求。例如，学生在做肩肘倒立时，不能将腰腹部挺直，针对这种情况，可采用在垫子上方悬吊球，让学生用脚尖触球，这样，学生就可以挺直腰腹部了。

（3）限制练习法：在进行相应的动作练习时，设置一定的限制条件，有助于错误动作的纠正。例如，在进行篮球投篮练习时，为了使学生投篮动作更协调、标准，可练习罚球线左右的投球练习，使学生掌握正确的投篮方式。

（4）自我暗示法：学生在进行相应的动作练习时，为了保证动作的准确性，在练习中有意识地暗示自己达到要求的方法。例如，在进行篮球的投篮练习时，学生可暗示自己投篮时手指、手腕的动作要标准，使得自身的投篮动作准确无误；再如，在奔跑练习中要暗示自己注意后腿充分蹬地。

（三）运用体育教学方法的注意事项

1.注意体育教学方法效果的影响因素

在合理应用体育教学方法时，为了取得良好的教学效果，体育教师要加强与学生之间的协调配合。在体育教学实践活动中，教学方法所产生的效果受体育教师的知识储备、人格魅力以及教学技艺等方面的影响。因此，提高教师的素养对于教学方法使用的效果将会产生积极影响。

需要强调的是，体育教学是教师与学生之间的双边互动，学生因素对于教学方法运用的效果也产生重要的影响。同时，学生能动性的发挥情况对于教学方法的运用效果产生重要的影响。例如，当学生没有太大的兴趣参与到体育课教学中时，就会在课堂上表现出注意力不集中，即使体育教师使用正确、生动、形象的讲解方法或准确、协调、优美的动作示范，学生依然不会提高参与课堂学习的兴趣与积极性。

除教师与学生两项因素外，体育教学方法的运用效果还会受到体育教学物质条件和环境的影响。例如，在进行篮球运动教学时，如果是在较为干净的室内塑胶场地上，学生在奔跑和起跳时的心理状态与在水泥地面上时是不同的，室内塑胶场地上，当学生起跳落地时，可以做出相应的保护性动作，能够有效避免受伤。因此在强调教学主体主观因素的同时，也不可以将物质和环境等客观因素忽略。

2. 注意体育教学方法有关理论的运用

有关体育教学的理论源于实践，但又高于实践，是科学总结体育教学实践的结果。因此，体育教学相关的方法既要注重实践方面的问题，又要注重理论方面的探索。如果体育教学的相关理论具有一定的片面性，则其体育教学的方法也会表现出一定的片面性。

在体育教学过程中，体育教学方法方面的理论基础应综合考虑以下几个方面：其一，辩证唯物主义与唯物辩证法的基本观点；其二，系统论原理，深化理解体育教学系统；其三，教与学、心理学等与体育教学有关的学科理论知识；其四，普通教学论和体育教学论是体育教学方法直接的理论基础；其五，对当代各学科的先进理论成果进行借鉴和吸收，创造性地应用相应的理论和方法。从整体角度进行分析，在体育教学过程中，应用新观念、新理论指导体育教学工作，不断对体育教学的方法进行创新，并充分发挥各种教学方法的作用。

第三节 高校体育教学方法的发展与改革

一、高校体育教学方法的发展历史

高校体育教学方法的发展历史主要分为体操和兵操时代、竞技运动时代以及体育教育时代，各个时代的发展历程具体如下：

（一）体操和兵操时代

在传统社会里，推动体育运动发展的一项推动力是军事战争。在封建社会和资本主义社会的早期,为了增加士兵的作战能力,士兵会进行相应的体育训练。这时的体育教学方法主要是以训练式和注入式为主,较为单调。训练式和注入式的教学方法偏重于大运动量的不断重复,并通过苦练来增加人体的运动记忆并不断增强体能。

(二)竞技运动时代

自近代以来,随着资本主义社会的不断发展,竞技运动也得到了快速的发展,竞技运动项目随之逐渐增多。竞技运动以公平、平等等思想为指导,融入了众多的文化因素,充满生机和活力。竞技运动要求运动员具有高超的运动技能,而一味地苦练并不能适应竞技体育发展的需要,体育教学方法的改进则成为了必然的趋势。这一阶段,教学效率明显提高,出现的一些新的教学方法有演示法、观察法以及小团体教学法等。

(三)体育教育时代

现代体育得到了很大的发展,并且成为学校教育的重要组成部分。

体育成为一种文化现象,其内容也得到了极大的拓展,涉及健康教育、心理训练、安全教育、体育咨询、体育培训等,体育的知识和技能得到了快速发展。

人们针对体育教学的内容、方法的研究也逐渐深化。体育教学的方法不但要使得学生掌握相应的体育知识和技能,还要促进学生的全面发展,使其身体素质、心理健康、运动欣赏能力等方面都得到相应的发展。随着技术的发展,一些新的体育教学方法也随之出现。随着计算机、录像、电影等多媒体技术的发展,使得运动表象和感知等方法得到了快速的深化发展,体育教学的方法更加科学、规范,并向着更高层次发展。

需要重点强调的是,新体育教学方法的出现并不意味着传统体育教学方法的消失。在不同的时代条件下,会出现与这一阶段的生产力和科学文化发展相适应的体育教学方法。这些新的体育教学方法与传统体育教学方法相结合,相互借鉴,共同促进了体育教学的发展。体育教学的方法是一个不断发展的过程,随着教学环境、教学对象和教学内容的发展,呈现出不同的阶段性特点。

二、高校体育教学方法的发展特征

(一)科技进步促进了体育教学方法的创新

科学技术发展迅速,在不断丰富和方便人们日常生活的同时,在其他领域也发挥着重要的作用。在体育教学中,科学技术的进步对其教学方法的影响也是极其深远的。随着计算机技术的快速发展,其在体育教学中迅速普及,这使得体育教学中的动作示范更加标准、科学,资料的收集、整合更加便捷,并且学生在学习空间和时间方面的限制减弱,实现了实时的信息沟通,通过运用计算机进行动作示范,能够从不同的侧面，以不同的速度，对不同部位的动作进行细致的分析和研究，使得传统的讲解示范等方法更加科学、高效。

（二）体育教学内容的变革促进了教学方法的变革

为了适应时代的发展，满足学生的体育需求，体育教学的内容处于不断的发展和变革之中，这也促使了体育教学方法的变革。例如，随着定向运动和野外生存运动引入体育教学之中，使得体育教学活动的野外组织和教学方法得到了更加广泛地开发。

（三）体育教学理论的发展促进了教学方法的完善

体育教学理论的发展有利于体育教学方法的创新与进步。在新的体育教学理论的指导下，体育教学方法逐步实现了发展和创新。在传统的体育教学过程中，对于体育运动技能的分析有所欠缺，并且同一运动项目的教学方法相对固定，甚至在不同的运动项目中都采用统一的教学方法。

因此，面对不同运动项目，体育教学方法是"以不变应万变"。但随着有关专家不断深入研究球类的运动项目，"领会式教学法"由于适合球类运动应运而生。

（四）学生个性发展促进了体育教学方法的改进

在不同的时代环境，学生会表现出不同的特征，同时学生的个性特点具有很多变动性。因此，为了更好地促进体育教学目标的实现，促进体育教学效果的提高，应根据学生的具体情况，采用不同的体育教学方法。

学生各方面的变化主要体现在以下几个方面：第一，随着接受知识的增多，学生的认识能力逐渐增强；第二，随着时间的变化，学生的身体逐渐发育、发展；第三，伴随着学生知识和阅历的丰富，其个性越来越强，并且形成了相应的价值观念。除此之外，社会的文化价值观念对学生也产生了较为显著的影响。体育教学的方法也应随着学生各方面的变化而进行适当的调整。

三、高校体育教学方法的发展趋势

现代体育教学经过多年的发展，不仅已发展成为一个较为成熟的学科，同时也发展出了具有自身特色的教法体系，其发展趋势主要体现在以下几个方面。

（一）现代化趋势

现代教学方法的现代化过程中，体育教学的现代化十分明显。体育教学的重要表现之一是教学设备的现代化，是通过采用先进的技术手段，使得教师能够更容易开展教学活动，学生能够更好地学习。通过先进的现代化设备，教师能够对学生的身体素质进行更加深刻的了解，并能够更好地制定运动训练的负荷量。在教学管理方面，能够对学生的学习和生活提供更加便捷的服务。随着现代社会的发展，体育教学的各项技术也逐渐发展，其教学方法也必然呈现出现代化的发展趋势。

（二）个性化与民主化趋势

在传统的教学过程中，教师是教学的主体，在教学过程中具有很强的统一性，但教师的教学活动忽视了学生个体之间的差异性。随着教学活动的开展，社会越来越注重学生个性的发展，体育教学方法的发展也必然会呈现个性化发展趋势。个性化的教学方法改革与创新对于学生和社会的发展均具有重要的意义。与此同时，民主化也是体育教学的大势所趋。随着教学过程中民主意识的崛起，民主化的体育教学方法也得到快速的发展。

（三）心理学化趋势

心理学认为，学习是一个复杂的心理过程。在体育教学过程中，学生学习既涉及相应知识的记忆，同时还有动作技术的记忆。随着心理学研究的发展，学习过程的各个方面被人们所认识，并且在具体教学实践过程中，心理学的相关理论逐渐受到重视。在体育教学方法的发展过程中，很多心理学的研究成果将会进一步得到应用，这对于体育教学效果的提高具有重要的意义。另外，体育教学还肩负着培养和发展学生的良好意志品质、对进学生的心理健康等方面的重要作用，通过运用相应的心理学方面的方法，能够更好地达成这方面的目的。

四、高校体育教学方法发展中存在的问题

（一）教学方法单一化

现阶段，许多高校体育教师在相对落后的教学思想观念的影响与制约下，在高校体育教学活动的实践过程中，常常会存在使用单一教学方法的问题。在体育教学实践中，部分教师依旧将传统体育技术的传授作为主要教育目的，通常采用讲解、示范以及练习等传统落后的教学方法，其教学效果也必然十分有限。与此同时，相对传统落后的体育教学方法确实存在多方面的问题，有很多需要完善与改进的空间。我们还需充分认识到，学生自身是高校体育教学活动的主要媒介，高校体育教学活动只有利用与之对应的运动场地、设施设备以及练习，才能达到预定的教学目标，使得运动场地、设施设备以及练习在高校体育教学方法的使用效果方面发挥着重要作用。

伴随着新形势的出现，高校体育教学的任务和目标也随之发生了很大变化。传统体育教学方法已经无法很好地适应高校体育教学任务的具体要求。因此，体育教师要积极转变教育思想观念，要主动继承与发扬传统体育教学的优势，尽全力创新高校体育教学的方式与方法，进而更好地服务于高校体育教学的实践活动，尽全力推动学生的身心实现全面健康发展。

（二）实际效果不够显著

众所周知，高校体育课程教学纲要主要是对原有体育课程教学的进一步深化、拓展与改革。由此可知，高校体育课程教学改革的一项重要内容与任务是创新。很多教师在开展体育教学活动的过程中，真正做到了努力创新、狠下功夫以及狠抓落实，选择了很多富有创新性的教学方法与手段，这一举措对高校体育教学改革产生了较为突出的推动作用。然而，我们还需清晰地认识到，在开展体育教学的具体过程中，依然存在着某些教师过度重视课程形式，而不重视或者忽视课程实际效果的问题，甚至还有些体育教师为了展现全新的教学理念，将部分高、尖、精的体育教学设施设备运用在高校体育课堂中，尽管发挥了让学生眼前一亮的效果，但因为不便于操作，使得体育教学设施设备的实际效果大幅度降低。

除此之外，因为规范化体育技能教学是传统落后体育教学的唯一任务与目标，所以某些体育教师在选择体育教学方法时，选择依据通常是促使学生尽快掌握体育技能而开展相应的体育教学活动。在众多体育的教学方法中，部分教师单方面重视与追求对体育运动技能的系统性和完整性教授，严格要求学生对体育动作的各个环节加以理解与掌握，却忽视了对学生创新能力、观察能力、信息收集能力、分析能力以及自学能力等多方面能力素质的培养，其必然会导致高校体育教育为技术而教，也必然影响与制约学生的学习效果。

（三）学生主体意识不强

长期以来，在开展具体体育教学活动的实践过程中，常常实行以教为主、以学为辅或者教师教、学生学等较为传统的教学模式。采用这种教学模式，尽管在部分教学内容与教学环节上获得了一定成效，然而传统的教学方法在怎样充分调动学生积极主动、充满创新地学习教师传授的教学内容方面还有很大的改善空间。从实际角度出发，此类重视教师、忽视学生的高校体育教学方法广泛存在于高校体育教学活动中。除此之外，还有部分高校体育教师较为重视学生共同存在特征，却忽视了学生存在的个体差异性。而体育教师需要了解的是促使学生形成健康的个性特征，一方面是学生心理全面健康发展的客观需要，另一方面还是当前社会对人才能力素质提出的要求。因此，体育教师要针对每位学生的不同情况，激励和鼓舞学生形成和发展自身的个性特征。

当然，多种问题和困难会广泛存在于高校体育教学过程中，并且实施因人而异的教学策略着实会给体育教学活动带来一定的难度，教师将出发点设定为学生的个性特征成为比较难的现象。尤其是在班级人数多、场地面积小、设备器材有限的情况下，进一步增加了充分发展学生个性的难度系数。故而，在具体的体育教学实践中，体育教师采用的教学方式往往是将教学中心置于对大多数学生的帮助和指导方面，同时很少采用适宜有效的教学方法对需要特别对待的学生展开帮助与指导，这一问题导致的必然结果是很难推动学生在体育教学活动中得到充分发展。

五、改革高校体育教学方法的对策

（一）避免教学方法一成不变

由此可知，教师要下定决心战胜困难，并有效防止体育教学方法单一化，主动实现教学方法的新颖性、实用性以及可操作性，可以有效激励和鼓舞学生对学习的求知欲和积极性，从而最大限度地吸引学生的注意力。现阶段，高校体育教师要大胆摒弃有碍学生发展落后的教学方法，从根本上改变传统体育教学过度重视技能的灌输式教学方法，高校体育教师要从实际出发，彻底将传统格局打破，将学生的兴趣爱好与其密切结合，主动创新并选择出能够对学生的发展产生积极影响的体育教学方法，尽可能向学生提供一个良好的学习环境和学习氛围，要持续不断地激发学生的学习兴趣，使得体育教学活动的整体质量和效果得到质的提高，推动学生养成独立思考、独立分析、积极实践的良好习惯，从根本上使得学生实现全面健康发展。

（二）积极培养学生的创新意识

推动高校体育教学方法得以创新的重要策略是主动培养学生的创新性意识。第一，要认真创新思想认识，密切结合娱乐体育与健身体育，这不仅是推动高校体育教育思想观念得以转变的重要体现，同时也是现阶段高校体育教学的根本任务；第二，要不断创新体育教学内容，教师在选择体育教学内容时要选择有利于学生实现全面健康发展和激发学生学习兴趣的内容，只有这样，才能使教学内容枯燥乏味的问题得到根本性解决；第三，要不断创新教学方法，教师要与学生的实际需求进行有机结合，采用启发式的教学方法来引导学生积极思考、独立解决问题，从而将学生的学习主动性充分调动起来。高校体育教师可以运用发现式的教学方法来培养学生发现、思考以及分析问题的能力，还可以运用学导式教学方法推动学生主动参与到学习过程中，锻炼和培养学生的自觉性和主动性，使得学生养成自我锻炼以及终身锻炼的良好行为习惯。

（三）促使学生实现全面健康发展

在崭新的发展趋势下，促使学生得以全面健康发展已经成为了创新高校体育教学方法的客观要求，所以高校体育教师要尽全力推动学生全面健康发展，保障学生在体育教学活动中能够受到启发和鼓舞。体育教师在开展体育教学活动的过程中，要以不同学生的实际情况为依据，努力寻找与学生发展特征最为符合的发展方向，让体育教学活动真正使得每一位学生都能够有收获和成长。

针对以上要求，高校体育教师要将学生的实际情况作为立足点，将学生今后的发展作为着眼点，尽全力为学生的全面健康发展奠定良好的基础。在对体育教学方法加以选择时，体育教师要将教会学生做人作为教学重点之一，把求知、审美、健体、劳动以及娱乐等方面密切结合；把学生所学的理论知识和生活实践密切结合；把课内教育与课外教育密切结合；推动学生实现多个方面的和谐统一，实现学生全面健康发展的最终目标。

（四）重点强调教学活动的有机统一

促使高校体育教学方法得以创新的一项必然要求，是将各项教学活动进行有机统一。从本质上来说，体育教学活动是一项教学互动的活动，倘若只有体育教师参与其中，而没有学生的积极参与，则不能将这一教学活动称为完整意义上的体育教学活动。同样的，只有学生参与却没有教师参与的体育教学活动，其教学效果同样十分有限。体育教学活动要想取得理想的教学效果，则需要体育教师认真选择和处理自身与学生、教材、内容、手段以及方式方法等方面的相互关系。

我们知道，一次效果良好的体育教学活动，需要教师能够很好地处理自己与学生、教材、内容、手段和方式方法的关系，特别是在创新教学方法的同时，还能够更好地结合学生的实际需要。因此，这就要求教师和学生必须统一起来，积极参与到体育教学活动中来，达到教与学的统一。

创新体育教育不仅是一项高校教育政策措施，而且还是一项实现高校体育教学方法创新的内在要求。伴随着社会发展进程的不断推进，学生对体育教学的要求也随之产生了翻天覆地的变化。现阶段，现代信息技术的大范围使用在向教师提供了更多教学方法的同时，也向学生学习体育知识提供了更加广阔的平台，延伸和拓宽了高校体育教学活动，并将其具备的功能很好地发挥在体育教学活动中。因此，体育教师要将教学实际作为重要依据，主动研究和创新，大胆采用部分先进的教学方法，努力为学生创造一个有益的学习氛围，使得学生的各方面需求得到了满足。

第三章 高校体育教学的创新性探索

随着我国高校体育教育的不断发展,体育教学水平要想更进一步上升到一个新的台阶,就需要在总结前人经验的基础上,引进国外先进的教育思想和教学模式,并结合我国的具体国情,不断加强对体育教学的研究和创新,如此才能保持高校体育教学的先进性,促进体育教学更好地发展。

第一节 现代体育教育新理念

与以往旧的教育理念不同的是,现代教育理念更加注重人的自身的发展,强调现代教育是为人服务的,要"以人为本"。在这样的背景下,"健康第一""终身体育""以人为本"等教育理念都得到了很好的发展,体育教学只有建立在这些教育理念基础之上才能体现出时代性和先进性,从而得到进一步发展。

一、"健康第一"的教育理念

(一)"健康第一"教育思想树立的客观依据

1. "健康第一"的教育思想符合世界发展的潮流

1948年世界卫生组织给健康下了一个定义,指出健康应从身体、心理和社会适应能力三个方面来综合考虑,健康的状态应该是身体、精神和社会的良好适应。在此之后,健康教育理念开始深入人心,并逐渐延伸到学校教育当中。我国结合了世界卫生组织对于健康的定义,进而提出了"健康第一"的教育理念及思想。1990年6月,我国教育委员会和H生产联合颁发了《学校卫生工作条例》,使得健康教育纳入学校教育之中有了一定的法律依据和保障,这对于加强高校体育健康教育,进一步拓展群众体育和学校体育的领域,倡导全民参与体育健身都有极为重要的意义和作用。1999年,第三次全国教育工作会议于北京召开,会议明确了良好的身体素质是青少年建设祖国、为人民服务的前提,强调中小学及高等院校必须进行改革,将体育教育纳入学校体育教育重要的工作之中。在《全国普通高等学校体育与健康课程教学指导纲要》试行后,各高校加强了体育教育改革的力度，都主张将大学体育、健康教育放在第一位，增强和培养学生健康体育的意识和理念，并建立和养成长期参加体育锻炼的好习惯，不断提高学生的身体素质。

综上所述，"健康第一"的教育理念是符合现代社会及世界发展的潮流的，这种崭新的、科学的教育理念必将得到弘扬与发展。

2. 健康教育思想适应了社会发展的需求

随着现代社会的不断发展和进步，世界上各个国家的综合实力都有了明显的提升，竞争也日趋激烈，竞争归根到底是专门人才和劳动者素质的竞争。对于一个国家来说，要想立于不败之地，就必须造就一大批高质量的专门人才，而这些人才不仅要具备丰富的知识和出色的能力，同时还要有一个健康的体魄。因此，在新的时代背景下，学校教育特别强调学生的身心发展，要求学生树立"健康第一"的教育理念与思想，从而不断促进自身综合素质的发展与提高。

我国各学校相关部门要加强体育教育改革，总结经验与教训，加大学校体育教育工作的力度，从根本上促进学生身体素质的提高。大量的实践和事实表明，学生积极参与体育健身活动，不仅能有效地增强体质，还有利于心理能力的提高与发展，这对于国家以及整个社会的发展都是非常有益的。

（二）健康教育的主要任务及目标

1. 调整体育教学内容，普及科学的锻炼知识

健康教育的主要目标之一就是增强学生的体质，使学生树立终身健康的意识，积极主动地参与体育锻炼之中。另外，高校体育教学应根据学生体质健康测试标准，并结合学校的具体情况，允许学生自由选择自己喜爱的体育项目，使他们自愿参与自己喜爱的运动项目之中，从而掌握基本的健身方法和技能，进而树立终身体育锻炼的意识。

2. 进一步完善体育与健康教育体系

体育是一门涵盖知识非常丰富的学科，在体育教学中渗透着体育人文学、运动人体学、健康教育学等内容，使人们的体育锻炼富有科学性和人文性，在体育教学中应不断提高学生对体育课的兴趣，使他们认识到体育健康教育的意义。另外，在体育教学中，还应增加促进学生身心健康发展的常识性内容，如预防艾滋病、远离毒品、切忌吸烟饮酒等，帮助学生建立和养成良好的作息习惯，并保持健康的心理状态，这对学生的健康发展具有重要的意义。

3. 贯彻国务院明确阐述的"学校教育要树立'健康第一'的指导思想"

随着现代社会的不断发展，竞争也日趋激烈，在这样激烈的竞争环境下，仅仅依靠丰富的知识和较高的智慧是不能适应这种变化的。在这样的时代背景下"健康第一"

的指导思想的提出，要求学校培养身体健康、心理稳定、拼搏竞争、团结协作的新型高素质人才。学校体育教育的理念应从以往单纯的"增强体质"为主转移到"健康第一"的新型发展观。

4.高校体育教育要服务于学生体质健康

"健康第一"的指导思想要求高校体育与健康教育的目的是增进学生的身心健康、增强体质、培养全面发展的合格人才。其中，运动技术是提高身体素质的手段，但学生同时也需要掌握体育锻炼的方法，养成自觉锻炼的习惯。

5.高校体育要服务于学生心理健康发展

在体育教育中，心理健康教育也是非常重要的一环。在社会主义市场经济体制下，竞争越来越激烈，来自社会各方面的因素，如学习、就业、恋爱、婚姻等都对学生造成极大的心理压力，致使很多学生产生了各种各样的心理问题。因此，学校体育教育要高度重视大学生的心理健康教育。学校体育的组织形式比较灵活，制定的体育锻炼目标因人而异，能全方位地评价学生的体育能力。对学生心理素质的提高是非常有帮助的。

6.高校体育要服务于提高学生的社会适应能力

作为一种独特的教育形式，体育教育能在一定的规则约束下组织公平、公正、公开的竞赛，这对于学生协调人际关系，增强团队的凝聚力，加强自我心理调节能力，培养社会责任感，以及遵守社会规范都有着重要的意义。因此，在学校教育发展的过程中，应将学校体育作为一门重要的教育工具，并深入挖掘其蕴含的教育价值，这样才能充分贯彻"健康第一"的教育理念，促进学生综合素质的提高。

（三）在健康体育理念影响下具体实施途径探索

在新时期，学校体育要树立"健康第一"的指导思想，并将其贯穿学校工作的始终，这是新时期学校体育教育工作者应完成的重要任务。在"健康第一"的教育理念下，学校进行健康教育的途径要从以下四个方面重点考虑：

1.提高体育教师的综合素质

教师的综合素质对体育教育质量的提高具有重要的作用，现代体育教育要求体育教师不能只满足于以前知识培养的单一教学模式，而是要具有一定的科研探索能力。这就要求体育教师掌握科学和人文两方面的基本知识以及具有扎实的体育基本功。体育教师要熟知信息科学、生命科学、环境科学等基础知识，了解体育教育的人文价值，掌握学生素质发展的规律，努力提高自身的综合素养。除此之外，体育教师还要建立终身学习的思想，适应不断发展与变化着的社会。体育教育也需要与任课教师、学生、家长等有关人员合作，以产生协调效应。

在现代社会背景下，体育教学还要加强教师对教学的监控能力，这主要包含教师按教学目的对教学活动的决策与设计能力、课堂组织能力和管理能力、评估学生知识、技能的能力等。体育教师应结合自己的实际经验，善于在工作中发现问题，探索问题，解决问题，努力提高自己的科研探索能力。

2. 将体育、卫生、美育有机结合

进行健康教育，除了要掌握基本的健身知识和体育能力之外，还要求学生了解和掌握基本的营养、卫生等知识，将身体锻炼与卫生保健结合起来。因此，在学校体育教育中，还应加强学生的营养和卫生指导。目前，我国学校体育与卫生保健的结合取得了一定的成效，但还没有形成一个完善的体系。因此，在新时期，在体育教学中，要紧密结合学生生长发育与生活实际开展健康教育，使学生会自我保护，预防疾病。在日常学习和教育中，要把学生青春期教育和心理健康教育作为健康教育的重要内容来抓。应广泛开展多样的体育活动，丰富校园体育文化建设，使学生的体育生活充满乐趣。体育是健与美的有机结合，寓美育于体育之中，能丰富体育的内容和形式，使学生感受到体育运动的美，进而产生主动参与体育运动的兴趣，从而提高运动能力，增强自身综合素质。

3. 培养学生的健康意识和行为，使其自觉参加体育锻炼

学校体育教学应从学校的实际情况出发，制定适合学生发展的体育教学大纲与教材，组织好学生参加体育运动锻炼。在上体育课时应注意适量，不应矫枉过正；在体育课外活动中应加强体育教师的指导力度；开展多种形式的体育比赛；有针对性地加强营养学、心理学、保健学、环保学、身心健康等方面的知识教育。

4. 加强学生健康知识和锻炼方法的培养，体育教育要与社会体育资源相结合，培养学生运动特长，形成运动习惯。

大学生参加体育锻炼，必须具备体育健康的知识和方法，这是非常必要的。在以往的体育教学中，大部分体育教师都过于重视运动技术的培养，而忽视体育健康知识的传授，这在一定程度上导致了学生体育锻炼的盲目性，因此，对学生进行健康知识的培养和传授能有效避免这种情况的发生。另外，学校体育教育工作还应立足学校，放眼社会，多开设社会体育设施建设的项目，为终身体育的开展创造有利的条件。良好的、受学生欢迎的运动项目能提高学生锻炼的积极性，有助于其良好运动习惯的养成。

综上所述，在体育教学中应坚持以运动技术为主，同时重视健康知识和健身方法的传授，充分挖掘和开发受学生欢迎的体育运动项目，以培养和提高学生参与体育运动的兴趣，进而培养"终身体育"的意识。

二、"终身体育"的教育理念

健康体育和终身体育是大学体育教育非常重要的两项内容,这两方面相互影响、协调推进,发展到现在,各个国家的学校教育都特别强调终身体育的重要性,由此可见,终身体育已成为世界体育发展的潮流。在高校体育教育中,高校应树立以学生健康为导向的体育观念,为学校的工作重心指明方向,使学生长期坚持体育锻炼,以达到终身体育的目的。

(一)"终身体育"概述

"终身体育"这一概念是由日本学者早用太芳于20世纪90年代首次提出的,所谓终身体育是指人们在整个生命过程中所进行的科学的、有效的身体锻炼和所受到的各种体育教育的总和,随着生命的诞生而开始,随着生命的消亡而结束,是人们对体育教育与锻炼存在的意义在理性思辨上的根本改变。简而言之,就是贯穿人类一生的体育活动或与生命具有共同外延的持续的体育教育过程。一般来说,终身体育教育的过程可以分为学前体育、学校体育和社会体育等三个教育层次,其中,高校体育教育是学校体育的主要组成部分,也是终身体育教育至关重要的一环。

随着现代社会的不断发展,竞争也越来越激烈,这对大学生提出了更高的要求,要求其不仅要有知识、理想、道德,同时还要有健康的体魄和心理。大量的实践已经表明,体育锻炼不但能使人们拥有强健的体魄,还能促进其心理健康水平的提高。有关数据表明,人们对终身体育的要求主要是来自对健康的需求,这与高校提出的健康体育观遥相呼应,也为终身体育增添了新的动力,有利于终身体育观念的贯彻和实施。

在21世纪,我们要牢固树立终身体育锻炼的理念,以奠基健康的身体素质和培养积极向上的精神风貌,不断提高个人的生活质量。当学生感受到体育运动的重要性时,又会积极主动地参与体育锻炼之中,进而形成良性循环,最终实现终身体育的目的。

(二)终身体育的培养

1.要注重培养学生终身体育的意识

对学生进行终身体育的培养首先就要增强学生的体育意识。现代心理学理论认为,行为是在认识事物的前提下,在引发动机和兴趣的基础上产生的。因此在体育教学过程中,教师要帮助学生端正体育学习的态度,明确正确的体育学习目标,建立良好的学习动机,激发他们主动学习体育的热情。另外,在加强体育技能培养的同时,也要抓好体育基础理论的学习,时刻强化学生终身体育的意识,以实现学生的体育价值。此外,学生终身体育意识的培养还可以与社会化相结合,以体育的体系化、社会化为目标，实现全民健身，以实现终身体育的社会价值。在具体的教学过程中，体育教师应树立使学生终身受益的目标，对每次课堂和课外活动提出相应的要求，以健身为目标，将素质、技能、知识、能力等教育内容渗透终身体育的意识之中。

另外，在体育教学中，还要加强体育教师综合素质的培养，这对学生培养体育意识具有十分重要的意义。体育教师应具备基本的职业素养、丰富的知识、先进思想观念以及健康的精神面貌。通过丰富多彩的教学方法，让学生通过体育锻炼，认识到终身体育锻炼的价值，促使学生积极主动地参与体育锻炼之中。

2. 及时调整学校的体育目标

终身体育是高校体育教育思想的重要内容之一。根据社会的发展形势，单纯地追求对学生有机体生物学的改造无法满足其内在自我实现的要求。在终身体育思想观念的影响下，高校体育的发展充满了活力，学生的生命本身得到了改造。高校体育是实施终身体育的关键环节，它对增强学生的体能、心理等基本素质都具有重要的作用和意义，能帮助学生最终实现终身受益的目的。发展到现在，高校体育已经被视为终身体育锻炼的有机组成部分。因此，学校体育教育应树立强身育人的目标，贯穿终身教育的主线，在培养学生基本知识与技能的同时，促使学生认识到良好的终身体育教育的意义并培养这方面的能力。

3. 培养和提高学生的思维能力

在体育教学中，不仅要培养学生学习体育知识和技能，同时还要培养学生的多样性思维能力。多样性思维是在个体处于复杂多样的环境下所进行的思维活动，在平时的体育教学中，要对学生进行单一思维和多样性思维的培养，经常对学生进行举一反三的思维训练。这其中需要注意的是思维训练要和技术训练、战术训练、心理训练等结合起来进行。

4. 丰富学校体育教学的内容

目前，高校体育改革的目的在于使个体在有限的学生时期学习体育基础理论和基本技能，在以后的生活和工作中，能够自觉地进行体育锻炼，由此与终身体育紧密衔接起来。

为了进一步丰富体育教学的内容，高校体育课教学应进一步拓宽选修课的范围，可采取以下措施：

第一，教授交际舞、溜冰等学生乐于接受的体育项目。

第二，适当开展篮球、排球、乒乓球、足球、健美操等专项活动竞赛，并努力提高活动的趣味性。

第三，尽可能地在课堂上安排耐久跑等锻炼任务，并视季节特点做出不同的安排。

第四，适当增加哑铃操和腰腹肌训练等方面的内容，增强学生的基本体能素质。

第五，引导学生关注体育热点，讲授体育竞技规则和裁判基本知识，对大型体育比赛的技巧等进行适时的解说。

第六，支持学生自行组织各种形式的体育比赛，全面培养学生的自我组织能力和增强参与运动的意识。

5.进行必要的体育检查与考核，充分调动学生终身体育的积极性

体育考核是检查和衡量体育教学效果的重要手段，在高校体育教学环节中起着非常重要的作用。通过考核的反馈作用，体育教师可以及时了解学生的学习效果，进而有针对性地采取教学措施和手段提高教学质量，同时还可以充分调动学生学习的主动性和积极性。可供体育教师利用的体育考核方法有很多，教师要灵活多变地加以运用，考核项目与考核标准因人而异，考核的目的不仅在于让学生最大限度地表现自己的体育技能，增强体质，调动终身体育教育的积极性，还在于增强学生的自信心，引导学生自觉地参与体育锻炼之中。

6.注重学生体育能力的培养

高校体育教育及改革的一个重要目的就是培养学生的体育能力。体育能力主要是指学生对体育科学活动适应和终身学习行为的心理调节能力，因此可以在体育锻炼中，形成锻炼身体的主动性和积极性，进而提高其运动能力。结合当前体育教育的特点及发展情况，应注意培养学生以下三个方面的能力：第一，自觉锻炼能力，学生能够熟练地运用已经掌握的体育知识、技能，养成体育锻炼的自觉性，养成终身体育的好习惯；第二，自我评价、自我管理和自我监督的能力，让学生对自己身体的具体情况有一个正确的认识和评价，及时调整运动计划；第三，适应自然环境和社会环境的能力，增强学生对疾病的抵抗力和免疫力，培养各方面的适应能力，提高运动锻炼的水平。

7.改善场地、器材和管理的条件，加大宣传力度，开展形式多样的课外体育活动

要进行体育锻炼，没有一定的场地、设施、设备是无法进行的，因此，高校应当完善体育器材和场地的管理制度，制定体育场地、器材配备的标准，为学生进行体育锻炼创造有利的条件。要充分利用广播、校报、校刊、校园网等宣传工具，或定期开展体育知识讲座、运动比赛等来宣传体育健康的基本知识、国内外的体育赛事等，激发学生主动参与体育锻炼的兴趣。培养大学生的终身体育意识，除了要以教学为核心外，还要加强其课外体育锻炼。通过各种各样的体育活动的举办，能营造积极向上的体育运动氛围，为学生的终身体育锻炼打下良好的基础。

三、"以人为本"的教育理念

（一）"以人为本"概述

"以人为本"的科学发展观及教育理念，对我国体育教育的发展具有重要的指导意义。"以人为本"中的"人"既是个体，又是群体，既具有自然属性，又拥有社会属性。高校体育教学要建立在以人为本的基础上，坚定不移地实施科教兴国战略和人才强国战略。

早在商周时期，就提出了民本的思想，认为人民是一个国家的基础。发展到春秋战国时期，儒家倡导"仁者爱人"的思想、齐国管仲提出"以人为本"的治国思想，再到后来孟子的"以民为本"等思想，都与"以人为本"的思想有着密切的关系。当然，我国古代传统的民本思想与今天的"以人为本"的理念与思想并不完全相同，二者之间也存在着一定的差别。

在西方，古希腊时期就出现了"以人为本"的理念与思想，而其形成则在意大利文艺复兴时期，19世纪初，哲学家费尔巴哈第一次提出了"人本主义"的口号。发展到现代，一些人本主义哲学家采取了非理性主义，进一步完善了人本主义体系。受人本主义思想的影响，西方教育思想在教育观念、目的、内容和方式等方面都发生了很大程度的变化，促进了现代体育教育的发展。

目前我国的教育思想，是建立在马克思主义以及关于人的全面发展的理论基础上，结合中国的具体实际，形成的完整而科学的以人为本的教育价值取向。"以人为本"的教育思想对我国实施科教兴国战略以及民族复兴都具有重要的意义。

（二）以人为本教育理念的贯彻

进入21世纪。人才是关键，我国必须要通过实施科教兴国战略和不断推进教育改革，从而实现人与社会的全面发展。现代社会的不断发展对高校体育教育提出了多种需求，因此各高校要贯彻落实科学发展观。构建社会主义和谐社会和在教学中贯彻以人为本教育思想是新课程改革的必然要求。在新时期，贯彻以人为本的教育理念对学校体育教育的发展和体育人才的培养具有重要的意义。

大学教育要牢牢树立以人为本的观念，要不断充实办学资源，大力开展人才培养工作，尽可能地在为学生创造良好的学习环境和营造学习氛围上本着对学生高度负责的原则，提供充足的教育及教学资源以满足学生的发展需求；尊重学生的个体差异，促进学生的个性发展；完善培养方案，构建科学的课程体系；重视改变教学方式，增强教学的感染力、吸引力，激发学生的学习动机，调动他们学习的积极性。大学教育以人为本，首先就要关注学生的利益，树立为学生服务的观念，使学生获得个性与全面素质的共同发展。

进入21世纪以来，我国高等教育取得了快速的发展，体育教育也须顺应时代的潮流，不断革新教学观念，以科学的、合理的、人性化的教育观念有效的促进了大学体育的发展。高校学生在终身体育观念的引导下，在贯彻"以人为本"的科学发展观中得到了进一步的发展。

（三）以人为本教育理念对我国高校体育改革的启示

1. 对学校体育价值的重新定位

现代体育教学中处处彰显着人文主义精神，这与弘扬人文精神的时代潮流是相适应的。众所周知，学校体育的根本出发点和落脚点是"育人"，但是长期以来，我国学校体育总是过多地关注"增强体质"，而忽略了体育运动其他方面的价值。另外，随着现代社会的不断发展，实用主义对学校体育产生了重要的影响。学校忽略了对学生情感、个性等的培养，这不利于学生的全面发展。

学校体育的首要本质功能就是要增强学生的体质，但这并不是唯一的，学校体育还应该在增强学生体质的基础上，进一步拓展体育教学的人文价值，建立多元化的体育教学体系。

2. 对学校体育目标的重新建构

通过对学校体育教学的现状以及制约学校体育教学发展因素的分析，一些学者以及专家逐渐认识到技术教育和体制教育并不能完全作为学校体育实践的重心，应该把重心从单纯地追求学生的外在技能水平提高向追求学生的全面协调发展转移。这些都体现出了我国在学校体育改革中更加注重学校体育目标的人文倾向。

3. 对学校体育课程内容的重新调整

我国的体育课程是处于不断变革与发展之中的，但是目前来看，体育课程内容还不能完全满足体育教师的需求。因此，在未来体育教学改革与发展的过程中，要对体育教学课程内容做一定的调整，以适应体育教学不断变化的需求。

（1）趣味性：在体育课程改革与发展的过程中，要充分利用学生的好奇心，激发其学习的积极性和主动性。

（2）创新性：体育课程内容还要为学生创新精神的发展提供广阔的空间。

（3）适用性：体育课程内容的设置要侧重于对学生的终身体育能力的培养，加强学生与社会和生活之间的联系。

（4）普及性：体育课程内容中对于一些竞技体育项目中不适合该年龄阶段学生的技术要领、规则、器材和设施要进行相应的改造，以有利于学生参加运动健身。

4. 对学校体育教学的重新认识

在"以人为本"的教育理念下，出现了众多的教学观念，如成功体育、快乐体育和终身体育等，这些教育思想大都过分注重学生个性的培养、创新精神的培养以及注重激发学生的学习积极性等。在体育教学改革的过程中，一些新的体育教学模式不断出现并得到了广泛的传播，如情景式教学、发现式教学、快乐式教学以及创造式教学等。但对于如何将学生的被动学习变为主动学习，如何使学生获得良好的情感体验，如何发展学生的个性等问题，已经成为现代学校体育教学改革讨论的热点话题。

进入21世纪后，在以人为本的教育理念下，学生学习体育知识不再是承受痛苦和沉重的负担，而是为了展现自我、弘扬个性、满足自身享受快乐的需要。在全球化的发展背景下，由于各种思想文化处在不断的发展和融合之中，因此体育教育理念和思想也呈现出多元化的发展趋势。在新的历史时期，我们应把握住机遇，加强体育教育理念的更新，从而促进体育教学的发展。

第二节　体育教学的人文主义探索

在体育教学改革与发展的过程中，人文主义思想对我国的体育教学产生了极为重要的影响。因此对人文主义进行探索对我国的高校体育教学的发展具有重要的意义。

一、人文主义解析

（一）人文概念

《辞海》将人文解释为"人类社会中的各种文化现象"。它是指人类文化中优秀的、健康的、先进的、科学的部分。

在社会生产生活中，人类、民族和人群会形成一定的价值观念、信息符号以及道德和行为规范，即文化。在人类文化中，人的价值观念是整个文化的核心，它深刻地影响着其他方面的形成和发展；信息符号是文化的基础，它不仅实现了信息之间的沟通，还在一定程度上影响了文化的发展和继承；行为和道德规范以及法律法规方面的内容也是人类文化的重要内容，它起着一定的规范和制约的作用。在人类不同的发展时期，人类文化具有不同的发展特征，文艺复兴时期的特征表现为人们给予人文以高度的重视。作为一种先进的思想，人文思想体现了尊重、重视和关爱他人等多方面的内容。

（二）人文分类

一般来说，人文可有教育、文化、历史、社会、艺术、美学、国学、哲学八种分类。各种分类所包括的具体内容如下：

教育：科学、学术、素质（礼仪素养品德）。

文化：文学。

历史：中国、外国、世界。

社会：人权、法律、政治、经济、军事。

艺术：美术、电影、音乐、神话。

美学：跨学科（艺术、伦理、文学、心理、哲学）。

国学：易学、诸子。

哲学：思想、宗教。

（三）人文主义精神

在我国学术界，对于人文主义精神的认识并不深刻，因此对其内涵尚不清楚，没有达成共识，故在有关人文精神的学术讨论中学者们各持己见。一些学者认为，由哲学、文学、伦理、艺术和历史等构建出来的人类精神世界的思想和知识领域就是人文，而人文精神就是在其中所体现出的具有最高级意义的价值观念和行为准则。

王汉华在《"人文精神"解读》中对人文精神进行了研究和整理，并针对人文精神的概念提出了以下五层含义：其一，从科学的角度来看，人文精神是对科学、知识、真理的追求和探索；其二，从道德的角度来看，人文精神就是对道德信念、道德人格、道德行为、道德修养的追求和看重；其三，从价值的层面来看，人文精神就是渴望和呼唤自由、平等、正义等重大价值；其四，从人文主义的层面来看，人文精神就是尊重和关注人，就是期盼和高扬人的主体性；其五，从终极关怀的层面来看，人文精神就是反思信仰、幸福、生死、生存、社会终极价值等问题。

二、人文主义思想对体育教学的影响

（一）促使传统体育教学理念进行更新

在人文主义思想的影响下，体育教学改革与发展的过程中出现了"学习领域目标""课程目标"等一些新的概念。教学目标也被进行了多层次的划分，并确立了"身体健康"和"运动技能"两个最为基础的目标，并且在此基础上确立了"心理健康"和"社会适应"等多方面的新的目标。

在教学过程中，体育课堂从教师示范、学生学习与练习的循环中解脱出来。体育课堂逐渐变得生动而富有活力，学生在这种愉快的教学环境中，往往能提高学习的整体效果。

（二）促进课程体系进行调整

在人文主义思想的影响下，体育教学中的诸多问题都得到了明显的改善。学校在安排相应的体育教学课程时，开始考虑学生各方面的需求，并且在课程中逐渐将学生作为课程中的主体。学校在进行教学内容和课程体系设计时，更加注重学生的个性和性别特点，并且开始根据学生的身体素质水平来提供丰富多彩的、供学生进行选择的体育教学内容。在体育教学过程中，教学工作者更加注重学生的身心发展规律，通过多方面的努力来提高学生的学习兴趣和积极性，进而提高教学的质量和水平。

(三)促进体育教学方法的优化

在体育教学改革与发展的过程中,教学方法的改革也至关重要。在人文主义思想的影响下,体育教学进行了多种形式的改革,学生的人文主义精神也得到了良好的培养。作为人文体育教学的重要组成部分,学生在体育教学过程中要得到全面的发展,需要在教育工作者对学生的素质教育给予高度的重视。

在人文主义教学思想的影响下,体育教学方法不断得到优化和发展,先进的教学方法使得学生在教学过程中真正体会到了体育运动的快乐,并且能够在运动过程中感受到其独特的魅力,形成终身体育思想。

另外,在体育教学改革的过程中。运动场馆和运动设施也逐渐得到了发展和完善,吸引着众多的学生参与体育锻炼之中。体育运动场馆和设备是教学必不可少的工具,通过多方面的建设不仅能够方便学生更好地进行体育运动,还能够使其深化理解体育教学中的人文主义精神。

(四)促进科学的体育教学评价体系的构建

在人文主义教学思想的影响下,体育教学评价体系得到了不断的发展和完善。而新的体育教学评价体系不仅注重对学生进行全面的评价,还注重对教师教学的方面进行评价。在教学过程中,评价者开始注重"区别对待"的原则,针对教师和学生的不同情况进行相应的评价。

教师在对学生的学习效果进行评价时,逐步开始重视对多方面的教学效果进行量化分析,并且将定性评价和定量评价相结合,大大提高了体育教学评价的科学性,对于学生认识自身的不足以及获得学习的动力起到了良好的促进作用。

在对学生进行评价时,将不仅仅局限于其对技术技能的掌握情况,更加注重对其创新能力、学习态度、意志品质等方面进行综合评价。学校在构建相应的评价体系时,不仅要注重其科学性和可操作性,更加注重在评价过程中体现多方面的人文关怀。在每堂课完成后,体育教师都要及时追忆每一位学生的出勤情况及所有隐性情感的表现,并做出较为客观的记录和评价,还要善于通过学生在学习过程中的表现来考察学生的情感态度的变化和进步程度,并将学生情感的评价结果作为重要的素材,来保证学习效果评价的合理化和科学化。

(五)促进校园人文环境建设和良好体育教学氛围的营造

在体育教学过程中,良好的教学环境是非常重要的,这对于学生学习质量的提高具有重要的意义。因此,在体育教学改革与发展的过程中,应加强学校的人文环境建设,营造一个良好的教学氛围。

人文环境建设并不仅仅是学校的体育场地和运动设施等方面的建设,还包括学校的体育文化建设,使学生能够积极主动地参与到体育锻炼之中。体育运动文化的建设是一个长期的过程，在这一过程中，学生不自觉地受到了感染和熏陶，从而认可和接受相应的体育运动文化。高校校园人文环境的建设，能够更好地营造出体育教学的人文氛围，更好地加强和促进人文精神的培养。

（六）促进高校体育教师队伍建设和教师人文素质的提高

在体育教学中，体育教师是非常重要的要素，对学生的学习起着重要的指导作用。而要想搞好体育教学中的人文精神，体育教师仍然是其中的关键因素。如果体育教师不具备一定的人文素质，也就无法培养出富有人文主义精神的学生。在教学实践中，无论是体育教师的形象、口才，还是其所具有的知识基础、专业水平、人格力量、道德修养等，都对高校学生人文精神的养成产生了直接或间接的影响。因此，不可否认的是，高水平的师资队伍是培养学生人文精神的前提条件，加强体育教师的专业素养与人文精神的培养是提高教学质量的关键。

在高校体育教学改革与发展的过程中，人文主义思想对学校体育教学有着非常深刻的影响，所有真知都来源于实践。作为体育教育工作者，要想形成一套切实可行、较为科学的课程体系还有很长的路要走，必须进行观念上的转变，树立以人为本的现代体育观，迎接人文体育时代的到来。人文体育的根本是对全面健身的充分认识，而学校体育便是推进全民健身的火种。

第三节　体育教学中新教育技术的应用

随着现代科学技术的不断发展，一些创新性的教育技术随之出现并得到了不同程度的发展，本节主要研究一下现代体育教育技术在我国学校体育教学中的发展。

一、现代教育技术概述

教育技术是关于学习过程中与学习资源的设计、开发、利用、管理和评价的理论与实践。学者们将教育技术的发展分为三个阶段：第一阶段为传统技术阶段，其技术为最简单的语言、文字、黑板、粉笔等；第二阶段为媒体技术阶段，其技术有摄影、无线电、电视、语言实验室等；第三阶段则是信息技术阶段，其技术为以计算机、网络通信技术等为基础的多媒体。

（一）现代教育技术的特征

现代教育技术的基本特征表现为以下四个方面：

1. 现代教育技术以现代媒体为基础

现代教育技术对教学活动产生着重要的影响，其中现代媒体技术发挥着越来越重要的作用。如果没有现代媒体技术的参与，现代教育技术就无从谈起。随着现代体育教学技术的不断发展，新的教学技术不断冲击着传统的教学方式，教与学的各个环节也在新技术的参与下发生着质的变化。

2. 现代教育技术是一种系统技术

现代教育过程中会面临各种问题，需要借助系统的方法进行解决。现代教育以系统论作为其重要的科学理论基础，这也决定了其教学方法的系统性。现代体育教学技术是教育系统的重要组成部分，在与教育系统的其他方面共同协调和配合下，促使教育系统整体功能的提高。因此，现代教育技术是一种系统的技术，是现代多媒体技术的综合，同时也与其他教育系统的因素协调配合、系统运作。

3. 现代教育技术具有"实践精神"特性

现代教育技术具有较强的实践精神，与传统的教育技术的较强的经验性具有较大的区别。现代教育技术注重教学的理性和科学性，每一位教育工作者都能够在一定程度上操作和运用。并且随着科技的发展，教育技术的可复制性、可度量性和可操作性特征也更加凸显。

4. 现代教育技术的目标是实现教学最优化

现代教育技术在现代教育过程中逐渐被推广和应用，其最终目的在于促进教学目标的实现。现代教育技术作为一个综合的系统，在一定程度上实现了教育资源的优化配置，对于教学过程中的设计、控制和决策具有重要的意义。

（二）现代教育技术的作用

1. 激发学生对体育学习的兴趣

教育心理学研究表明，学习动机中最现实、最活跃的因素是认识的兴趣，人们在满怀兴趣的状态下所学的一切知识，常常掌握得迅速而牢固。现代信息技术这一新生事物在学生的眼中是新鲜好奇的象征，在体育教学过程中运用现代信息技术课件辅助教学，实质是给学生一种新异的刺激，目的在于诱导学生对新异刺激的探究反射，换句话说，就是采用新颖的教学手段来激发学生的学习兴趣，例如，在教篮球基础配合时，运用现代信息技术，能够比较形象地展现篮球基础配合的动作要点、动作方法、移动路线等，从而帮助学生建立正确的动作概念，使学生快速地掌握此项技术。

2. 加快学生学习速度，提高学习效率

在以往的体育与健康知识的教学中，抽象的知识往往以语言描述为主，教学中即使使用一些挂图、模型等直观手段也显得较为呆板。而现代信息技术课件可利用二维、三维等空间的设计，全方位地剖析教学难点，化难为易，使看不见、摸不着的生理现象变得生动形象，从而加快学生学习速度，提高学习效率。例如，在前滚翻教学中，利用前滚翻教学课件慢放，可以使学生认识到几种常见的错误动作的原因、过程，并学习如何采取有效的措施、手段克服，从而在练习时尽量避免，在教学中起到积极的作用。

3. 帮助学生建立清晰的动作表象

清晰的动作表象是形成技能的重要基础，它来源于教师的讲解、示范、演示等教学过程。体育教学过程中有些技术动作很难用语言来描述清楚，尤其是身体腾空之后的一些技术细节，讲解的难度很大，示范的难度、效果也会不尽人意。而通过制作现代信息技术课件则能轻松地解决这些疑难问题，帮助学生理解动作，形成概念，记住动作形态，并在大脑中建立清晰的动作表象。例如，在鱼跃前滚翻的动作教学中，鱼跃前滚翻动作有一个腾空的过程，而教师的示范只能是完整连贯的技术动作，不可能停留在空中让学生看清楚空中的动作。对于初学者来说，这样的示范在大脑中只能留下支离破碎的模糊印象，不利于他们的学习。而利用现代信息技术课件教学展示，可以自由掌控动作的快慢，从而帮助学生建立比较清晰的动作表象。实践表明，利用此项技术，可以充分激发学生学习兴趣，提高学生学习效率。

4. 有助于学生建立正确的动作概念，统一规范技术动作

体育教材主要有田径、体操、民族传统体育、韵律体操与舞蹈、篮球、排球、足球、游泳等项目，内容繁多，新内容、新规则、新教材层出不穷，不断地向体育教师提出新课题、新要求。体育教学的主要任务之一，就是使学生掌握一定的运动技能，并能在此基础上灵活地应用与创造新的运动技能。教师要上好体育课，必须要做正确、标准的示范，帮助学生建立正确的技术动作概念，这就使教师的现有水平和教学的客观需要产生矛盾。利用现代教育技术可以帮助教师解决这一矛盾，比如运用现代网络视听媒体，把世界优秀运动员的先进规范技术介绍给学生，有助于学生建立正确、完整的技术动作概念，较好地掌握技术动作。

5. 加强学生的健康教育

体育教学中的主要任务是教会学生进行体育锻炼的方法、培养学生进行体育锻炼的习惯以及体育意识，为今后学生走上社会打下良好的基础，因此学校体育教学不仅要教会学生运动技能，还要让学生学会体育健身的一些原理、如何健身等健康知识，但现今的学校体育教学只是在课堂上进行，教师传授的知识是有限的，如何提高学生的体育知识储备，成为当下亟待解决的问题，而网络大容量的知识可以帮助解决这方面的问题。教师可以在课堂中提出一些学生在实际生活中常见的问题，让学生通过网络查询答案，也可以由学生自己就体育锻炼中的一些问题在网上进行查询，通过这一过程，不仅在潜移默化中对学生进行了健康教育，还培养了他们的探索精神。

6. 促进现代体育教学的管理

目前各个学校每年都要举行一次校运会，而校运会的编排、准备工作对体育教师

而言工作量都非常大，利用计算机进行运动会的编排，可以大大减轻体育教师的工作负担。每年的体育达标、期末考试，体育教师都要进行成绩换算、统计，教师可以用ACCESS数据库制作一个学校体育教学系统，其内容包括教研组管理、教师备课系统、学生体育达标、体育课成绩管理、运动队管理、体育器材管理等。例如查询某学生的体育达标成绩，只要输入体育单项的成绩，与其对应的分数、总分、是否达标、平均分等全部都可以自动计算生成，这样可以大大减轻体育教师的工作负担。

二、体育教学中应用新教育技术的注意事项

（一）正确认识现代教育技术及其引起的思想变革

1. 正确看待技术的作用

在人们的社会实践过程中，科技极大地促进了社会的发展，但是同时也带来了一系列的问题。科技为教育提供了极大方便，但是不能将技术的作用极端化，技术作为现代社会的重要推动力，对人类社会文明的发展和进步起到了重要的推动作用。但是，技术只是作为一种文化、精神和文明等方面的载体而存在，物质技术并不能替代这些。教师只有具备较高的素养，才能够借助相应的教学技术来提高体育教学的效果。所以人—机关系永远不能代替人—人关系。

2. 不能否定体育教学技术的作用

虽然教学技术得到了快速的普及和发展，但是也有很多人对此持有怀疑和否定的态度，更有甚者片面夸大了其负面的影响。有教师认为，相应的教学技术会隔绝教师与学生之间的关系，认为教学技术的发展会对学生的社会群体性产生一定的消极影响。教师既应认识到教学技术对教学活动的促进作用，同时也应认识到相应的技术的缺点和不足，最大限度地发挥教学技术在体育教育中的作用。

（二）具体地实践和运用现代教育技术

随着现代社会及体育教学的不断发展，教学技术更新的速度也不断加快。对于教师个体而言，其个人能力相对较为有限，应对学生多方面的需求则会表现出一定的不足。教师只有不断进行学习，并且在实际教学过程中实践和应用相应的先进技术，才能够满足学生的各项需求。

为了更好地促进我国体育教育的现代化，我国应从具体国情出发，全面推进教学技术的发展，使得现代教育技术能够得到良好的实践和运用。

1. 根据学生实际情况合理进行教育技术的运用教学

选择适合的教学内容，要符合学生的心理特点和认知规律，为调动学生的积极性，深入理解内容起到画龙点睛的作用。在现代信息技术的选择和制作过程中，教师要根

据教学要求、教学效果、教学目标和学生的注意力的特点,认真研究现代信息技术类型以及运用的最佳环节,不可忽视自身的讲解组织的引导作用。随着科学技术水平和教育事业的发展,知识的更新,教学方法的改革,体育教师也应扩大知识面,学会运用现代信息技术,这是广大教师的基本能力之一。

2. 把握教育技术教学与传统教学的授课比例

在体育教学中,如何把握现代信息技术教学与传统教学两者之间的比例关系是非常重要的。虽然现代信息技术教学具有重要的作用,但由于体育教学户外锻炼的特殊性,决定了现代信息技术在体育教学中只能起到辅助教学的作用,因为现代信息技术教学手段的实现依赖于现代信息技术的教学平台,也就是说它需要在室内进行。而体育教学大多数的授课时间、授课场地都是在户外完成的。因此,教育技术教学虽然是体育教学中重要组成部分,但在使用过程中,由于各方面条件的限制只能起到辅助作用。教育技术教学计划的安排,在内容上必须围绕技能课和理论课来制定,在课时安排上要注意合理性,切不可刻意追求、喧宾夺主。

3. 运用现代心理技术服务于体育课堂教学

现代信息技术作为一种新的教学手段,对于提高教育教学质量具有十分重要的作用。应该根据不同的内容组织不同的教学活动,对于何时详细讲解,何时板书,何时使用现代信息技术课件等都要做到心中有数,绝不能照"机"宣科。教师带着光盘上课看似轻松,实际上教师课前的准备还是需要下足功夫的。

体育教师不仅要熟练掌握教育技术,学会独立制作相关的课件,而且还应该了解教学课件的功能和作用,学会在教学内容环节中合理地使用。在众多的教学媒体中,无论是传统的还是现代的,都有其相应的功能,同时也有一定的适应性和局限性,必须将它们有机地结合起来,才能达到教学目的。通过教育技术辅助的教学往往比教师的示范讲解更直观、更生动、更易被学生所接受。广大教育工作者也更要注意和学生的互动,和学生打成一片,这样更有利于学生的学习。

第四章 高校体育教学设计研究

高校体育教学设计是教学活动开展的一种科学性研究和指导计划,对于高校体育教学的顺利开展具有重要的指导作用。本章主要对高校体育教学设计进行重点研究,重点分析高校体育教学设计的基本理念,并对体育教学设计的改进、体育教学设计的评价进行重点研究,同时结合现阶段新的课程改革,对体育教学的设计以及发展进行分析。

第一节 体育教学设计基本理论

一、体育教学设计的概念

体育教学设计是教学执行者和参与者为提高教学质量在教学活动中采取的具体的教学活动方案。

从整个教学系统来讲,体育教学设计在指导思想、基本思路、基本程序上与其他课程教学设计是一脉相承的。但是,在设计具体操作方案时,我们要根据体育教学自身的特点,充分考虑学生身体和心理发展的实际情况,结合体育教学的环境和条件、教学现状分析,对未来体育教学过程中可能会出现的一系列问题进行预测,对未来师生活动进行规划、准备,从而制订相应的计划方案。

在现代高校体育教学中,科学的体育教学设计有利于促使体育教学理论与教学实践的有机结合,能为教师提供科学合理的体育教学设计的方法。同时,有助于教师发现体育教学中的各种问题,积极思考和探索解决问题的办法和思路,使教学设计方案更具有实效性,并有助于促进体育教学工作的科学化,促使教师的教学从经验型向科学型转变,从而提高体育教师的专业化素质。此外,科学的体育教学设计还是提高体育教学效率和教学效果的有效手段之一。

二、体育教学设计的特点

体育教学设计具有鲜明的特点,具体表现在超前性、差距性和创造性三个方面。

(一)超前性

体育教学设计是在进行体育教学之前,事先对体育教学所做出的一种安排或策划,即体育教学设计在前,体育教学在后,所以说体育教学设计具有一定的超前性。例如,体育教师在上一堂体育课之前,必须设计出这堂课的教学方案。

从本质上讲,体育教学设计只是体育教学活动的一种设想和预测,它对体育教学活动中的一切要素进行构想,并提出解决问题的方案,它是体育教师在进行体育教学之前对体育教学所做的安排或策划。具体来说,体育教学设计是对即将进行的体育教学中可能产生的问题进行分析,是根据体育教育、教学理论和学生的学习需求,针对可能会发生的问题提出解决方法的一种设想。

(二)差距性

体育教学设计是在体育与健康课程理念和体育学习需要的指导下所形成的一种实施方案。在方案实施过程中会出现许多难以预测的情况,这是因为,体育教学设计者对体育教学中可能会出现的问题的理解、对现有条件的分析、所采取的解决问题的方法等都具有一定的差异性。

体育教学设计的差距性特点,使得体育教师在教学过程中要时刻根据具体的教学情况调整教学方案,以适应不断变化的教学要求,这主要表现在以下两个方面:一方面,体育教学设计是以体育与健康课程理念为基础,以学生的体育学习需要为基础,对体育教学实践活动具有重要的指导意义;另一方面,体育教学过程具有一定的复杂性和多变性,体育教师在体育教学设计中不可能完全考虑周到,体育教学设计者设计出的教学方案不能全面概括教学实践,不能完全解决实际教学中存在的各种问题。

(三)创造性

体育教学设计的过程是一个解决教学问题的过程,更是一个创造性过程。体育教学目标的多元化、体育教材的多功能性、体育教学方法的多样化等决定了体育教学过程具有复杂性和不确定性的特点。因此,体育教师在教学活动之前完全按照教学计划开展活动是不现实的。体育教学设计必须要有一定的创造性,只有这样,才有可能充分解决教学中存在的问题。

作为体育教学的一种特质,体育教学过程的变化性为体育教学设计提供了创造性的开放空间。因此,体育教学过程就是发展学生创造能力和培养教师创新精神的过程。

体育教学设计的创造性对体育教师的专业能力和专业素质提出了较高的要求,要求体育教师能够创造性地解决体育教学活动中出现的问题，对培养和提高学生的创新意识和创新能力具有重要的意义。体育教师要具备一定的创新能力，必须打好以下基础：第一，必须要具备扎实而丰富的文化基础知识；第二，必须具备出色的专业技术知识和能力；第三，必须具备创造性的思维和想象力，创造力是体育教师教学执行力的重要组成部分。

三、体育教学设计的指导理论

体育教学设计是一个多变的、富有创造性的复杂过程，进行教学设计之前，体育教师必须掌握必要的理论知识，以科学指导体育教学设计过程，设计出的教学方案才具有一定的科学性和可靠性。在各种不同的学科分类中，与体育教学设计相关的理论有很多，体育教学设计的要素和方法都要建立在这些理论基础之上，具体来说，主要包括以下几种理论。

（一）系统理论

1. 系统理论概述

"统"是元素以及关系的总和。整个人类社会和自然万物的活动都是以系统的形式存在的，只是系统的大小不同，构成层次不同，内容和形式也不同。

系统是不断发展变化的，这主要受其构成要素的发展变化的影响，系统可大可小，由若干个子系统构成，而构成系统要满足以下三个基本条件：

（1）系统要素：系统包括诸多元素。这些元素之间存在着一定的联系，相互依存，相互制约，共同促进着系统的发展。

（2）系统结构：系统具有一定的结构。系统之所以成为系统，是因为构成系统的各元素之间存在着一定的相互联系，元素之间没有联系，不能构成系统。

（3）系统环境：任何系统都必然存在于一定的环境中。系统与环境相互作用、相互影响。

2. 系统理论的体育教学设计指导

系统理论为体育教学设计提供了重要的系统分析的方法，可以帮助体育教师从整体上把握体育教学设计的方法、程序、步骤等，使其设计出的体育教学方案科学合理。根据系统论，可以将体育教学系统划分为以下几个子系统：

（1）教学组织者。教师是教学活动的主体，是体育教学活动的组织者和引导者，就教师队伍而言，有带头人、骨干和助手等要素，又有老年、中年和青年等要素；就教师个体来讲，包含体育知识、运用体育方法、运用教学媒体以及主观努力程度等要素。

（2）教学对象。学生是体育教学的对象，是体育教学活动的主体，没有了这一主体，体育教学活动也无从开展。

（3）教学内容。教学内容，即教材，它决定着体育教师教什么和学生学什么，具体包含了教授体育与健康知识、教授体育与健康技能、发展学生智力、提高学生社会适应能力、培养学生体育情感等要素。

（4）教学方法与手段。教学方法与手段是指教师和学生为达到体育教学目的和完成教学任务，所采取的各种方式和手段。教学方法的合理运用对教学过程的顺利开展以及良好的体育教学效果的取得具有重要的影响。

（5）教学媒体。教学媒体是体育教学的辅助性物质基础设施，它主要包含语言、文字、动作示范等视觉要素和记录、储存、再现符号的实体要素，如图片、模型、电视、电影、录像、电脑模拟等，它们都属于教学媒体的范畴。

体育教学设计是一项长期复杂的工作，是一种不断趋向完美的循环过程，是一个系统的工程，是在设计—实施—反馈—修改设计这样一种循环往复的过程中进行的。体育教学系统的各个子系统之间相互影响，它们都在体育教学目标的支配下共同发生作用，缺一不可。这些系统之间是紧密联系在一起的，构成整个体育教学系统。

（二）学习理论

1. 学习理论概述

学习理论研究的对象是人类学习的本质及其形成机制，属于心理学理论的范畴，学习理论强调的学习泛指有机体因经验而发生的行为变化。

现代学习理论主要有三大学派，即行为主义学派、认知主义学派和人本主义学派。这三种学派对学习的性质都有不同的见解。行为主义心理学家认为学习是"由经验引起的行为相对持久的变化"，主张通过强化和模仿形成和改变行为；认知主义学派强调学习是认知结构的建立与组织的过程，重视整体性和发展式学习；人本主义者认为学习应"以学习者为中心"，重视学生潜力的发掘和自学能力的发展。三种学派的理论主张各有利弊。

就当前我国高校体育教学现状来讲，现代学习理论对体育教学实践活动的影响主要体现在三个方面：首先，学习理论为研究者从事体育教学研究提供了基本的途径和方法；其次，学习理论归纳了大量的有关学习法则的知识，为学生更好地参加体育教学提供了保障；最后，学习理论重视对学生学习的发生和发展过程的分析和解释，阐述了学生学习效果参差不齐的原因。

2. 学习理论对体育教学设计的指导

学生是体育教学活动的主体，体育教学设计必须尊重学生、重视学生、关爱学生。这就是现代学习理论对体育教学设计的重要启发。

根据学习理论的核心观点和主张，体育教学设计应根据学生的体育学习需要，确定体育教学的目标、教学策略、实施方案等，充分发挥体育教学的教育功能，提高教学质量，增强学生体质。结合学习理论的三大学派的理论认知，不同学派对高校体育教学设计支持的具体内容如下：

（1）行为主义学派：斯金纳的程序教学理论是行为主义学派学习理论的代表，该理论从探讨程序学习的主要方式，发展到重视对学生作业的分析、对教材逻辑顺序的研究以及对学生行为目标的分析，然后考虑整体教学过程中更为复杂的因素，设计最优教学策略，并在教学措施实施之后做出相应的评价，使程序设计更有逻辑性，更具科学性。

（2）认知主义学派：认知主义学派的学习理论认识对体育教学设计的指导作用主要体现在以下两个方面：一方面，在体育教学设计中，要求教师充分重视学生的主体作用，充分考虑体育教材内容的知识、技能结构；另一方面，要求体育教师做好体育教学设计模式、方法、手段的选择，帮助学生顺利地完成对新知识和技能的同化和认知结构的重新构建，提高学生学习的积极性，提高运动水平。

（3）人本主义学派：人本主义学派理论主张教师应"以学生为中心"展开教学活动，即在教学活动中充分挖掘学生的潜能，促进学生潜能的进一步发展。

虽然学习理论的不同学派各有研究重点和理论方向，但就教师而言，只要能结合具体的体育教学实践选择适合自己的理论，结合自身的具体实际合理选择体育教学的手段和方法等，就能不断提高自身的素质和水平，同时实现体育教学效果的不断优化。

（三）教学理论

1. 教学理论概述

教学理论是研究教学本质和一般规律的科学。它通过规律性的认识来确定优化学习的各种教学条件与方法，要解决的核心问题是教师的教和学生的学。

教学理论研究对象和范畴主要包括以下五个方面：

（1）教学本质。解释教学过程的影响因素、组成结构及规律。

（2）教学价值、教学目的和教学目标。探讨教学目的、教学目的的制定依据以及与教学活动的关系。

（3）教学内容。仔细分析教师、学生与教学内容的关系，科学选择、调整和合理编排教学内容。

（4）教学模式、教学原则和教学组织形式。重点研究教学的手段和方法。

（5）教学评价。主要包括教学评价的标准、要求、手段和反馈。

2. 教学理论对体育教学设计的指导

教学理论是体育教学设计的重要指导思想之一，体育教学设计是教学理论与教学实践之间的一座桥梁，体育教学设计在系统过程中为教学理论应用于实践创造了良好的基础。具体来讲，在教学理论的指导下，体育教学设计者通过对教学理论研究的对象和范畴等的认识及其相互之间的关系分析，以教学理论为基础，结合教学设计中的各项要素，如体育教学指导思想、体育教学目标、体育教学方法等设计出教学方案，最终完成科学的体育教学设计。

（四）传播学理论

1. 传播理论概述

传播就是信息的传递。美国著名传播学学者威尔伯·施拉姆指出：信号的传播和接收模式包括信息发送者、信号、信息通道、信息接收者四个要素。信息的传播需要经历以下三个阶段：首先，信息发送者通过各种媒体，使用各种方式发送信息；其次，信息接收者对信息发送者发送的信息进行编码；最后，被编码后的信息通过信息传播通道再传播出去。

要想正确地认识和理解传播理论，需要明白以下几点：

（1）在一个完整的传播过程中，有效的传播不仅是发送信息，还要通过反馈途径从接收者那里获取反馈信息，以便确认发出去的信息是否得到了正确的反馈。

（2）在传播过程中，信号的形式和结构影响着信息的接收。通常情况下，接收者控制信号的程度越高，传播的效果越好。

（3）传播形式主要有个人间传播、小组间传播、机构间传播和大众传播四种形式。这几种传播形式各有特点、优势和弊端。

2. 传播理论对体育教学设计的支持

传播理论的基本思想和观点对现代体育教学中教学媒体的分析和选择具有重要的指导作用。科学选择教学媒体对学生理解教学信息，提高教学质量具有重要的意义。根据传播学理论，体育教学过程也是一个信息传播的过程。因此传播学理论也能为体育教学设计者设计体育教学方案提供一定的理论支持。

具体来说，传播理论对体育教学设计者的指导主要表现在以下两个方面：

（1）体育教学过程的要素分析。在传播学理论的发展过程中，不同的学者对传播过程、模式、要素等进行了深入的分析，不断提出新的研究成果，也在一定程度上影响和促进着体育教学的研究与发展。

1948年，美国政治家哈罗德·拉斯韦尔提出大众传播的"5W"公式。该公式清晰地描述了大众传播过程中的五个要素和直线式的传播模式，这对解决体育教学设计中的各种问题提供了一定的解决办法，对高校体育教学设计具有重要的指导作用。（见下表4-1）

表 4-1　5W 传播过程模型与高校体育教学传播过程的要素分析

5W	含义	传播要素	高校体育传播过程涉及的要素
谁	Who	传播者	高校体育教师或其他教学信息源
说什么	Says What	讯息	高校体育教学内容
通过什么渠道	In Which Channel	媒体	高校体育教学媒体
对谁	To Whom	受体	高校体育教学对象
产生什么效果	With What Effect	效果	高校体育教学效果

1958 年，爱德华·布雷多克提出了新的传播模式，即"7W"模型，该模式同样适用于分析现代高校体育教学传播过程（见下表 4-2）。它为体育教学设计提供了重要的思路。

表 4-2　7W 传播过程模型与高校体育教学传播过程的要素分析

7W	含义	传播要素	高校体育教学传播过程涉及的要素
谁	Who	传播者	高校体育教师或其他教学信息源
说什么	Says What	讯息	高校体育教学内容
通过什么渠道	In Which Channel	媒体	高校体育教学媒体
对谁	To Whom	受体	高校体育教学对象
产生什么效果	With What Effect	效果	高校体育教学效果
为什么	Why	目的	高校体育教学目的
在什么情况下	Where	环境	高校体育教学环境

（2）体育教学过程的双向性。信息的传播不是单项的，是信息传出者和信息接收者的双向互动过程，这主要得益于反馈机制的存在，因此传播过程能不断循环进行。根据学者奥斯古德和施拉姆所提出的奥斯古德－施拉姆传播模式强调传播者和受传者都是积极的传播主体（见图 4-1），可以认为，体育教学信息的传播也具有双向性和互动性，具体是通过教师和学生双方的传播行为来实现的，因此，高校体育教学过程的设计必须重视"教"与"学"两个方面，要求高校教学设计者充分利用反馈信息，随时控制和调整体育教学过程中的"教"与"学"。

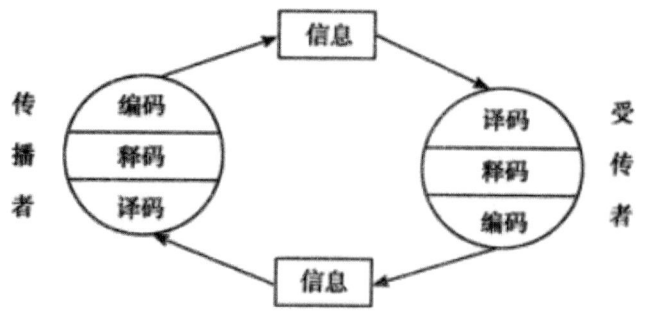

图 4-1　奥斯古德－斯拉姆传播模式

3. 传播过程要素构成体育教学设计过程

一个完整的传播过程，包括传播内容、受众、媒体、效果等因素，对这些要素进行分析，是体育教师做好体育教学评价的基础。在传播学理论中，传播过程要素与体育教学设计过程要素之间的对应关系具体见表4-3。

表4-3 传播过程要素与高校体育教学设计过程要素的对应

传播过程要素	高校体育教学设计过程要素
为了什么目的	学校体育学习需要分析
传递什么内容	学校体育学习内容分析
由谁传递	学校体育教师、教学资源的可行性
向谁传递	教学对象（学生）分析
如何传递	学校体育教学策略选择
在哪里传递	学校体育教学环境分析
传递效果如何	学校体育自教学评价

四、体育教学设计的基本原则

（一）目标导向性原则

目标导向性原则是指体育教学设计必须紧扣体育教学目标，所有教学环节的设计都以目标为导向，体育教学设计方案要保证实施过程的教学行为与目标保持一致。

体育教学目标由体育与健康课程目标所决定。体育教学的目的就是帮助学生从起始状态到达目标状态。因此，体育教学设计的每一个环节、每一个步骤都要考虑对教学目标的实现的功能和作用效果。可以说体育教学设计就是一个通过解决问题以实现体育教学目标的准备过程。

（二）整体优化原则

整体优化原则是指在进行体育教学设计时，要在对体育教学过程各个因素优化设计的基础上，处理好体育教学系统内部各子系统之间的关系，将各因素加以科学地整合，充分地发挥体育教学的整体功能，以达到最优化的教学效果。

体育教师在体育教学设计的过程中要把握好整体优化原则，将体育教学系统的每一个要素、环节等都置于系统的整体设计之中。从而设计出最优的体育教学方案。

（三）可操作性原则

可操作性原则要求体育教学设计方案实用、高效。体育教学设计只有具备可操作性的特点，才能更好地提高体育教学的效率。

体育教师在制定体育教学设计方案时要把握好可操作性的原则，不能生搬硬套教科书上的案例和模式，要认真分析具体的教学背景和实际，制定出切合自己学校及班级特点的教学目标，内容安排应与现有教学条件相适应。

（四）系统性原则

系统性原则是指体育教学设计的整个过程要贯彻系统论的思想，使其成为一个有机统一的整体。具体来说，在体育教学设计的过程中，体育教师要学会用系统的理论分析问题，从整体的角度发，对体育课堂活动中的各要素进行分析，制定出各种体育教学的方案，并加以比较，从中选出最优方案指导教学实践。

（五）灵活性原则

灵活性原则要求体育教学设计符合体育教学的发展，灵活多变。体育教师遵循灵活性的教学设计的原则，有以下三方面的原因：首先，体育教学活动受外界环境的影响较大，如场地、季节、气候等，体育教学设计要根据实际情况做出适当的调整；其次，体育教学过程中师生、学生之间人际交往复杂，角色不断发生变化；最后，在体育教学活动中，学生的身体、心理是在不断发展和变化的，体育教学设计方案也应根据实际情况做出适当的调整。

（六）趣味性原则

体育教学过程的趣味性要求体育教学设计方案必须体现出趣味性。体育教学过程中，影响学生学习的因素不仅指智力因素，还指非智力因素，如动机、兴趣、情感和态度等。同时，体育教学内容大多起源于各种游戏，因此，体育教师在进行体育教学设计时，要把握好趣味性的原则，具体做好以下工作：首先，体育教师应充分了解学生的兴趣，根据学生的不同兴趣及要求，合理安排体育教学的内容。其次，体育教学方案要包含创新的教学手段和方法，对一些枯燥和技能性较强的内容通过适当地加工来满足学生的需要。最后，体育教师要认真分析体育教学内容的特性，教学方案设计要适合学生身体状况和技能情况。

（七）简明性原则

简明性原则是指体育教学设计过程与方法应该是简便易行的。很多人认为教学设计是一项非常复杂的教学技术，使用起来也不方便，一线体育教师没有能力与精力顺利完成教学设计。实质上，教学设计重要的作用之一就是提高教学的效率与效果。因此，体育课堂教学设计是一项指导教师教学的简明技术、手段，它不会给教师增加额外的负担。教师们易于掌握，使用起来简单明了，有利于学校体育教学工作指导的实现。

（八）创新性原则

创新性原则是指在体育教学设计中体育教学理念、体育教学内容、体育教学方法等方面对常规或传统体育教学有所突破或超越。体育教学设计的创新不仅能够有效地挖掘教学资源和提高教学效率，从而实现体育教学的低耗高效，而且能够为学生创新意识和创造能力的发展营造氛围、设计空间。

体育教学设计的创新性原则要求体育教师必须具备一定的创新性思维，这样才能设计出新颖的体育教学方案。

五、体育教学设计的具体过程

（一）体育教学目标的设计

体育教学目标的设计是体育教学设计的重要环节，其他的体育教学设计环节都要围绕它来进行。体育教学目标的设计步骤具体如下：

第一步：分析教学对象。分析体育教学对象即分析体育学习者的学习需要、一般特点、起始能力和学习风格等。它是找出体育教学中出现的问题及解决办法、确定学习者现状和目标之间差距的重要环节。同时，体育学习者的一般特点、学习风格和体育与健康知识、技能起点也制约着体育教学目标的实现。

第二步：分析教材内容。分析体育教材内容的目的在于确定体育教材内容的特点、功能、范围和深度以及找出选择体育教材内容的依据等，使体育教材内容更好地为实现体育教学的目标服务。

第三步：编写教学目标。一个完整的、明确的体育教学目标应包括教学对象、学生的体育行为、确定行为的条件及程度四个部分。这四部分适用于认知、动作技能、情感领域体育教学目标的编写。

通过体育教学目标的设计，能够使学生明确要学习的内容和应该达到的体育水平，这样便于学习者互评和自评，找出与教学目标的差距，从而增强自我调控能力和学习能力。

（二）体育教学策略的设计

教学设计的核心内容之一是以学为主，即时探究与学习教学策略。体育教学策略设计步骤具体如下：

第一步：设计体育教学组织形式。设计的内容主要包括：体育课堂常规的设计；教学场地与器材的布置；队伍、队形的安排与调动；集体教学、分组教学或个别教学形式的选择。体育教学组织形式是实施体育教学活动的关键所在，科学合理的教学组织形式将对体育教学效果产生重要的影响。

第二步：设计体育教学手段。首先，结合实际情况分析通过哪些体育教学手段可以实现体育教学目标。其次，分析体育教学内容借助于何种体育教学手段才能完成体育教学任务。再次，根据体育教学的对象合理选择和设计教学方案。在选用和设计体育教学手段时，必须顾及教学对象的年龄特征。此外，还要考虑学生的兴趣、习惯及发展需要等因素。最后，针对学校体育教学实际选择和创造教学手段。在体育教学中设计和选用教学手段时，不能脱离教学实际，应符合体育教学设计的基本原则。

第三步：设计体育教学方法。首先，分析体育教材内容以及体育教学媒介，清楚实现目标的手段有哪些。其次，了解相关的体育教育教学规律。其主要包括：体育学科的特点，学生的身心发展特征，体育教学的生理学基础、心理学基础、运动学基础和社会学基础等。最后，按照一定的程序来设计科学、合理、有效的体育教学方法。

（三）体育教学过程的设计

体育教学过程设计就是按照现代系统论的观点，把体育教学各环节的设计进行优化组合，它为最佳体育教学完整方案提供了思路。体育教学设计对教学过程的表述是采用类似于计算机流程图的形式进行的。

采用流程图方式可以直观地展示整个体育课堂活动中各个要素之间的关系、比重；教师可以根据学习者的不同反应做出相应的教学处理，灵活性大，目的性强；能直观、简明地表现整个体育教学过程。

第二节 体育教学设计的背景分析

一、体育学习需要的分析

（一）分析方法

针对体育学习需要的分析主要有两种方法，即内部参照分析法和外部参照分析法，具体如下：

1. 内部参照分析法

内部参照分析法是将制定的体育教学目标与学生体育学习现状做比较，进而从中找出差距的一种分析方法。

2. 外部参照分析法

外部参照分析法是以社会对学生的期望值为标准来衡量学生的学习现状，进而找出差距的一种方法。

在具体的体育教学活动中，包括体育教师在内的体育教学设计者可以结合具体的实际情况合理选择其中一种方法进行分析。

（二）分析步骤

现代高校体育教学中，对大学生体育学习的分析需要按照以下两个步骤进行：第一步：确定体育教学期望。教学期望即教学目标，需要教学设计者根据体育教学的目标和体育课的类型来确定。

第二步：确定体育学习现状。体育学习现状主要是指学生掌握的知识、技能、学习态度、技术水平等。学生学习现状的分析可通过观察、测量、评价等方法来确定。

二、体育学习任务的分析

在高校体育教学中，通过对大学生体育学习任务的分析，能很好地帮助体育教学设计者分析体育教学的任务，进而更好地制定教学计划。

（一）分析方法

当前，针对大学生体育学习任务分析的方法有很多，其中主要有归类分析法、层级分析法、信息加工分析法等。具体如下：

1. 归类分析法

归类分析法是将与体育教学目标有关的教学内容进行科学的分类，以便于形成有意义的知识结构的方法。该方法能很好地帮助体育教师分析体育学习任务。在体育教学活动中，归类分析法适合于陈述性知识的学习任务分析。

2. 层级分析法

层级分析法是将不同层次的从属体育知识和技能进行分析，使之分别符合体育教学目标的实现的方法。该方法能很好地帮助体育教师明确体育学习的内容，主要适用于智慧技能和动作技能的学习任务分析。

3. 信息加工分析法

信息加工分析法对体育教师综合水平的要求较高，一般很少采用。但如果运用得当，能取得良好的教学效果。在具体的体育教学活动中，信息加工分析法适用于技能和态度类学习任务的分析。

（二）分析步骤

一般来说，对体育学习者学习任务的分析可以通过以下三个步骤进行：

第一步：确定学生的起点能力。体育教师在确定体育教学目标后，还要认真分析学生的起点能力，以免出现任何不良状况。如果发现学生存在着学习态度和知识、技能等问题，应及时调整教学进度、方法等，将体育教学纳入正确的轨道。

第二步：分析使能目标。学生从起点能力到终点能力（完成学习任务）的过程中需要掌握多项知识和技能（子技能），以基础知识和技能掌握为主的教学目标被称为使能目标。在体育教学活动中，每一个下级水平的具体教学目标都是更高一级的教学目标的使能目标；每一个学期、单元、学时的体育教学目标都是其上层体育教学目标的使能目标。明确使能目标有助于体育教师更好地组织教学活动，保证教学的效果。

第三步：分析学习任务完成的条件。学生完成体育学习任务除了需要必要条件（使能目标）外，还需要一些支持性条件，体育教师在进行体育教学设计时要将这两个方面的条件因素考虑在内，以使教学方案符合教学实际情况和学生特点。

三、体育教学内容的分析

（一）文化背景分析

目前，关于我国学校体育教材的内容大都是从体育运动素材中精选出来的。而每一种体育运动素材都有自己的发展历程，并且都是在一定的文化背景下产生和发展的。因此，一定要分析体育教材内容产生和发展的文化背景，有助于体育教师提高自身的综合素质，将自己的能力充分应用于体育教学之中，在教学实践中对学生起到一种潜移默化的影响。

（二）优缺点分析

作为体育教学活动的主导者，体育教师对学生起着重要的指导作用。体育教材是教学活动开展的保证，体育教师只有全面了解和掌握了教材，才能设计出有效的体育教学方案，更好地组织整个教学过程。这需要体育教师做好以下两个方面的工作：一方面，体育教师应充分认识到教材内容的益处，体育教材的内容要有利于学生的体能发展，有利于组织教学等；另一方面，体育教师应认真分析体育教材的局限性，找出教材的缺点和不足，以便于进一步改进教材，或合理选用教材内容。

（三）功能性分析

作为高校体育教学活动的重要文化形式和载体，体育教材对体育教学活动具有重要的指导作用。因此，深入、全面地分析体育教材的潜在功能以及这些功能的运行环境和条件，有助于体育教师更好地把握教学过程，进而实现体育教学的目标。具体来讲，分析体育教材的功能主要应从五个方面入手，即运动参与、运动技能、身体健康、心理健康以及社会适应。

（四）适应性分析

教材内容是体育教学的重要参考，不可能适应全部的教师和学生，再加上选编和出版过程中的一些不足，教材内容本身并不是完美的，它存在着一定的局限性，这是不可避免的。在这样的情况下，就要求必须要有特定的体育教学环境予以配合，以满足学生的体育需求。因此，在体育教学中，体育教师不仅要充分考虑体育场地、体育器材、气候条件、教学手段等基本条件对体育教学过程的影响，同时还要充分考虑体育教材是否符合学生的体育需求和发展的需要。

（五）时代性分析

高校体育教学的目标是培养适应现代社会发展的高素质优秀人才，在体育教学中，体育教材应与现时社会相适应，体现出一定的时代性特征，培养出符合社会发展需要的体育人才。现阶段，一些新兴的体育项目的出现，满足了青少年的心理和运动需求，比较符合现时的文化氛围，因此体育教师可选择此类教学内容安排到体育教学之中，以吸引更多的学生参与其中，提高学生学习体育的积极性和主动性。

四、体育学习者的分析

（一）一般特征分析

1. 生理特点分析

体育教学的形式非常特殊，它对学习者的生理方面具有较高的要求。不仅要求学习者具有正常的身体形态和各器官正常的系统机能，还要求学习者具备基本的运动能力。人的生长发育都要遵循一定的规律，因此对体育学习者的生理特点分析应结合学习者的生长发育规律和每个年龄阶段身体素质的发展规律进行。

2. 心理特点分析

分析体育学习者的心理特点，有助于体育教师组织教学，提高教学质量。具体来说，应该从体育学习者的个性发展特征、情感和情绪特征、注意力和意志的发展特征、思维特点等方面分析其心理特点。

3. 社会特点分析

体育学习的过程是体验不同角色、逐渐社会化的过程，这一过程给学习者提供了较好的社会模拟场景，需要学生扮演不同的角色参与其中。体育学习者正是在其中得到社会化锻炼，增强了自己的社会适应能力。在现代体育教学中，体育教师应从人际交往特点、社会行为特点、社会角色意识、团队精神和竞争意识等多方面分析学生的社会特点。

（二）学习风格分析

1. 信息加工风格

这主要是指分析学生喜欢体育教师运用什么方法进行教学；喜欢体育教师运用何种训练手段进行训练；喜欢什么样的学习节奏等。

2. 感知感官

不同学习者在感知信息时所使用的感官不同，如有的学生喜欢通过动态视觉刺激学习（看示范）；有的学生则喜欢通过听觉刺激学习（听讲解、录音）；还有的学生喜欢通过本体感觉（阻力、助力）学习等，体育教师要根据具体教学实际合理选择。

3. 感情需求

这主要包括分析大学生的情感需要更侧重于哪些方面，如需要经常受到鼓励和安慰；需要在教学中获得兴奋和满足；需要得到教师的认可；需要受到同学的尊重等。

4.社会性需求

不同学习者在学习中的社会性需求主要包括：需要得到同学的赞同、尊重和包容；与学生一起交流和学习；建立良好的人际关系；在体育教学活动中学会遵守体育道德、社会公德及各种社会行为规范。

（三）起点能力分析

在体育教学设计中，准确确定体育学习者的起点能力，有利于制定出符合实际的教学计划，从而促进教学水平的提高。学生的起点能力包括以下四个方面：一是学生的身体机能、身体素质、健康状况等；二是学生的基本知识及技能；三是学生的体育知识和技能，如学生是否掌握了体育教学目标中要求的体育知识与技能等；四是学生的体育学习态度，了解学生是否存在着偏爱和讨厌心理等心理现象。

第三节 体育教学设计的评价研究

一、体育教学设计评价的概念

体育教学设计的评价是指以体育教学设计方案为评价对象，制定合理的评价方案和科学的标准，运用一切有效的技术手段，对教学设计方案进行形成性评价。

对体育教学设计进行科学评价，能够使体育教师及时发现教学方案中存在的各种问题，帮助其及时调整教学方案，有利于体育教师熟练地掌握体育教学设计的流程和操作技术；有利于检查体育教学方案的完整性、科学性和合理性；有利于提高教师对体育教学过程整体性的再认识；有利于教学方案在实施之前得到最大程度的优化，从而显著提高体育教学的质量和水平；有利于促进体育教学设计理论的不断发展。

二、体育教学设计评价的内容及方法

（一）体育教学设计评价的内容

体育教学设计方案评价的内容主要包括：体育教学目标、体育教材内容、体育学习者、体育学习需要、体育教学策略、体育教学过程以及影响体育教学实施效果的教学模式、课程类型、课程结构等要素。

概括来讲，体育教学设计评价的内容主要包括以下两个方面：

一方面，对体育教学方案的设计者和相关专家对方案进行综合性评价。这一评价

是根据体育教学设计的流程，对体育教学中各个要素进行详细地分析和评价。

另一方面，对教学过程进行详细的分析和评价。仔细分析评价资料，并出具一份评价结果报告，为制订体育教学方案提供必要的依据。

（二）体育教学设计评价的方法

体育教学设计是体育教学的一种主观预想，因此，任何设计都存在着一定的缺陷，体育教学方案设计也是如此。因此，在评价体育教学设计方案时，要掌握教学设计缺陷分析的方法。这种分析方法是从对结果的缺陷进行考查分析的，然后再过渡到分析和发现设计过程本身的缺陷。这种评价方法具有很强的客观性，能促进体育教学设计的发展。

应该引起评价者重视的是教学设计缺陷分析法评价的焦点不是教学设计方案的优点或有效性，而是教学设计方案的缺陷。发现教学设计方案的缺陷是促进体育教师进行体育教学设计技术进步的有效方法，体育教师在进行体育教学设计时应注意自我检查和自我纠错分析。

三、体育教学设计评价的过程

（一）实施教学

制订好体育教学设计方案后，体育教学活动便进入了实施阶段，通过具体的实践才能证明体育教学设计方案是否合理和有效，是否能促进教学水平的提高。

在教学过程中，要对不同组别的受试者进行教学，对受试者的学习水平及应达到的学习效果进行综合分析。需要注意的是，在教学过程中应尽量避免人为因素的影响。

（二）观察教学

实施体育教学方案的过程中，应指定观察者对教学过程进行细致地观察，从中发现存在的问题并予以反馈，观察内容包括：各项体育教学活动内容所花费的时间；教学方法、组织安排等；学习者提出的问题的性质和类型；教师处理和解决问题的方法；体育学习者的注意力和学习态度。

（三）后置测试和问卷调查

体育教学设计方案试用后应及时进行某种形式的测验（学习者的学习成绩）和问卷调查（学习者对教学过程的态度、看法、意见和建议）。进行测试和问卷调查的目的是验证体育教学方案是否符合当前的教学实际，符合学生的心理需求。在教学方案实施后，应及时进行学生学习成绩测试和问卷调查，以便于了解教学设计方案的实施情况。需要注意的是，收集成绩资料和测验应在体育教学设计方案实施后的一段时间进行。

(四)归纳和分析资料

归纳和分析资料的主要目的是帮助体育教学设计者更好地认识教学方案,其主要包括两个方面的内容:第一,归纳、整理和分析对学习者进行的测试及问卷调查资料,使体育教师充分了解体育学习者的学习情况,根据实际情况对教学方案做出必要的调整;第二,教学设计方案评价者可对方案实施的具体情况做初步分析,体育教学者可以根据评估的结果及时修改和调整体育教学设计方案,以保证教学活动的顺利开展。

(五)评价结果报告

体育教学方案应具有灵活性和适应性,在实施过程中根据具体的教学情况适时地做出调整和改变,但调整和修改也并不是马上就能完成的,在调整时还需要将试用和评价情况及结论写成书面的评价报告。具体来说,体育教学设计方案的形成性评价报告应主要包括以下内容:一是体育教学设计方案的名称;二是体育教学设计方案的试用宗旨、范围和要求;三是体育教学设计方案的评价项目;四是体育教学设计方案的评价;五是体育教学设计方案的改进意见;六是体育教学设计方案评价者的姓名、职称;七是体育教学设计方案的评价时间;八是附件。如评价数据概述表、采访记录、有关分析说明等。

第四节 新课改下的体育教学设计思考

一、当前高校体育教学设计存在的问题

目前,我国正在极力推进体育教学改革,新的课程改革在各级各类高校逐渐得到实施,但就我国高校体育教学现状来看,高校体育教学仍以传统课程教学形式为主。很多一线体育教师采取的准备工作可以概括为一写二背,即背教材、背教法和写教案。课堂教学模式较为传统,对于教学的反馈也是以较为传统的"两率",即达标率、优秀率来评价。从实际效果上来看难以提高学生体育学习的兴趣和能力。

具体来说,我国高校体育教学设计中存在的问题具体表现在以下三个方面:

(一)体育教学内容分配不平衡

体育教学内容的分配不平衡,容易使一些诸如体育理论知识和运动意识培养方面的教学占据次要地位。这一问题集中体现在现代学校在体育教学中过于注重对竞技体育项目技能的教学,连同最终的考核也主要以对运动技能采用量化标准的形式进行。

调查发现,传统的田径运动是我国高校体育教学的主要内容,具体包括短跑、长

跑和跳远，在学期末的考核中的指标也就是完成跑步的用时和跳跃的最远距离。尽管在体育教学改革后，一些高校出现了自主选择式教学模式，如为学生提供乒乓球、羽毛球、足球等项目，但课程中仍旧以对相应项目的技术能力的培养为主。这本无可厚非，但从整体上来看，这在改变教学内容的分配方面与当初的田径教学没有本质上的差别，改变的只有运动项目，仍旧缺乏系统的理论知识的传授，很难达到新课程标准对全面提高大学生身心素质的要求。

（二）教学方法与手段单一

虽然现代体育教学手段的丰富程度与过去相比已有天壤之别，从理论上来说，现代体育教学方法与手段显然更加丰富一些，但从实际来看，大多数体育教学过程中体育教师仍旧更青睐于选择最为便捷和方便的语言法和示范法进行教学。

现代社会是不断进步和发展的，在新形势下，随着社会对人才的要求不断提高，以及新一代学生的心理状态和个性特点的发展变化，传统的教学方法和手段难免会出现不能充分调动学生积极性和主动性的弊端和局限性。时代在变化，学生的需求也在逐渐提高，而一贯地使用传统方法会导致学生在教学活动中总是产生一种被动的接受的感觉，学生的主动性、创造性得不到有效的发挥，其学习热情无法完全释放，这就使学生无法体会到运动带来的快乐和成就感，更无法主动融入自主学习的机制中。

（三）教学安排局限性较强

现代社会是信息高速发展的社会，全球范围内信息快速传递，这使得许多国际上较为流行的体育运动如瑜伽、拓展运动等传入我国，被更多的人所知晓。学生作为对新鲜事物较为关注的群体无疑对新型体育运动表现出更多的兴趣。但是就目前我国高校体育教学的安排来看，仍旧过多依赖课堂授课，场地也基本局限于篮球场、足球场等，这显然无法满足大学生对运动范围扩大的需求，更不要提新颖的体育运动项目了。

在我国高校的体育课堂教学中，教师的主导地位仍是大多数体育教学的共识，尽管学生这一教学主体的自主性越发加强，但与预期还存在一定差距。教学安排的局限性导致体育教学课程的单一，教师在体育课程备课和实施教学中固守教材和大纲，缺乏创新意识和创新能力。

二、新课改下高校体育教学设计的优化

（一）以"以人为本"为设计核心

"以人为本"是体育教学的重要原则之一，不仅对体育教学活动起到作用，还对与体育教学相关的一切事物有指导作用，体育教学设计即是其中一项。

传统体育教学过于注重传授体育知识或技能的教学设计使得课堂教学显得简单粗

暴，是一种"重教轻育"的行为。而在新时代下，特别是对素质教育重新定义后，体育育人的关键在于"育"，而学习运动技能或知识只是育人的一个载体。遵循"以人为本"原则开展的体育教学设计工作，必定会在设计中关注人文精神在体育教学中的存在意义，使得体育教学不仅仅是一个领域的知识或技能的培养这么简单，而是要成为培养人的良好生活习惯和健全人格的教育行为。因此，体育教育工作者应坚持"以学生为本"进行教学设计。

（二）以"终身体育"为设计宗旨

"终身体育"是现代体育教学的目标之一，这一目标也符合素质教育的要求。因此，在体育教学设计中要积极融入"终身体育"的培养理念，最终以通过向学生传授体育知识、运动技巧、技能以及方法等教学行为使学生清楚地认识到健康的重要意义，养成良好的体育锻炼习惯，并将其融入日常生活。

（三）注重对学习环境的构建

学习环境是开展教学活动的另一类载体。有形学习环境包括有形的体育教学场地、体育器材等，无形体育教学环境包括体育教学软实力、教学氛围以及校园体育文化等。现代教育学认为学习已经不再像以往那样单纯，只是对知识的传输或接受的过程，而是已经将学习的行为认定为需要有强大意志性、意图性、自主性的建构实践。知识和技能的获得需要在个体运用知识和技能的"情境"中得到，因此，为了获得所需知识或技能，就需要为这一目标特别构建与之相适应的环境。

（四）探索并应用新教育技术

现代化信息时代中支撑信息传输的媒介就是电子计算机和互联网，凭此契机，多媒体技术也日新月异。现代教育技术在体育教学设计中的应用还主要体现在辅助和支持作用上，以此为高校学生自主学习体育课程，进行个性化发展搭建网络信息平台。多媒体教室的建立以及将便携的多媒体终端带到各种教学场所，更展现出现代教育技术在实践中较强的适应能力。多媒体技术为高校体育教学工作注入了新的活力。因此，要重视研究多媒体在体育教学中的应用，研究适合体育运动特点的多媒体软件，设计出生动形象的画面并运用到教学实践中，从而不断提高体育教学质量。

第五章 高校体育教学模式基础理论

我国的体育事业在不断加速发展,因此在体育教学当中越来越注重每一个环节的研究。体育教学模式作为高校体育教学当中一个关键部分,对其进行深入的研究有着很重要的意义,只有这样,才能将体育教学模式更好地应用到高校体育教学当中去。本章主要研究体育教学模式的基本理论,常见的体育教学模式、新型体育教学模式的构建以及体育教学模式发展方向。

第一节 体育教学模式基本理论

一、体育教学模式的概念

关于体育教学模式的界定,是从 20 世纪 80 年代才开始进行专门的探讨的。现阶段,体育教学模式的概念并未统一,其规范化程度还有待进一步提高。在体育教学模式的研究中,许多学者对体育教学模式的定义都提出了自己的认识和观点,下面就列出几种比较具有代表性的。

杨楠认为,体育教学模式是"体现某种教学思想或规律的体育活动的策略和方式,它包括相对稳定的教学群体和教材、相对独特的教学过程和相应的教学方法体系"。

李杰凯认为,体育教学模式"是蕴涵特定的教学思想,针对特定的教学目标,在特定教学环境下实现其特定功能的有效教学活动与框架,是以简洁形式表达的体育教学思想理论和教学组织策略,是联系体育理论与体育教学实践的纽带"。

樊林虎认为,"体育教学模式是指在一定的教学思想或理论指导下,设计和组织体育教学并在实践中建立起来的各种类型体育教学活动的范型,它以简化的形势稳定地表现出来。

毛振明认为,体育教学模式是"按照一定的体育教学理论或教学思想设计,具有相应结构和功能的体育教学理论或教学活动模型"。

综上所述,体育教学模式能够有一个初步统一或认可度较高的概念,即"体育教学思想特定,用以完成体育教学单元目标而实施的稳定性较好的教学程序就是所谓的体育教学模式"。

二、体育教学模式的结构

体育教学模式的结构就是体育教学模式所包含的因素，其主要包括教学思想、教学目标、操作程序、实现条件以及评价方式等，具体内容如下：

（一）教学思想

作为体育教学模式的灵魂，教学思想是建立体育教学模式所应具备的基本理论与思想基础之上。也就是说，要想建立体育教学模式，就需要有一定的理论知识对其进行科学指导。在不同理论指导下所建立起来的体育教学模式是有所差异的。

（二）教学目标

在体育教学过程中，建立体育教学模式的目的在于更好地实现体育教学目标。如果没有体育教学目标，也就没有体育教学模式存在的必要和价值了。"体育教学模式所能够达到的教学效果是体育教师对某项教学活动在学生身上将产生的效果所作出的预先估计。"体育教学主题具体化之后就表现为体育教学目标，教学目标是体育教学模式的核心，体育教学模式的其他要素受到教学目标的影响与制约。

（三）操作程序

无论是哪一学科的教学活动，其中教学的环节（步骤）就是所谓的操作程序。在体育教学实践中，操作程序主要是指在时间层面上所展开的环节（带有逻辑性）以及各环节的具体做法等。不管是何种体育教学模式，其操作程序都具有独特性，与其他教学模式不同。操作程序并不是一成不变的，但它一定是基本的和相对稳定的。

（四）实现条件

所谓实现条件，是指体育教学模式中所采用的策略和手段，它是对操作程序的补充说明，并能够使体育教师选择合理的、正确的教学方法和策略。人力条件、物力条件和动力条件三个方面是体育教学模式中实现条件的主要内容。具体就是体育教师与学生、体育教学内容与时空以及学校的基础设施等。

（五）评价方式

不同的体育教学模式，所要完成的体育教学目标不同，而且所采用的教学程序和条件也存在差异。因此，不同的体育教学模式也具有不同的评价标准和评价方式。每一种教学模式的评价标准和评价方法都是特定的，如果使用统一的标准进行评价，就会使评价失去科学性，评价结果失去说服力。例如，与标准化评价相比，群体合作教学模式的评价标准是采用计算个人和小组合计总分的评价方式。

三、体育教学模式的特性及功能

（一）体育教学模式的特性

1. 优效性

体育教学模式的建立需要有一定的理论基础作为前提条件，与此同时，体育教学实践也要通过不断地修正与补充来促进体育教学模式的构建与完善。所以，提高体育教学质量，不断对体育教学过程加以改进，不断更新与完善体育教学的各个环节、避免教学资源的浪费与缺失，是完善体育教学模式的主要着眼点。从这一角度来说，体育教学模式充分体现出了其显著的优效性特点。

2. 整体性

体育教学模式对体育教学的处理是从整体上进行的，具体来说，它不仅要明确规定教学活动中的教学主体（体育教师与学生）、教学客体（教学目标、教学内容）等主要因素的地位与作用，而且还要对教学物质条件、组织形式、时空条件、师生互动关系或生生合作关系等影响体育教学活动，并在教学活动中起重要作用的其他因素进行相应的说明。由此可以看出，这几乎把体育教学理论体系中的基本内容都涵盖了，因此，人们也将体育教学模式称为"体育微型教学论"。

体育教学模式的整体性特征要求人们在对体育教学模式做出正确的认识及运用时，一定要将体育教师的教学风格、学生的年龄特点、体育基础特点、课程内容特点等体育教学模式的主要要素整体全面地确定下来并熟练把握。除此之外，教学场地条件、环境条件、教学班级人数、气候特点等一些次要要素也要列入到考虑的范围内，同时还要清楚地认识到它们之间的相互关系，对各环节的相互配合、相互衔接也要给予足够的重视，从而使教学模式成为系统的教学程序。这种大部分、多要素、多环节的有机组合将体育教学整体性充分体现了出来，同时也对体育教学模式并非是多环节、多要素的简单堆积进行了说明，因此，体育教学模式是具有一定科学性的。

3. 针对性

无论何种体育教学模式，其建立都是针对体育教学实践过程中的某个具体问题或问题的某一方面进行的，针对体育教学内容、体育教学对象、体育教学环境等不同要素所形成的体育教学模式是有很大区别的。从这一点来看，体育教学模式有其特定的教学目标和使用范围，是不能包罗万象的。

通常来说，一种模式的目标是多种多样的，而多样化目标又可以进行主、次的划分，其中主要的目标不仅是此模式与彼模式相区别的主要特征之一，同时也是人们有针对性地选用模式的一个重要依据。比如，启发式教学模式与快乐体育教学模式中都有发展学生技能、运动参与、情感方面等目标，但是，这些方面的主要目标并不是一样的，而是有一定的差异性的。具体来说，激发学生的学习潜能，使学生的运动思维得到有效的发展，从而对运动技能的学习与掌握产生积极有利的影响，是启发式教学模式的主要目标；而使学生在练习一些较为简单的体育活动动作中体验运动的乐趣，并创造性地组合一些简单的动作，体验运动成功的感觉，使其自信心有所增加，则是快乐体育教学模式的主要教学目标。

4. 简洁概括性

体育教学模式并非是"复写"体育教学活动，而是在能将自己的个性充分显示出来的基础上，将教学目标、教学方法、组织形式等某一教学活动中的不重要因素省去，从理论高度简明系统地将模式自身反映出来。由此可以看出，它是对某一理论的浓缩，对实践的精简，表现出一定的简洁性与概括性。一定的体育教学模式能够将特定的体育教学思想充分反映出来。而且会在一定程度上简化教学模式的各环节，通过教学程序的方式将其展现出来，充分体现出了体育教学模式显著的简洁概括性特征。

教学模式的概括性主要体现在教学模式的表现形式、表现内容和表现种类等方面。具体来说，每一个方面的概括性都有着不同的特点，具体如下：

（1）表现形式的概括性，就是用较少的笔墨、少许的线条、符号或图表就能够将整个教学模式大致反映出来。

（2）表现内容的概括性，就是浓缩、提炼单元体育教学活动的理论或实践。

（3）表现种类的概括性，就是把具有共同特征的模式归结为一类，从而达到将某一体育教学模式的教学目标更明确地表达出来的目的，也可以在体育教学实践中使体育教师对体育教学模式有更加明了的理解与选择，从而使对多种体育教学模式相互混淆的现象得到有效避免。

5. 可操作性

这里所说的可操作性主要包括以下两个方面的内容：

一方面，体育教学模式易被教师模仿。究其原因，主要是由于教学模式不仅是教学理论的操作化，同时还是教学实践的概括化，体育教学活动在时间上的开展以及每一教学步骤的具体做法都需要教学模式提供相应的逻辑结构与思维，即操作程序。这样，教师在教学中应该先做什么，再做什么，最后做什么，就非常有条理，操作性较强。

另一方面，体育教学模式的操作程序是处于基本稳定状态的。究其原因，主要在于体育教学活动的特殊性、复杂性以及影响体育教学的主要因素不能受到精确控制。关于此，比较具有代表性的是魏书生创立的"六阶段教学论"，虽然从总体上看，教学是按照提出教学要求——组织学生自学——师生讨论启发——开展实践运用——及时做出评价——系统总结这样的程序进行的；但是运动技能类教学模式是按照教师的示范讲解——动作分解教学——学生初步练习——纠正错误动作——再次练习——动作部分的结合练习——纠正错误动作——完整动作练习——强化练习、过渡练习——掌握动作这样的程序进行的，而且教学程序不可逆转，但是，其中某些步骤可以以教学实际情况为主要依据进行压缩、省略和重叠。这充分体现了体育教学模式的可操作性特征。

虽然体育教学模式具有较强的针对性，但在不同条件与环境下开展体育教学，其产生的体育教学模式也表现出一定的差异性，也会因不同的教学指导思想和理论而表现出一定的差异性。但是一旦确立了某种体育教学模式，就可以代表一定的教学思想和理念，也就表明某特定的条件下的具体操作的稳定性和可模仿性，具体相同的理念和外在条件，便可以容易地被体育教师所模仿，这就是体育教学模式的稳定性特点。需要注意的是，随着时代的变迁，指导思想与外在条件等发生质的变化，这就要求适当调整和变更体育教学模式。由此可以看出，体育教学模式的稳定性并不是绝对的，而是相对的。

（二）体育教学模式的功能

1. 预测功能

体育教学模式是以体育教学活动中的内在规律与逻辑关系为基础的，因此，它有利于准确地对体育教学进程和结果做出判断，即使不能准确判断，也能对体育教学进程和结果进行合理估计，甚至可以建立教学结果假说。通常以某种教学模式内在与本质的规律及其现象为主要依据，来对该模式进行预测。既要注重学生在学习过程中的学习体验，也要使学生对运动技能加以掌握，从而为学生的终身体育打下良好基础。这种模式的预测功能主要体现为以下两个方面：

一方面，如果在教学过程中没有达到预期的教学目标，说明实际与预测存在一定的差距，需要进行合理、正确地调整。

另一方面，如果在教学过程中达到了预期的教学目标，则说明与事先的预测是相吻合的，证明理论与实践是相统一的。

6. 简化功能

体育教学活动有着较为显著的特殊性和复杂性的特征，因此，要想取得较为理想的处理这种特殊性和复杂性的效果，需要一些简单明了的方式。图示就是这样一种方式，它能够将各系统之间的次序及其作用和相互关系较为清晰地表达出来，这样往往就能够使人们对事物有一个整体的印象。体育教学结构能够反映出各环节各要素的关系，除此之外，也能够将其组织结构和流程框架反映出来，这种结构的主要特点在于注重原则、原理，而且也较为重视技能的学习。因此，从客观的角度上来说，体育教学模式有着非常重要的作用和意义，与现代体育教学任务是相符的，具体来说，主要表现在以下三个方面：

第一，对体育知识、体育技术和体育技能的学习与掌握非常重视。

第二，对学生的学习目标和教师的设计方案非常重视。

第三，在充分反映教学理念的同时，对具体的操作策略也非常重视。

由此可以看出，体育教学模式具有较强的可操作性，其结构和机制也较为完整。另外，体育教学模式比抽象的理论更具体、简化，不仅与教学实际更为接近，而且它能够为体育教师提供基本操作框架，使教师明确具体的教学程序，因此较容易被教师理解、选用、操作与认可，从而受到教师的欢迎。

7. 调节与反馈功能

马克思主义唯物观认为实践是检验真理的唯一标准，因而体育教学模式是否科学也要通过实践的体育教学活动对其进行检验才能得知。体育教学模式是依据具体的教学指导思想、教学条件和教学环境来进行安排的。例如，在实际的运用过程中，如果某一种体育教学模式没有达到预先制定的教学目标，就需要具体分析教学模式操作过程中的各个环节与因素，并找出其中的利弊关系，深入地分析其原因，提出相关对策，以使体育教学活动更加科学、合理。

8. 解释与启发功能

体育教学模式的功能和作用主要表现在通过简洁明了的方法来解释相当复杂的现象。比较常见的一种体育教学模式是发展体能教学模式，这一教学模式的建立向人们展示的是整体的框架，其中文字的解释使人能够更加深入地理解教学模式。具体来说，发展体能教学模式中所蕴含的理论知识主要体现在以下三个方面：

第一，阶段性的体能目标实施与反馈控制理论。

第二，体育教学系统地、长期地发展体能的指导思想。

第三，非智力、非体力因素参与体育活动并促进技能教学的发展理论。具体来说，体能的发展是比较枯燥的，因此，如何激发发展体能的兴趣就成为一项关键性因素，需要注意的是，这一关键因素是非智力、非体力的。

除此之外，对于整个教学活动来说，具体的某种教学模式的核心环节具有非常重要的作用和意义，其主要在教学目标的制定与教学过程实施的形成性评价中得到一定的体现。具体来说，主要包括以下五个方面：

第一，预先进行体能测验，实施诊断性评价。

第二，以学生的身体条件与身体素质的侧重点为主要依据来对教学单元进行合理地安排。

第三，有针对性地对单元中诸体能目标进行练习并力争达成目标。

第四，对学习效果进行总结，实施总结性评价。

第五，以评价的结果为主要依据来使矫正措施得以实施。

四、小群体体育教学模式

（一）建立背景

小群体的学习形式来源于日本的"小集团学习"理论。小群体体育教学模式是指在体育教学中，教师通过对小组教学形式的运用，将学生分为几个不同的学习小组，教师指导学习小组进行学习，各小组之间与同组的学生之间通过互动、互助、互争，来不断促进学生学习的主动性，从而提高教学效率的一种教学模式。小集团学习法起初是在其他学科中产生的，到了 20 世纪 50 年代开始应用到体育教学中。这种模式在高校体育教学中的运用不仅取得了较为理想的效果，还进一步促进了高校体育教学的发展和完善。

（二）指导思想

小群体体育教学模式的主要指导思想是在遵循体育学习机体发展和发挥教育作用的规律的基础上，通过高校体育教学中的集体因素和学生间交流的社会性作用，促进学生交往，提高学生的社会性的思想。此外，在运用这种模式的过程中，还要注意培养学生的自主学习能力，并要适应学生的个体差异表现。概而言之，小群体教学模式的指导思想具体体现为以下四个方面：

第一，有针对性地培养学生的良好品质。

第二，强调集中注意力，并要求学生相互帮助、团结，以有效地提高组内的竞争力。

第三，通过教导学生相互帮助、合理竞争，从而促进学生的身心健康和提高其社会适应能力。

第四，要在条件基本均等的情况下，使组与组之间的学生合理竞技，从而激发学生学习的兴趣，以提高学习的效果。

（三）操作程序

小群体体育教学模式的操作程序如图 5-1 所示。

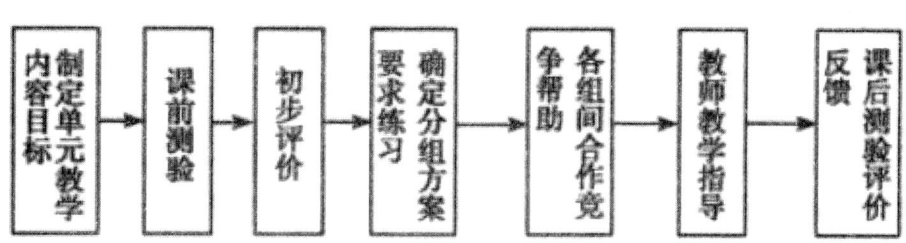

图 5-1　小群体体育教学模式的操作程序

（四）主要优缺点

1. 优点

（1）小群体教学侧重于培养学生的团结性，既有利于充分调动学生学习的积极性和竞争性，也有利于培养和提高学生的社会适应能力。

（2）通过小群体教学，既可以提高组内团队间的合作能力，又可以提高团队与其他团队之间的竞争能力，以增强学生的竞争意识。

2. 缺点

由于小群体体育教学模式更注重培养学生的社会适应能力，所以可能导致在教学中将大量的时间消耗在这一方面，从而使得学生对教学内容的学习时间相对减少。

五、主动性体育教学模式

（一）建立背景

在现代教育中，学生是整个教学活动的主体，所以主动性体育教学模式能更好地引导学生通过思考、体验来进行交流和合作，从而进一步发展自身的社会技能、社会情感以及创造能力。在高校体育教学中，要想取得较为理想的教学效果，必须要有良好的课堂环境和氛围作为保证。因此，主动性体育教学模式在这样的环境和需求下应运而生。

（二）指导思想

主动性体育教学模式的指导思想主要包括以下四个方面：

一是培养学生的参与能力。只有使学生参与到教学活动中来，才能有机会使学生的主动性得到进一步发展。

二是培养学生的教学能力。引导学生站在教师的角度上去思考问题，有利于提升学生的教学能力和主动性。

三是培养学生的合作精神。要使学生认识到团队合作的重要性，不仅可以培养学生的团结合作精神，同时还可创造出理解、尊重、宽容、信任、合作、民主的课堂氛围。

四是培养学生的创新意识。要想发展就必须进行创新，教师应根据教学实际和学生的具体情况，有针对性地培养学生的创新意识和创造能力。

（三）操作程序

主动性体育教学模式的操作程序如图5-2所示。

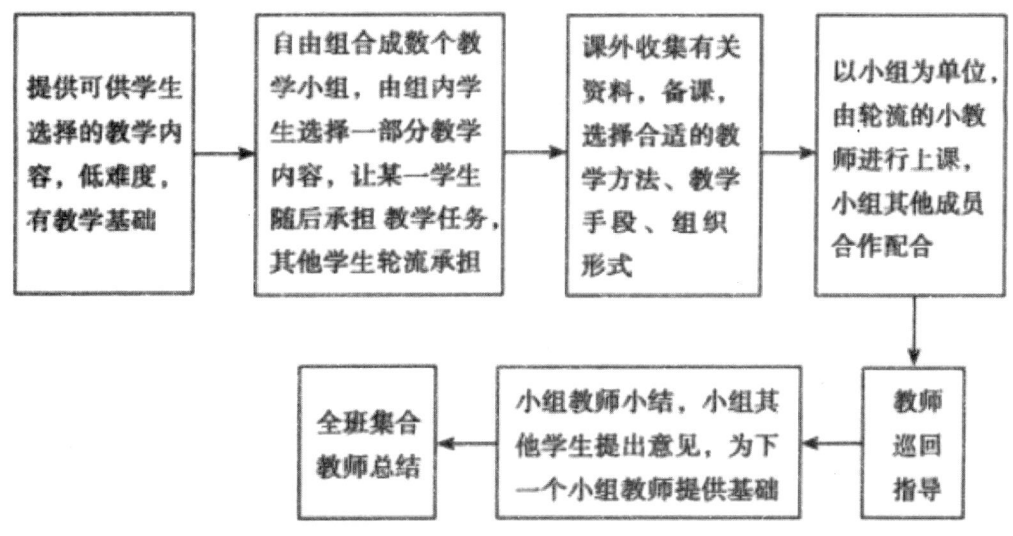

图 5-2 主动性体育教学模式的操作程序

（四）主要优缺点

1. 优点

（1）体育教学中运用主体性体育教学模式能够实事求是、有针对性地发展学生的主体意识。

（2）有利于提高和发展学生的学习主动性和自我学习能力。

2. 缺点

主动性体育教学模式要求学生有一定的自觉性基础，并且要求学生具有自我设计教学计划、教学方法、教学手段、组织措施的能力，更要求学生的自学能力要强，否则，运用主动性体育教学模式就不会取得理想的效果。

六、发现式体育教学模式

（一）建立背景

发现式体育教学模式是指通过体育教师的指导，学生能够独立地研究和发现事实与问题，从而可以更加深刻地掌握相关原理和知识的一种教学模式。这种教学模式主要强调学生的直觉思维、内在的学习动机以及教学过程三个方面。

（二）指导思想

发现式体育教学模式是教师通过适当地对学生进行引导，让他们运用主观思维进行积极地思考、独立地发现问题并解决问题的教学方式。因此，这种体育教学模式的指导思想就是在体育教学中通过遵循学生的认知规律来考虑教学过程，体现以学生为主体，以学生为中心的思想。具体来说，其指导思想具体包括以下六个方面：

其一，着重增强学生学习的积极性和趣味性。

其二，调动学生思维的主动性。

其三，在以学生为主体的前提下，对学生进行指导。

其四，在将答案揭晓之前，要让学生自己去探索问题的答案。

其五，对问题情境进行设置，并使学生投入教学情境中的过程更为自然，对学生的学习热情与积极性进行激发与鼓励。

其六，提高学生学习运动技能的效率，使学生更加深刻地领悟技能和知识，从而使记忆更加牢靠。

（三）操作程序

发现式体育教学模式的操作程序如图 5-3 所示。

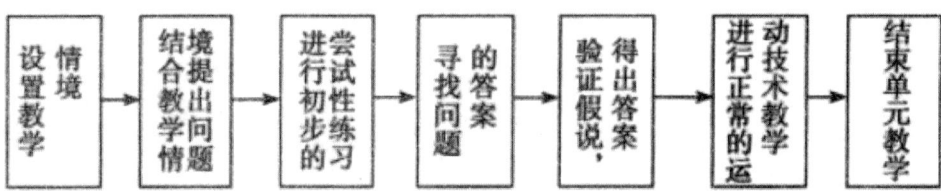

图 5-3　发现式体育教学模式的操作程序

（四）主要优缺点

1. 优点

（1）发现式体育教学模式既能调动学生学习的热情和积极性，又能提高学生的学习效率。

（2）发现式体育教学模式有利于开发学生智力，提高学生智力水平。发现式体育教学模式非常重视学生的智力发展，通过在学习过程中设置问题情境，激发学生学习的好奇心，进而提高其智力水平。

2. 缺点

（1）发现式体育教学模式会在问题的提出、讨论、解决等环节占用大部分的教学时间，从而使得运动技能练习与巩固的时间相对减少，因此会对学生学习和掌握运动技能的效果产生影响。

（2）发现式体育教学模式还会受到不稳定因素的影响，所以从教学模式的评价来看，无法在短时间内与其他教学模式进行比较。

七、选择式体育教学模式

（一）建立背景

在"健康第一"的指导思想和新课程标准的影响下，为了更好地体现以学生为主体的教学观念，现代高校体育教学中出现了选修课。选修课的出现可以使学生在体育学习过程中依据自己的喜好和需要选择适当的项目学习。由于选择式教学模式具有较高的可行性和良好的教学效果，所以近年来在多所学校中已普遍使用，并受到体育教育工作者的高度重视。

（二）指导思想

选择式体育教学模式可以使学生自主选择的优势得到充分体现，学生可自主选择所要学习的内容、学习进度、学习参考资料、学习伙伴、学习难度等。这样不仅能够极大地提高学生的学习积极性，同时也能够将学生学习主动性充分调动起来，从而更好地对学生的学习能力进行有效地培养。

（三）操作程序

选择式体育教学模式的操作程序如图 5-4 所示。

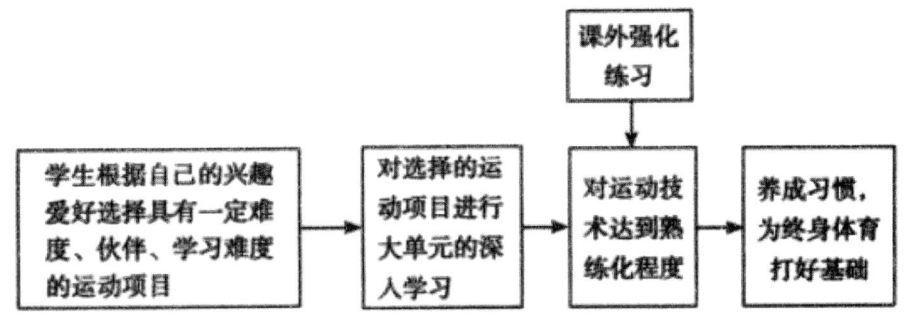

图 5-4　选择式体育教学模式的操作程序

（四）主要优缺点

1.优点

（1）学生自主选择学习内容，这不仅是学生主体地位的充分体现，而且也有利于提高学生的学习兴趣。

（2）由于学生可以根据自身的兴趣和需求来选择学习内容，因而能够更好地培养学生的自觉性、学习热情、学习态度、情感体验、克服困难的意志力等，同时能够增强学生的责任感。

2.缺点

（1）根据目前相关教学实践来看，选择式体育教学模式虽然对有运动兴趣的学生有积极作用，但对于那些暂时还没有特别兴趣的学生在选择上会导致盲目性，也就是说，这种教学模式在目前还不适用于全体学生。

（2）由于受到技术难度、趣味性、运动量以及考核评价等方面的影响，学习内容可能会导致学生功利性地选择运动项目，从而使得选择内容不均等，不利于教学活动的顺利进行。

第二节 新型体育教学模式的构建

一、新型体育教学模式构建的参考依据

新型体育教学模式的构建需要把握以下四个参考依据。

（一）参考体育教材性质

体育教学以教材为基本工具，体育教师教学、学生学习都要借助教材这一基本教学工具。体育教材也是体育教师与学生共同完成体育教学目标的内容载体。通常把体育教材分为概括性教材与分析性教材两大类，这主要是以体育教材内容的性质为依据划分的，具体分析如下：

1. 概括性教材

这一类教材中没有较难学习的运动技术需要学生掌握，对概括性教材进行讲解的主要目的是使学生对体育项目有简单的了解，培养学生体育学习的兴趣，促进学生的身心健康。学生在学习该类教材时主要是注重体验乐趣、获取快乐，所以要构建并选用快乐式教学模式、情景式教学模式以及成功式教学模式进行教学。

2. 分析性教材

这一类教材中的运动技术具有一定的难度，对这类教材进行讲解的主要目的是提高学生的自主学习能力与创新能力，促进学生体育知识与技能的增长。学生在学习该类教材时注重培养学习力与创造力，所以要选择构建主动性体育教学模式、发现式教学模式以及领会式体育教学模式等进行教学。

（二）参考体育教学目标

体育教学模式构建与运用的关键是教学目标，体育教学模式需要体育教学思想与目标为其提供活力、指明方向。体育教学思想与目标也是区分教学模式的一个标准。体育教学目标在新课程改革之后有所变化，主要涵盖了四个方面：一是提高学生运动参与能力与积极性的目标；二是促进学生身心健康的目标；三是促进学生正确掌握运动技能的目标；四是提高学生社会适应能力的目标。

上述体育教学目标要求在体育教学中要构建与选用情景体育教学模式、探究体育教学模式以及成功式教学模式等进行教学。

（三）参考体育教学对象

体育教学活动离不开学生这一教学主体，体育教学活动中，学生也是其中非常重要的一个组成部分，所以要针对学生不同学期的具体情况与特点来对教学模式进行构建。

在大学时期，学生主要是接受专项体育运动教学训练，适合这一时期的体育教学模式有技能性体育教学模式，同时也要发挥体能性体育教学模式的辅助作用，所以对这两种教学模式的构建极其重要。

二、新型体育教学模式的构建原则

（一）坚持教学目标、内容、形式、结构与功能的统一原则

从本质上讲，新型体育教学模式的建构是处理好高校体育教学活动中形式与内容、结构与功能的关键问题。所以，体育教师应该对各类体育教学课堂结构和形式的功能与作用进行全面分析，并以教学目标和条件为依据对教学模式做出比较合理的选择。

（二）坚持统一性与多样性的统一原则

体育教学模式构建的统一性是指在构建和创造体育教学模式时，要继承我国体育教学思想和成功经验。

新型体育教学模式构建的多样性是指在开发和构建体育教学模式时，应尽量实现多样化，以避免单一化与程式化的不足。

（三）坚持借鉴与创新的统一原则

体育教学模式要坚持创新与借鉴的统一性。这里所说的借鉴具体是指借鉴两个方面的内容：一方面要借鉴国外的先进教学模式理论；另一方面是要借鉴国内的先进教学模式理论与成功教学经验。

随着全球化趋势的加强，学校体育教学也必然要受到教育全球化的影响，因此要有机结合创新与借鉴，这样才能运用成功的经验，吸取失败的教训，不走或少走弯路。具体来说，统一借鉴与创新，就是要以正确的体育教学思想为指导，借鉴前人和他人的成功经验和理论，并通过结合教学中的客观实际，提高体育教学的效率。

三、新型体育教学模式的构建步骤

概括地讲，新型体育教学模式的主要构建步骤如下：

第一，明确指导思想。即选择用什么教学思想作为构建模式的依据，使教学模式

更突出主题思想并具有理论基础。

第二，确定构建模式的目的。即在明确指导思想的基础上，确立建构体育教学模式所达到的目的。

第三，寻找典型经验。即在完成第一步的基础上，通过调查研究，寻找恰当的典型经验或原型作为教学案例，并且案例要符合模式构建思想与目的。

第四，抓住基本特征。即运用模式方法分析教学案例，对教学案例的基本特征与教学的基本过程进行概括。

第五，确定关键词语。即确定表述这一体育教学模式的关键词。

第六，简要定性表述。即对这一体育教学模式进行简要的定性表述。

第七，对照模式实施。即对照这一体育教学模式具体实践教学，进行实践检验。

第八，总结评价反馈。即通过体育教学实践验证，对实践检验的结果进行归纳总结，通过初步实践调整修正模式并反复实践以不断完善。

四、两种新型体育教学模式的构建与运用

（一）合作式体育教学模式的构建与运用

体育教学活动中，合作教学模式的运用有利于学生合作意识与能力的提高，有利于学生交往、实践及协调能力的增强，也有利于学生个性发展和终身体育意识的形成。

1. 合作体育教学模式的构建

（1）构建程序。首先，要以体育教学大纲规定的教学时间与教学内容为主要依据，对上课时间进行合理地分配与安排。其次，体育课堂教学之前，教师要做好课堂教学计划，即教案。制订教学计划时教师要加强与学生的合作，并与学生一起探讨教学方法的选用。

（2）具体实施。一是明确教学目标。体育教学过程的第一环节就是要明确并呈现教学目标，这一环节中，体育教师的口头讲解与动作示范要有机结合学生的观察体验与思考，加强师生之间的沟通与交流。二是对学生进行集体讲授。对学生进行集体授课时，体育教师要适当缩短授课时间，提高教学效率，从而留出更多的时间为下一环节（小组合作）做准备，教师要注意提高学生的学习积极性，善于运用一些新颖的问题来使学生的注意力集中到课堂中。三是加强小组合作学习。学生的学习主体性以及学生之间的沟通与交流是小组合作环节的重点，学生要在小组合作学习中积极发表自己的意见，提高自己的主动性、积极性及创新性。四是实施阶段测验。体育教师在学生学习一个阶段后，需要对各个学习小组进行阶段测验，从而对学生在这一阶段的学习情况与效果有一个初步了解。五是积极反馈。在反馈阶段，体育教师要综合评价学生这一学习阶段的具体表现。学生在小组合作学习中获取的知识比较零散，系统性很

差，所以教师要正确引导学生归纳所学知识，使之成为一个系统的知识体系，便于学生掌握与记忆。小组测试也是反馈的一个重要手段，通过测试反映出学生学习的不足，从而有针对性地对其进行纠正与完善。

2.合作教学模式在体育教学中运用的注意事项

（1）更新教学观念。合作教学模式在体育教学活动中的运用要求对传统的体育教学观念进行更新，对学生的重要性进行重新认识，重视学生的主体地位，引导学生充分发挥自身的主观能动性，尊重学生的人格，在教学中加强与学生的合作交流，并以学生的具体情况为依据进行教学。

（2）注重学生主体意识的培养。首先，体育教师在体育教学活动中要想法设法来激发学生的思维与学习热情，然后引导学生积极发现与探索新问题、新情况。在引导过程中，注重学生自主意识和独立能力的培养。其次，教师要注重自身的引导作用，通过提问、质疑等手段，引导学生把注意力集中到课堂教学中。最后，教师主导性的发挥要以实现体育教学目标为出发点，倘若没有从教学目标出发，就谈不上学生主体性的培养了。

（二）启发式体育教学模式的构建与运用

启发式体育教学模式指的是在体育教学活动中，教师以体育教学目标、教学规律以及学生的认知水平和年龄特点为主要依据。通过采取各种教学手段来引导学生独立思考、积极主动地获取知识、解决学习问题的过程、解决教学中出现的问题、提高体育教学的质量以及促进学生体育学习积极性的发展是体育教学模式的实质。

1.启发式体育教学模式的构建

（1）对问题情境进行创设。体育教师在对问题情境进行创设时，要具体以体育教材的特点和学生的客观实际为依据。在创设问题情境的过程中，体育教师不仅要解决学生在学习中出现的问题，更要采取一定的方法与措施来引起学生的好奇心，使其主动提出疑惑并积极思考和解决疑惑，这样有利于学生学习热情的充分调动，有利于提高学生逻辑思考与客观分析及解决问题的能力。

（2）采用直观教学手段。体育教师在对学生进行启发的过程中，要尽量采用直观的教学方法手段，减少抽象概念的使用。直观手段具体是指多媒体、录像、图片等直观教具的使用，直观教学方法有利于学生学习兴趣的激发与提高，有利于学生以最为简单的方式清晰地掌握学习内容。

（3）采用多样化的练习手段。体育教师在引导学生进行练习的过程中，要以体育教学任务、目的和要求为主要依据，并要善于采取一些有助于启发教学的练习方式作为辅助学习的手段。除此之外，体育教师还可以以教材内容为依据对多样化的练习手段加以运用，以此来促进学生学习兴趣的提高，同时也能够增强学生的学习效果。

2.启发式教学模式在体育教学中运用的注意事项

（1）对教材重点与难点有所明确。体育教材重点是学生要掌握的关键内容，教材难点是学生不容易掌握的教材内容。教师运用启发式教学模式进行教学时要以教材重点为中心，通过口头叙述、动作示范等各种教学方式来引导学生对教材重点内容的思考。体育教师也可以针对重点动作做一些生动、逼真的模仿，这样学生也能比较容易地掌握教学内容。除此之外，教师也要重视学生的身心特点、认知能力和学习基础，遵循因人施教的教学原则，从而使每个学生的学习效率都能得到保障。

（2）对多元评价体系进行科学构建。评价学生的学习过程或结果主要是为了总结学生的学习效果，对学生学习体育起到一种督促与激励的作用。合理的评价有利于提高学生学习的积极性和主动性。评价的实施步骤具体为：评价标准的确定——评价情境的创设——评价手段的选用——评价结果的利用。评价讲究合理，不要求过于呆板地、严格地对应标准答案，根据具体情况保留一定的评价空间。教师在对学生的学习技能做出评价的同时，也要引导学生进行自我评价或学生之间互相评价。

第三节　体育教学模式的发展走向

一、体育教学模式创新与发展的集中点

目前常见的体育教学模式是有限的，但随着体育教学改革的不断推进和创新，还会有更多的教学模式不断出现，并且在体育教学中得到应用。而关于未来体育教学模式的发展，其发展集中点主要表现在以下三个方面。

（一）保留演绎型教学模式

教学模式形成的方法主要有由概括实践经验而形成的归纳法和逻辑生成的演绎法两种。从一种思想或理论假设出发设计而成的一种教学模式，就是所谓的演绎教学模式。其中，20世纪50年代以后产生的教学模式大都属于这一类型。演绎教学模式是从理论假设开始的，形成于演绎，其对科学理论基础非常重视。演绎教学模式的这一特点不仅为人们自觉地利用科学理论作指导提供了一定的可能，而且为主动设计和建构一定的教学模式来达到预期目的奠定了一定的基础。由此可以看出，演绎型的体育教学模式的发展是教学模式发展的一个重要趋势，是与教学理论的发展和研究方向相符的，因此改革中要注意保留演绎型的体育教学模式。

（二）重视学生的主体性

传统的教学模式对教师的主导作用的重视程度比较高，但其将教学过程片面地归结于教师的教，而忽略了学生的学，这就使得学生在教学过程中处于被动地位，对学生主观能动性和能力的培养产生了一定的阻碍作用。

随着以学为中心的教学理论的发展，传统意义上的师生关系有了较大程度的变化，他们的地位和作用也有了一定的改变。"教师中心论"逐渐被"教师主导学生主体论"取代。在这种新的教学观的影响下，体育教学模式也发生了一定的改变。具体来说，主要改革趋势为由教师中心教学模式向教师主导学生主体的教学模式转变。教师主导学生主体的教学模式，对于学生创新能力、自学能力和探索能力的培养较为有利，能够在一定程度上调动起学生学习的能动性和积极性。除此之外，还需要强调的是，这与现代人才的培养理念是相符的。因此，可以将其作为体育教学模式的一个重要的改革方向。

（三）注重学生能力的培养

现代社会科学技术发展迅猛，知识增长迅速，终身教育的普及以及竞争压力的不断加大，都对人们的能力提出了更高的要求，单一的知识积累已经不能满足当今社会的需求。因此，在体育教学过程中，必须在教学模式上进行一定的改进，只有这样，才能够更好地培养学生的运动能力、一般能力、创造能力、自学能力和社交能力。

二、体育教学模式的发展趋势

（一）理论研究的精细化

研究体育教学理论，其目的既在于更好地指导体育教学实践，也在于对体育教学实践起到总结的作用。如果没有理论研究，又或是缺乏体育实践，那么整个体育教学就会失去意义。因此，必须将体育教学的理论研究与实践研究相结合，来加强理论研究的力度与成效。具体而言，其具有以下发展趋势：

其一，与其他理论相同的是，体育教学模式的研究必将从对一般教学模式的研究走向学科教学模式的研究，再到课堂教学模式的研究。

其二，对体育课堂教学模式的研究趋向于精细化，这包括学期教学模式、单元教学模式、课时教学模式。精细化是体育教学模式研究的必然趋势。

（二）教学目标的情意化

教学实践研究表明，智力因素和非智力因素对学生的学习活动起着非常重要的作用。现代体育教学模式的不断发展也逐渐对传统教学活动中过于强调智力因素，而忽视非智力因素的作用等状况进行了改善，并取得了良好的效果。现代体育教学模式的目标在使学生增长知识、培养学生能力的同时，更加注重人格教育、品德教育、情感教育与知识教育的结合。随着人们对人本主义心理学越来越重视，学生的情感陶冶也开始备受关注。许多高校已将情感活动作为心理活动的基础，并对学生独立性、情感性和独创性进行了更加全面的培养。例如，情景式体育教学模式和快乐式体育教学模式通过问题情境的创设，提高教学过程的新奇度与趣味性，使学生的学习兴趣得到有效激发，从而产生一种强烈的学习动机，这种动机下学习和掌握体育知识技能带有很强的情意色彩。

（三）教学形式的综合化

体育教学形式的综合化是指体育教学模式向着课内和课外一体化方向发展。由于受到时间的限制，课内的时间不能充分培养和发展学生自动化的运动技能与锻炼身体的习惯，这就需要在教学中安排充足的课外时间进行练习和巩固，而课内的主要任务就是学习新知识并针对错误的动作做进一步改进。只有这样，才能使学生更加熟练地掌握运动技能，实现个体运动技能的自动化。但从目前情况来看，我国各高校对课外体育活动的重视程度相比于体育课本身要弱很多，有的甚至处于放任自流的状态，这对体育教学效果有着非常严重的影响。

从体育教学模式发展的角度来看，由于目前对课外体育活动的不够重视，使得有关这一方面的研究也受到了很大的影响。"课内外一体化"教学模式下，虽然设计了课内与课外相结合的教学，但在实际的运用过程中还不够成熟，也没有形成明确的操作模式。因此，目前并没有将其列入现有的体育教学模式体系中。只有当这种模式的理论与实践发展成熟后，其才能成为一种重要的体育教学模式。

（四）教学实践的现代化

随着现代教育和科技的快速发展，高校体育教育在教学手段方面也得到了很大程度的突破，各种教学实践活动呈现出较为明显的现代化特点，并逐渐实现了对传统体育教学方法的改革和创新。在现代体育教学活动中，先进技术产品和手段的运用也在很大程度上提高了体育教师的授课效率，同时进一步增强了学生的学习兴趣，调动了他们主动学习的积极性。目前，现代体育教学模式已经开始与现代教学技术手段相融合。由此可以看出，在体育教学模式中引入和运用先进的技术手段是其发展的必要趋势。

（五）评价标准的多元化

体育教学模式不同，其评价的方式也会有所差异。随着现代教育改革的不断深入，体育教学模式也发生了较为明显的变化。采用单一的评价方式将很难对某一体育教学模式的科学性做出全面、客观地反映，这就要求在评价时要采用全面的评价方式，所选择的评价指标也必须多元化。

　　传统的体育教学模式过于重视结果评价，而忽视对学生学习和实践过程中的评价，这就使得学生的学习兴趣、爱好、情感反应等方面都很难得到全面的体现和反馈。而现代的体育教学模式则逐渐摆脱了单一的终结评价方式，开始重视学生的学习过程评价、单元评价以及学生的自我评价等。

第六章 体育教学模式改革研究

第一节 体育教学模式理论与发展

一、体育教学模式的概述

（一）体育教学模式的观念界定和结构

1. 教学模式

教学模式是按照一定原理设计的一种具有相应结构和功能的教学活动模型。教学模式综合考虑了从理论构想到应用技术的一整套策略和方法，是设计、组织和调控教学活动的方法论体系。教学模式在前人成果的基础上将会有新的发展。"教学模式"一词最早是由美国学者乔伊斯和韦尔等人提出的，他们认为教学模式是"试图系统地探讨教育目的、教学策略、课程设计和教材以及社会和心理理论之间的相互影响，以设法考察一系列可以使教师行为模式化的各种可供选择的范型"。

纵而观之，当前国内大致有以下几种观点：结构论、过程论、策略论、方法论等。我们认为，其相同点是都指出了教学模式的稳定性特点，不同点在于一个定义确定教学模式是某种"结构"，一个将其视为某种"方法"。

因此，要揭示教学模式的本质，须从其基本概念"模式"谈起。模式的概念涉及人的两方面行为：一是对事物的稳定的认识，二是对事物的稳定的操作。前者构成认识模式，后者则构成方法模式。所以，认识模式和方法模式才应当是教学模式的两层基本含义。由此可见，教学模式是教学形式与方法的统一体，其中"过程的结构"是"骨骼"，"教学方法体系"则是"肌肉组织"。

2. 体育教学模式

我们把体育教学模式的概念定义如下：体育教学模式是蕴含特定体育教学思想，在特定教学环境下实现其特定功能的有效教学活动结构和框架。教学模式是对教学经验的概括和系统整理，教学实践是教学模式产生的基础，但教学模式不是已有的个别教学经验的简单呈现。同时，教学模式被看作沟通理论与实践的桥梁，既能用来指导教学实践又能为新的教学理论的诞生和发展提供支撑，其在两者中起中介的作用。根据对教学模式的认识可知，与其他学科教学相比，体育教学是一个比较复杂的教学过程。它与学习过程、游戏过程、训练过程等有着密切关系，因此认知的规律、身体锻炼的规律、技能形成的规律、竞赛规律等都是体育教学过程中必须遵循的规律，体育教学模式也必须反映这些方面的特点。

3.体育教学模式的结构

体育教学模式的构成要素主要有五种，详细内容如下：

（1）教学思想。教学思想是构成教学模式的核心因素，也是其灵魂所在，体育教学模式构建时所应具备的理论和思想就是教学思想，也可以理解为，教学模式是需要以教学思想为理论支撑的，不同的教学思想理论会构建不同的教学模式。比如，1980年我国构建的愉快教学模式就是以同时期学生的实际需求为基础的，提高了学生的参与度，激发了他们的参与热情，与此同时，还助于他们养成终身体育的良好习惯。

（2）教学目标。体育教学模式存在的意义就是促进教学目标的完成。倘若没有教学目标，那么体育模式的存在也毫无意义。体育教学模式所能够达到的教学效果是体育教师对某项教学活动在学生身上将产生的效果所做出的预测。体育教学主题的具体编写就是教学目标，教学模式是围绕教学目标存在的，同时教学目标会对教学模式的其他构成要素起到限制的作用。

（3）操作程序。操作程序就是教学活动中的环节和流程。体育教学工作中，按照时间顺序逐次进行的逻辑步骤以及各个步骤的具体执行方法就是操作程序。不管采用何种教学模式，操作程序都具有独特性。此外，操作程序并不是固定存在、毫无变化的，总体而言，它具有相对稳定性。

（4）实现条件。实现条件是对操作程序的补充，它主要就是教学模式中具体使用的方法和策略。实现条件主要有人力、物力、财力三方面的内容。进一步来说，也可以理解为教师与学校、教学内容与时空以及学校所具备的设施设备等。

（5）评价方式。不同的教学模式适应不同的教学目标，并且在使用的程序和条件方面也是不尽相同的。所以，每一种教学模式都有与之相对应的评估准则和方法，并且相对应的评估准则和方法都是独立存在的。在实际的教学过程中，是不会采用完全相同的评判准则的，因为会造成评估结果缺乏合理性和科学性。

（二）体育教学模式的特点和功能

1.体育教学模式的特点

随着体育教学理论研究和教学实践的深入开展，出现了各种各样的体育教学模式。尽管体育教学模式的种类繁多，但它们都具有以下五个基本的特征：

（1）整体性。教学模式是由教学思想、教学目标、操作程序、实现条件、评价五个要素构成的有机整体,必须从整体上把握其理论原理。

(2)简明性。教学模式是简化了的教学结构理论模型,被称为"小型的教学理论"。

(3)操作性。教学模式区别于一般教学理论的重要特点即它的可操作性。

(4)稳定性。体育教学模式的确立实际上标志着新型的体育教学过程结构的确立,既然是结构就必然有相当的稳定性。

(5)开放性。一种教学模式形成以后并不是一成不变了,而是要在实际的操作过程中不断加以修正、补充、完善,使其针对性和应用性更强。

4. 体育教学模式的功能

体育教学模式主要有以下的功能:

(1)中介功能。体育教学模式的"中介"功能是指它既是一定的体育教学指导思想、体育教学相关理论的具体体现,又能为体育教师提供具体的操作程序和操作策略。教学模式是教学理论研究和教学实践之间的一座桥梁。

(2)调节与反馈功能。实践是检验真理的唯一标准,根据具体的教学条件、环境和具体的教学指导思想而安排的体育教学模式最终要受到实践的检验。

(三)体育教学模式的建构特性

近年来,体育教学理论有新的突破性进展,如何对在不同教学思想指导下的各种教学方法、教学策略进行比较、剖析,以及选择适当的教学方法进行教学,从而达到教学效果的最优化成为当今体育教学改革的一项重要任务。建构一种教学模式需要有一定的规范和基本要求。从它的形成过程看,既包括了理论通往实践的具体化过程,也包括了体验通往观念的概括化过程。因此,它既不同于目标和理念,也不同于一般的工作计划。它相对稳定但又变化多端,形成了模式多元化、多样化的局面。

新型体育教学模式的特征:近年来,由于人们对教学模式的普遍关注,在各级各类书刊、杂志上出现了各种各样的体育教学模式,有的还在探索实验阶段,有的甚至只是改头换面地搬用了其他教学模式,这是在教学模式过程研究中不值得提倡的。构建新型体育教学模式体现以下几个方面的特性:

(1)新颖性、独特性。体育教学理论、教学思想是体育教学模式的灵魂。

(2)稳定性、发展性。稳定性是教学模式形成的一个重要标志,对于一个成熟的教学模式而言,都必须有相对稳定的理论框架和操作程序。

(3)多元性、灵活性。多元性、灵活性是当前教学模式研究和发展的一个主要趋势。

因此,在构建新型课堂教学模式时应注重统一性与灵活性相结合,建立多元的新型课堂教学模式。体育教学模式不同于教学方法,它具有一个相对稳定的教学结构。而体育教学模式构建的基本要素在构成体育教学模式中具有不可或缺、不可替代性的特点。

教学模式应至少包括以下几个基本要素：

（1）教学目标。教学目标是教师对教学活动在学生身上所能产生效果的一种预期估计，是进行体育课堂教学设计、进行体育课堂教学活动的出发点和归宿。教学目标既要考虑到学生智力因素的培养，又要考虑到学生非智力因素的培养。

（2）操作程序。成熟的教学模式都有一套相对稳定的操作程序，这是形成教学模式的本质特征之一。设计由易到难，由简到繁，由基础到综合的教学程序，既可以适合不同水平的学生，又能激发学生的体育兴趣。

（3）实施条件。任何一种教学模式都不是万能的，有的适合某一类课型，有的适用于几种不同的课型。不可迷信某一种单一的教学模式，应适当变更、调整教学模式，发挥自己的特长，为己所用。

二、我国新型高校体育教学模式的建构

（一）新型体育教学模式的理论基础

1. 新型体育教学模式的现代课程论基础

教学属于课程中的一部分，所以建立教学模式必须以一定的课程理论为基础。现代体育课程理论基础：

（1）体育课程目标实现多元化。体育课程目标不仅仅把增强体质、提高健康体质作为首要目标，还要注重培养学生体育文化素养，同时强调学生个性和创造力的培养，并主张结合体育课程内容的特点，把道德教育和合作精神的培养融合在体育教学过程之中。在时间上，通过体育课程，不仅要完成学生在学校期间体育知识的传授和技能的培养任务，还要培养学生对体育的能力、兴趣、习惯，为其终身参加体育活动打下基础。

（2）课程内容注重学校体育主体需求。随着社会的发展，学生对体育的需求呈多元化态势。课程内容只有满足了学生需要，才能激发学生兴趣，形成稳定的心理状态，从而实现终身体育。一是要重视传授终身体育所需要的体育知识，主要包括体育基础知识、保健知识、身体锻炼与评价知识等。二是竞技运动项目的教材化。

（3）现代体育课程论与新型体育教学模式。20世纪60年代以来课程理论出现过两次世界性的变革：一是学科中心课程论。二是人本主义课程观。我国体育课程的体质、技能、技术教育思想都是学科中心课程在体育课程中的反映，至今仍影响着体育课程的改革。

①新型体育教学模式的目标取向。教学目标受课程目标影响，没有新的课程目标就不可能有新的教学目标。新型体育教学模式的目标不仅要求有运动技能目标，还有情绪、态度、能力、个性等目标。

②新型体育教学模式的价值取向。重视全体学生全面发展和个性培养相统一。学生发展离不开体育学科内容的学习，学生通过体育学习发展自己。

③新型体育教学模式的教学设计思想。课程的问题中心设计模式是新型体育教学模式设计的模式基础。问题来源于学生的发展需要和教学内容的需要。在教学设计中，要让学习者作为一个完整的个体参与到教学中来，让学习者在解决问题中学习掌握学科内容。

2.新型体育教学模式的现代教学论基础

教学论有许多流派，如探究发现教学理论、情意交往教学理论、认知教学理论、建构教学理论等。下面简要列举一些对建构新型体育教学模式有支撑作用的观点。建构主义教学观认为，教学的目标是充分发展学生的主动性、自主性和创新性，教学目标之一是培养"能够在现实的生活世界中应用知识的能力"。用通俗的话说，就是学会学习，并能调控自己的学习。建构主义与以往的教学理论相比，更加突出表现出了三方面的重心转移：从关注外部输入到关注内部生成，从"个体户"式学习到"社会化"的学习，从"去情境"学习到"情景化"的学习。现代教学理论与新型体育教学模式：综观各个教学理论流派的观点，其共同之处，便是对"主体性"的追求。其中，学生的自主性主要指学生的自我意识与自我能力，包括学生的自尊、自爱、自信、自觉、符合实际的自我判断、积极的自我体验和主动的自我调控等。创造性是学生在主动性和自主性发展到高级阶段的表现，它包括创造的意识、创造的思维和动手实践的能力。教师的教是外因，学生的学是内因，外因通过内因起作用。教学中尊重差异，才能使教育恰到好处地施加于每一个学生，才能发挥学生的主体作用。

（二）新型体育教学模式的性质与设计

1.体育教学模式的基本属性

根据对各种先行研究的归纳，提出体育教学模式的几个基本属性：即理论性、稳定性、直观性和评价性。

（1）理论性。指任何一个比较成熟的体育教学模式都必定反映了某种体育教学指导思想，都是一种体现了某个教学过程理论的教学程序。

（2）稳定性。一个体育教学模式的确立实际上是一个新型的体育教学过程结构的确立，既然是结构，就必然有相当的稳定性。

（3）直观性。直观性也可称为可操作性，任何一个新体育教学模式的建立都意味着它和以往的任何体育教学模式是不同的。这就使人们可以根据其特定的教学环节和独特的教程安排来判断其是不是属于此种教学模式。

（4）可评价性。所谓可评价性是指任何一个相对成熟的教学模式的确定，必有着与其整个过程相应的评价方法体系。因此，任何一个教学模式都应可以对实施这个教学模式的教师给予明确的教学评价，这不仅是对该教师教学模式理解程度的评价，也是对教师参与、认识和学习能力进行系统评价。

2. 新型体育教学主导模式的设计思想

在实践中可以发现，发挥学生主体性的教学，特别是自我意识的形成，总是从他控到自控，从不自觉到自觉，从缓慢提高到自我监控的飞跃。在学习过程中，教师应引导学生学会树立自己明确的可行的学习目标，帮助学生制订切实可行的学习计划，反馈和调整计划的行为使之成为自觉，并创造条件提高学生自我检查和评价的能力。

新型体育教学模式应具备如下特征：

（1）在教学指导思想上，将把社会需要的体育和青少年儿童需要的体育结合起来，以实现体育教学中满足社会需要与促进学生个性发展的和谐统一。

（2）在教学目标上，将围绕着21世纪对人才培养的需求、青少年儿童身心特点等，加强对学生能力的培养。

（3）教学程序中，逐步融入运动系统论论的思想，让学生充分体验运动学习中的乐趣；引导学生充分理解和参与学习过程；改变过去教师规一化、统一化、被动性、机械性的做法；在教学方法上，以主体性教学观为视野，提供个别化和个性化的教学方法；在教学评价上，将以学生生动活泼的学习、个性充分发展、兴趣习惯能力养成、主要学习目标的达成等目的为基准。

（三）体育教学模式整体优化研究

1. 体育教学模式整体优化的原理和原则

系统科学整体优化原理：按照系统科学理论的思想和观点，任何事物、过程并不是各自孤立和杂乱无章的偶然堆砌，而是一个由各个部分组成的合乎规律的有机整体，而且它的整体功能要大于各部分功能之和。

体育教学模式整体优化的原则：

（1）整体性原则。用整体的观点考察体育教学模式，有助于我们在教学实践中科学地把握体育教学模式的结构和活动环节。

（2）综合性原则。体育教学内容的执行和体育教学目标的实现均建立在优选的体育教学模式基础上才能完成。

2. 体育教学模式整体优化的内容

影响体育教学模式结构的因素很多，包括教学思想、教学内容、教学程序、教学方法、教学条件等因素。在诸多的因素中选择了教学内容作为逻辑起点与突破口，并对多元体育教学模式进行优化。

（1）根据不同教学思想优化体育教学模式。体育教学思想是制定体育教学模式的灵魂，不同的体育教学思想赋予了具体教学模式生命力，使教学模式有了明确的方向盘，以最终去完成它预期的目标。为使教学思想条理化，明确化，使之从整体上符合学校体育指导思想的大方向，可以根据教材内容的不同性质，把它分类为精细教学型内容、介绍型内容。

因此，这类教材的教学模式应选择情感体验类模式和体能训练类模式为主，让学生在无技术难度的宽松条件下，一方面提高身体素质，加大运动负荷，可选择训练式教学模式、自练式教学模式等；另一方面通过快乐学习、成功学习，体验运动的乐趣，可选择快乐体育教学模式、成功体育教学模式等。

（2）根据单元教学不同阶段优化体育教学模式。在精细教学类内容中，大纲规定了各个项目的学时，以确保各个运动项目单元教学任务的完成，并使学生能熟练掌握几项运动技能。在单元练习的最后一个阶段中，由于学生基本掌握所学的运动技能，故应进一步重复练习和巩固，并注意动作的细节问题，因而在此阶段应以选择能力培养模式为主。

（3）根据不同的外部教学条件优化体育教学模式。体育教学的条件分为两类：第一，一些固定的硬件；第二，不固定的硬软件。

（4）根据学生基础优化体育教学模式。教师是教学活动的主导，学生是教学活动的主体，主导与主体因素构成了体育教学活动的主要因素，因而在选用教学模式时，也要考虑到师生的具体情况、具体特点。

第二节 体育合作学习教学模式

一、合作学习教学模式概述

（1）合作学习教学模式的概念及原则

1. 概念

合作教学是一种与权力主义、强迫命令的教学观相对立的新的教学观。它是由当代格鲁吉亚杰出的儿童心理学家、教育家阿莫纳什维利提出的。合作教学实验的显著特点是从尊重儿童的人格与个性出发，建立新型的师生关系，将学生在游戏中固有的自由选择和全身心投入的心态迁移至教学过程中去，从而在师生真诚的合作中实现教学目的。

体育合作学习模式是在教学理论和实践中发展形成的、用以组织和实施具体教学过程的、相对系统稳定的一组策略或方法。体育教学模式是体现一定教学思想，并具有相对稳定的教学过程结构和教学方法体系的教学程序。合作学习是两个或者多个个体为了实现共同的教学目标而结合在一起的，在小集体范围内进行思维碰撞、相互质疑、辩驳，从而取得共识、获得知识、发展思维、培养能力的一种学习模式。体育合作学习教学模式是指在教师的指导和学生的参与下，运用运动的手段，利用适宜的条件，创造一种较为复杂的运动环境，使学生通过个人的努力或与同伴进行合作学习，克服困难，完成任务，促进学生交流与协作意识双重发展的一种教学形式。

2. 基本原理

（1）教学过程的发展性原理。合作教学认为，每个学生都具有无限的潜力和可塑性，教学能最大限度地发挥儿童的潜能。

（2）教育过程的人性化原理。合作教学提出教师要做到以下三方面以保证人性化的贯彻与实施：第一，热爱学生；第二，使学生的生活环境合乎人性；第三，在学生身上重温自己的童年。

（3）教学过程的整体化原理。教学过程就是要发挥学生的自然力与生命力。

（4）教学过程的合作化原理。在现实社会中，常常会发生学生希望成长，但也想玩；愿意学习，但不想失去自由的现象。因此教师就要做到与儿童合作并从儿童的立场出发组织教学。

3. 方法

合作教学需要有一种能激发儿童兴趣的师生关系和一套能鼓励儿童自愿参加教学活动的方法。具体方法如下：

（1）教会学生思考。教学中，教师可以在学生面前一边出声的思考，一边解题，让学生耳闻目睹教师的思维和解题过程；或教师应该鼓励学生怀疑、反驳、论证此课题。

（2）"夺取"知识。合作教学认为，教师不应把知识填入学生的头脑，而应当与教师"夺取"知识，并在这种"搏斗"中体会成功的快乐。

（3）充分利用黑板，合作教学认为板书是师生双方交流的主要手段。

（4）说悄悄话。说悄悄话是课堂提问的一种特殊方法。不论答案对与错，都由教师给予奖励、安慰等评语，有利于保护儿童的积极性与自尊心。

（5）由学生当老师。合作教学认为，教师应当像演员一样，在教学中与学生一起做游戏，使儿童感到自己从事的是自己愿意干的重要事情。

4. 体育合作学习的心理分析

苏联教育家霍姆林斯基曾说"没有这种自我肯定的体验，就不可能有对知识的真正兴趣"。在体育合作学习中，每个学生既充当学习者，又担当教师角色，每个学生在此过程中均有表现的机会，个人成就感和表现欲得到了一定满足。这种良好的学习体验会形成一种良好的心理感应，进一步激发学生的学习兴趣和求知欲望，并由此强化小组间的凝聚力，形成学生小组间踊跃参与的合作行为。从学生的体育学习心理看，大多数学生喜欢在宽松、有序的环境下从事体育活动，体育教学应该尊重学生这一心理特征，并为学生自主学习创设宽松、自由的学习环境，以培养学生体育学习上的组织能力，从而实现由"要我学"到"我要学"的转变。

5. 体育合作学习模式的误区

体育课堂学习中学生之间的交流与协作，是集互动条件的共同利益与群体智力的合作和情感连锁反应。任何形式的体育合作学习教学模式都是有具体的、明确的小组和个人教学目标的，都是为完成集体和个人目标而设定的，也都是围绕着各类目标的达成而展开的。许多教师认为，体育合作学习教学模式与传统教学仅仅是在教学形式上不同。搞体育合作学习教学模式，不过是把学生重新编组，把学生分成一些小组，然后把原来的全班体育教学改为小组体育教学而已。这种简单化的想法常常导致许多教师按照原来的方式进行体育教学，这成为体育合作学习教学模式流于形式的一个主要原因。

（二）合作教学模式的理论依据

人本主义教育思想。以马斯洛为代表的人本主义心理学所主张的教育思想，对当代学校教育产生了广泛的影响。它强调"以人为本""以学生发展为中心"，重视人的个性需要、价值观、情感、动机的满足，从满足主体生存需要的角度来发展学生的潜能。

人本主义教育思想在学科教学中体现的就是主体性教学思想，在教学过程中充分发挥学生主体作用，最大限度地调动学生的自觉性、积极性、创造性。体育是"人"的体育，是人类文化的积淀，也是人类精神的乐园。体育学习是学习者认识自我这个主体，尤其是对自我身体运动的认识，主动变革其身心的特殊的认识和实践过程。

学校体育是为终身体育奠定基础的体育思想：该思想强调学校体育要为人们的终身体育服务，要为终身体育打好身体、技能和兴趣与习惯等基础，学会自主学习和锻炼，具有自主学习、自主锻炼和自主评价的能力等等。认为运动兴趣和习惯是促进学生自主学习体育和终身坚持体育锻炼的基础，体育教学应基于参加者的需要、兴趣等。因此，培养学生的自我体育意识是实现终身体育的核心问题。无论有无他人的协助，一个人或几个人都能主动地诊断自己的学习需求，建立学习指标，确认学习所需要的资源，并评价学习成果，这种方式便是自主学习。

合作学习是指在自主学习的基础上，学生在小组或团队中为完成共同的任务，有明确的责任分工的互助性学习，通过合作可以产生更多的灵感，获取更大的收益，得到更好的体验。体育学习正需要自主、合作的学习方式，由于学生存在着身体、技能、兴趣和爱好等异同，体育教学应给学生更多的自主、合作学习的机会，让学生学会自主地、生动活泼地与同伴合作学练体育，最终达成学习目标。

学生的学习是被教师承包的，教师从备课，上课到布置作业全都是教师根据自己设想的如何教而设计的，设计的思想及动机学生一概不知，学生就是被动观察、模仿、训练或练习，他们越来越没有激情，越来越依赖教师，离不开教师。因此，要让学生做自己学习的主人，学会自主合作学练体育，就必须有一种适合自主合作学习的教学模式，使学生把握自己的学习，而不是由于教师驾驭学生的学习。构建的方法：依据人本主义教育思想、终身体育思想和自主、合作学习理念，我们运用演绎法建构了自主—合作体育教学模式的过程框架，然后通过在高校公共体育课和高中体育课教学中进行试验、修正，并逐步完成体育教学模式的构建。

二、合作体育教学模式运用与检验

（一）适用范围与教学原则

1. 适用范围

我们认为自主—合作体育教学模式需要学生具有较强的自我控制和自我管理的能力，根据体育教学要适应学生身心发展规律，我们利用自身教学的有利条件，在高校公共体育课和中学体育课教学中进行了实践，确定了自主—合作体育教学模式最适合的范围是高中生和大学生体育课。

2. 教学原则

教学原则是保证教学效果的基本要求，运用自主—合作体育教学模式。除了应遵循一般的体育教学原则外，还应把握以下原则：

（1）自主性原则。教师应尽量设法提高学生学习的自主性。

（2）情感性原则。自主—合作体育教学模式更应重视情感教学，教师富有人情味的教学可以促使学生更自觉地趋向学习目标。

（3）问题性原则。教学必须带着问题走近学生，问题设计要针对学生的实际，要科学地动用教育学、心理学的理论分析课堂教学的各组成因素。

（4）开放性原则。主要包括三个方面，一是课堂教学形式要有开放性；二是课堂问题设计要有开放性；三是由点到面，由此及彼去解决学习问题。

3. 运用自主—合作体育教学模式应注意的问题

（1）教师要有足够的耐心和勇气。刚开始运用不懂得如何进行自主学习、合作学习，表现出茫然、不知所措、不适应这种教学模式，这是很正常的。教师的耐心就表现在教师要敢于"浪费"时间，以足够的耐心和勇气指导学生逐渐学会自主、合作学练体育。

（2）关注学生已有的经验，重视问题情境的创设。学生的已有经验是影响自主合作学习的重要因素之一。一般地说，上课伊始应创设一些与学生已有经验相近的"问题"或"情境"走近学生，进行一些相对简单的身体活动、思维活动，再把"问题"

不断引向深入，促使学生在练习中思考。

（3）精选和改造教材内容，激发学生学习兴趣。因此，如何精选和改造教材内容以激发学生学习兴趣，需要任课教师下大功夫去研究。

（4）学会做一个积极的观望者，适时适当地介入学生的活动。自主合作体育教学模式强调的是学生自主学习、合作学习，但"自主"不等于教师不引导，不参与。因此，教师如何做一个积极的"观望者"，适时适当地介入和指导学生的活动，既不能过多地干扰学生的学习过程，又要能在学生需要指导和帮助时发挥作用，这是非常重要的。

（二）合作体育教学模式的意义

首先，"合作学习教学模式"以尊重的教育理念为指导思想，符合现代教学理论的基本要求，其实验研究从时代特征和学生的特点出发，具有一定的现实意义。其次，"合作学习教学模式"有效地利用系统内部的互动，使教学资源得到开发和利用，提高了学生的参与意识。改变以往传统教学中"讲解练习"的教学模式，利用组内成员的互帮互学，可以使学生产生愉快的心理体验，从而养成终身锻炼身体的习惯。"合作学习教学模式"鼓励学生一起去达到目标，增加同学之间的交往，有效利用竞争与合作，以培养学生的集体责任感和荣誉感。构建大学体育"自主探求、学教互动"能力型教学模式是大学体育课程特殊性的要求。大学体育"自主探求、学教互动"能力型教学模式充分体现了"以学生为主体，以教师为主导"教育理念，是学生主体与教师主导的相互作用而建立起来的稳定的教学活动程序。以体育俱乐部制为组织形式，以小组或团队合作为学习方式，以运动态度为重点的体育形成性考核方法是实现大学体育"自主探求、学教互动"能力型教学模式的基本形式。

三、高校排球课程实施体育合作学习模式改革

（一）有利于发挥学生学习排球的积极性和主动性

传统排球课程教学模式是以教师为主体，教授学生颠球、传球、发球、扣球的基本技术，其教学过程属于被动的信息传递过程，多为模仿能力的操练，形式陈旧、呆板，课堂气氛沉闷，学生的积极性和主动性得不到发挥。相反，体育合作学习方式尊重学生的主体地位，教学过程中更重视师生、生生之间的多向交流，这对学生树立自主学习理念，提高练习效果具有深刻的积极影响。排球课程教学过程更是包含着集体合作的因素，在教学中实施合作学习，培养学生的合作意识和能力，显得尤其重要。

首先，由于不能完全依赖教师，所以学生必须不断通过自我努力才能够完成学习任务，这就促使其学习态度由被动接受转向主动探索；其次，合作学习以每组集体成绩作为考核标准的评价方法，对每个组员都是一种压力，集体荣誉感和担任"小先生"

的责任感，鞭策和激励着学生；第三，人人不计落后、不敢懈怠，无论课前查阅资料，课堂上观看示范，还是听教师讲解，都格外专注，练习时也非常投入，相互间讨论、交流增多，课堂气氛活跃，形成了良好的学习氛围。

2. 体育合作学习方式有利于培养学生的团队精神

当今社会大学生在校期间合作意识与合作能力的培养变得越来越重要，已成为其将来社会生存与个人发展的关键影响因素。体育合作学习方式则为学生树立团队理念、有效培养合作意识与合作能力提供了极好的机会。在高校排球课程教学过程中建立组内共同探讨与组间竞争的学习形式，使学生体验到个人和集体之间保持紧密关系的重要，仅仅自己努力是远远不够的，还必须时刻关心和帮助组内同伴，齐心协力才能达到共同提高的目的。学生在这个过程中学会与人交流和相处，逐步巩固合作意识，演练合作方法体验合作快乐，提高合作能力。

3. 有利于形成终身体育的习惯和能力

现代的课堂教学是以教材为中介，通过教师教的活动和学生学的活动的相互作用，使学生获得知识、技能、发展能力、形成良好的个性品质。这其中更多的是强调学生的学，因为教育目标的实现最后体现在学生身上，并且要通过学生的活动才能实现。在教学活动中，学生处于学习的主体地位，教学内容、教学手段和教学方法都必须符合学生的学习规律。

体育合作学习不但能促进学生的学业成绩，而且能培养健康的心理，能提高学生学习的独立性，为学生提供了学会学习的平台，并给予学生更多的权利和自由。

大学生正处于思维活跃的黄金年龄，如果在课堂教学中能有意识地构建这样一个符合学生特点的合作学习的方式，使每位学生都能在有限的合作时空里全员参与，那么不仅能有助于增强学生的合作意识，还能为学生获得终身体育学习的能力奠定基础。

（二）高校排球课程实施体育合作学习的基本模式

1. 体育合作学习的基本内容

高校排球课程选项班进行体育合作学习的基本内容是分为多个单元的学习小组，每组6~8人，组员过少不利学习氛围形成，过多则难以统一学习观点。分组方法以"组内异质、组间同质"的形式划分。所谓"组内异质、组间同质"是指学习小组在结构上体现班级的差距，以保证组内各成员之间的差异互补性，使学生参与意识和合作精神更能发挥；"组间同质"是指班级内的小组间总体水平基本一致，使教学效果评估更具真实性。体育合作学习教学模式使用应先注意分组的质量，根据教学目标，选择适宜的分组条件进行分组是提高体育教学质量的重要一环。

小组的"组长"是组织小组学习体育技能的关键，小组长不仅是领导，还对群体内、外关系的处理起着"举足轻重"的作用。在分组时还要注重组间平衡，在教师的指导下，教师与学生之间，同组学生与学生之间，小集团与小集团之间通过运动，相互切磋与观摩，从而提高教学效率。在这里，体育教学的分组既是坚持从实际出发原则所采取的组织措施，也是小组合作教学模式学习的基本形式。

2. 体育合作学习的教学基本模式

首先，在进行排球课程教学单元前的几次课中，以教师指导小组学习为主，随着小组学员凝聚力增强和对学习内容的初步掌握，再向以学生为主体的小组学习形式过渡，然后学生针对学习内容进行自学、自练和自主交流，教师给予指导，并组织小组间循环比赛、讲评和总结。

其次，在教学方法上，将传统的讲解示范、练习和纠正教学方法与小组讨论、小组互学方法相结合推进教学模式实施。小组讨论法是针对教学中的重点和难点问题，在教师启发下开展组内学生交流共同解决；小组互学法是针对学习中存在的个别问题通过组员之间互教互学加以解决。

再次，在教学程序上，如在进行排球正面双手垫球基本技术的知识教学和技能练习时，将学生分成6~8人一组，小组中设组长、记录员、统计员、监督员等职位，明确职责，要求对本组及其成员的练习进行组织、记录和统计。学生在练习中充当不同的角色并适时进行轮换，先由两名学生做对垫球练习，一名学生评判并给予反馈，一名学生记录，一名学生帮助捡球，练习4~6次后，进行角色互换，最后教师通过对比各小组练习的记录情况，对完成任务的小组和超过上次课的练习成绩的小组进行奖励。课后安排的复习内容要按教师课前确定的时间、顺序，以小组为单位，以互相合作为主要方式，小组内学生合理分工，通过查阅资料、观看视频、组内学练，每2周进行1次组间基本技术竞赛，只记小组集体成绩。教师则通过参与课程的组织和管理，对学生的合作学习过程起指导和引导的作用。

3. 体育合作学习的教学评价

我国当前高等学校体育课程评价比较注重终结性评价，由于这种方法是在单元或阶段学习结束时进行的，因而失去了评价的有效反馈功能，对激励学生学习、提高学习效果以及帮助教师改进教学意义不大。而体育合作学习的教学评价是在传统体育教学单纯追求运动技术成绩化的基础上，与学校素质教育发展需要结合起来，透过学生运动成绩的表象，将运动技术、体能发展、身心健康水平和参与能力等综合内容作为评价依据，这种评价方法注重诊断性评价，因而更具客观性和科学性，能够使学生对自己有正确的认识，增强学习信心，并且促进自我发展目标的实现。

在排球课程日常教学中，使用诊断性评价可以通过抽查不同小组学生对其测试（遇到问题，小组需进行再讨论）或根据小组竞赛的情况教师获得学生学习状况的信息并就存在的问题做补救性教学，以求当堂完成教学目标。对每次课各小组的学习情况做简单的小结和评价。学生对运动技术学习和掌握程度是评价教学效果的重要依据，它既反映了教学理论的科学性，也体现教学实践的真实性。

第三节 多媒体网络体育教学模式

一、高校体育多媒体网络教学的组成

与其他学科相比，体育教学也是一项教育活动，需要师生双方的互动，老师发挥辅导作用，以学生为主体的有针对、有目标地学习知识或技能。然而体育教学也有其他特点，即体育活动课是基于老师和学生的思维，通过身体锻炼实现传播知识技能的学习目的。根据该特征，能够有效运用多媒体技术发挥网络教学的长处，打破传统教学的限制，推动体育教学的网络化，并建立一个成熟的多媒体网络教学模式。高校体育多媒体网络教学大致由如下几元素构成。

（一）教学目的

所有教学的开展都是以教学目的为依据，网络教学也不例外，也要实现制定的教育目的，其也是高校体育多媒体网络平价的发展方向。结合目前国内教育部制定的政策方针，高校体育教学目的是传播体育锻炼、运动技巧及保健知识，鼓励学生通过体育运动强身健体、提高身体素质，形成坚忍不拔的运动精神。当然，该目的在多媒体网络教学实施中发挥重要意义。

（二）基本网络环境

基本网络环境是高校体育多媒体网络教学开展的重要条件，而网络教学的实施受到局域网、校内网络和各硬件支持的直接影响。和原有体育教学模式对比，稳定的网络环境是体育网络教学实施的重要保障，某种程度彰显了网络教学模式的独特之处。

（三）人机间的关系

人机间的关系是高校体育网络教学的核心组成，前者指体育老师和学生，后者指硬件设备或软件设备等，人机关系分为师生间关系、师生和网络间关系两种。在网络教学中，老师、学生、计算机构成特别的三角关系，在该教学模式下，师生借助网络这个媒介进行教学互动。和传统教学模式相比，不再是师生面对面教学的形式，体育老师将课程资料借助网络传到教学平台上，学生只需浏览网页进行网络课程学习。除此之外，因为各区域、各高等院校、各体育老师对相同专业理论的理解、讲解方式不同，但同时将其课程内容传输至服务器上，如此学生有多种教学风格可供选择，从而强化高校学生对体育知识的了解。

二、高校体育多媒体网络教学的特点

（一）实时远程教学

至今为止，许多高等院校网络教学都实现了实时远程教学，其创建网络虚拟课堂，师生借助摄像、话筒等互相交流沟通，基本类似于教室课堂。

（二）自主选择教学内来

在体育教学网络平台上，课程视频是主要教学资源之一，学生通过个人设备浏览网页，结合自身学习需求自主选择教学课程视频。该系统的数据库服务器中存放着大量不同格式的教学视频，使用者可结合个人设备支持格式选择下载对应格式的教学视频，并且网页上还包括互动交流、疑难解答、水平测试等多种功能。

（三）Web课件教学资源形式

Web教学课件包含文字、图像等多媒体教学资源，检索方式简单，易于学生自主个性学习。而且该形式的针对对象是非实时应用系统，硬件设备标准的需求不高，学生可随时随地联网登录Web服务器，进行课程学习等活动。该形式比较适合通用型、自主型的远程教学运用。

（四）Think-Quest网络教学模式

随着网络教学的普遍化，各种网络学习模式也比比皆是。Think-Quest是目前比较成熟的、任务驱动的网络学习模式，在西方国家已被广泛运用。该网络模式为用户指定了创建主题教育网站的任务，用户需要运用相关资源建立网站，同时利用一些网站创建工具构建网站框架，其本质是学习过程。另外，用户创建的网页也可看作学习资料为其他用户借鉴。随着网络在教学过程中的使用更加频繁，基于网络的学习模式也是层出不穷。这种学习模式给参与者提供了建立一个关于某个主题的教育网站的任务，参与者必须利用网络的和非网络的资源来充实网站的内容，并且还要运用各种网站建设工具来完成网站的构架，美化网页的形式，这本身就是一个学习的过程。另外，设计者建立的网页也可以被其他的学习者所利用，作为他们学习的资源。

三、多媒体网络教学平台在高校体育教学中的应用

（一）基础架构

现代多媒体网络教学平台大多基于B/S模式，B/S模式具备以下几点优势：用户浏览界面采取的是常规的网页浏览器，存储着许多应用程序，用户可根据自我需求自行下载；平台容易控制维护，由于用户不需要专用软件，所以在更新网络应用的时候，

只要升级 Server 中的软件既可；该模式拓展性、创新性较高，其采取通用 TCP/IP 通信协议，高校可结合实际需求升级完善多媒体网络教学系统。

（二）工作原理

该教学平台的基本工作原理是师生登录浏览界面对体育网络教学平台进行访问，学生借助电脑、平板等设备实现浏览器和服务器的连接，可自主学习体育课程、搜索体育信息资料、随时与老师交流体育锻炼心得、存储管理个人体育信息等。而该系统管理人员和高校体育老师可借助浏览器更换修改服务器中存储的资料信息，保证体育教学课程的时时更新，并且解决学生体育方面的问题和困难，同时实时引导学生正确体育锻炼。

事实上，该系统的服务器包括网页服务器、数据库服务器两部分，前者存储平台运行的应用软件，实现用户需求功能操作，负责接受用户需求指令，同时转变成数据库识别指令后传输至数据库服务器，最后将处理结果再以网页形式传输至浏览页面上，使用者可获得所需信息资源。由此可见，数据库服务器中存储着大量数据和相关的指令处理软件，其按照前者传输的指令进行相关处理，最后再将处理结果反馈至 Web 服务器。

（三）优点和长处

（1）多媒体网络教学系统使体育教学课程公开化、直接化。借助多媒体技术实现视频的慢放、制作体育动画视频，让高校学生快速学习体育教学课程，并激发学生体育运动的乐趣。

（2）多媒体网络教学系统实现体育教学中师生之间的双向沟通。表 5-1 表现了传统模式下和基于多媒体网络教学系统模式下师生相互沟通情况对比。

（3）多媒体网络教学系统为学生创建自主学习环境。高校学生可自由选择学习该系统存储的所有教学资源信息，打破了传统体育教学的局限性，发挥学生在教学过程中的主体地位。

（4）多媒体网络教学系统保障了高等院校体育教学资源的开放化。该系统的引进促使高校体育教学资源开放化的改革，存储了全球各高校、图书馆等众多体育资料信息。

（5）多媒体网络教学系统对高校体育老师教学效果有强化作用。通常来讲，高校体育教学效果受老师体育专业素养、年纪性别等因素的影响。该系统的引进使体育教学更规范、更有效，从而确保高校学生受到最专业的体育运动教学。

（6）多媒体网络教学系统突破高校体育教学的地域限制。结合该系统实现的资源共享，可加强各高等院校之间的互动交流，通过该系统的实时交流功能，可为高校学生提供与体育运动专家直接交流的机会。借助该系统的远程教学功能，可为学生提供远程体育课程学习。除此之外，不同地域的学生可进行实时交流、体育运动讨论。

第四节　体育翻转课堂教学模式

一、翻转课堂教学模式概述

近几年，翻转课堂已成为国内外教育专家及学者研究的热点。这种模式让学生在课前通过观看教学视频或课件等方式的学习资源，通过课堂师生互动讨论解决问题，课后反馈总结评价。翻转课堂是一种全新的"混合式学习方式"。实践证明，翻转课堂在激发学生兴趣、提高考试成绩和提升教师工作满意度方面都有促进作用。随着我国高校体育教学改革的不断深入，旧有的体育教学模式已不适应未来社会发展对人才的需求，体育教学模式也在不断得到创新和研究。体育教学作为一门实践性很强的课程，与其他学科相比具有特殊的专业特点。

翻转课堂教学模式的出现正好为体育教学模式的构建提供了一个思路。随着教育信息化的发展、教学理念的更新，教学手段与教学方法也越来越多样。例如，近年越来越受教育工作者和学习者青睐的翻转课堂教学模式。在翻转课堂中，教师根据学生在线学习的情况，因人而异地对学生实施个性化教学。基于翻转课堂的教学资源更不受教师、学生和学习时空的限制，能极大实现对有限教学资源的高效利用，使学生可以在线感受名家名师的授课，从而提高课程教学效率和质量。翻转课堂教学模式越来越受到广大教育工作者普遍关注和日益重视。

（一）翻转课堂教学模式的理论依据及目标原则

教学模式是在教学思想和教学理论指导以及一定的教学理念的引导下建立起来的各类教学活动的基本结构或框架，通常包括理论依据、教学目标和原则、教学与学习程序、实现条件与教学资源、教学效果评价等要素，在理论依据方面，以翻转课堂"先学后教"思想为基础，重视教学活动中学生的主体性和学生对教学的参与。依据大学体育教学的特点，尤其斯金纳操作性条件反射的训练心理学，通过视频学习一边吸收理解联系，不懂的内容在视频中可以回顾，从实践强化到学习掌握的过程，这样反复的循环过程塑造有效行为目标。

在教学目标和原则方面，学体育教学主要目标是巩固和提高大学生在中小学体育教育阶段构建的体育锻炼思想、习惯和能力，从而更好地引导和教育学生主动、积极、科学地锻炼身体，掌握现代体育科学中的基本知识与技能，教学与学习程序方面，以优质视频资源和交互学习社区为基础的基于MOOC翻转课堂体育教学模式的基本教学程序可以设计为预习教学内容，并有针对性地观看教学视频讲解、示范，激发学习动机、发现学习问题，课堂讲授新课，接受教师、同伴评价，通过拓展资源完善、扩展知识与技能结构，通过反复练习实践加深理解和加强训练效果。

从实现条件与教学资源来看，近年来高速发展的 MOOC 平台和互联网的普及为翻转课堂体育教学模式提供了良好的实施条件，因此需要教师根据课程与教学内容自己设计与制作，其基本内容可以包括教学内容和动作演示讲解视频、理解性的练习、实践性的课余训练活动、实践训练的摄像记录视频、专题性的研讨问题等一系列问题。教学效果与评价：基于 MOOC 的翻转课堂体育教学模式的实施对激发学生学习体育的兴趣，培养学生自主学习、发现、分析、解决和问题的等综合能力，以及适应社会发展的自主学习能力和相互合作能力的培养具有积极作用。

教师要及时掌握反馈信息并根据所获情况进行适当引导，鼓励并充分调动学生的学习积极性，因材施教地针对不同学生进行讲解和教学。对学生的评价也应该注意大学体育教学不同于其他文化课程，不能简单地以考试成绩作为其学习好坏的衡量标准，"健康第一"作为学校体育教育的指导思想，必须要把"健康"标准贯彻到体育考试环节。指导学生加强体育教育认识，养成体育锻炼习惯，并构建与体育教育目标相适应的人性化测试。

（二）实施翻转课堂的意义

1. 翻转课堂的内涵与发展

翻转课堂出现在 2007 年前后，是将课堂中的一组知识简单制作成教学视频发布到网络上，让学生在家里看视频，目的是为了解决部分学生因缺课跟不上教学进度的问题。可以说这样的上课形式颠覆了传统的教学模式，能够充分调动学生的主观能动性。这种全新的教学模式由美国科罗拉多州的化学老师乔纳森·伯尔曼和亚伦·萨姆斯最先在课堂教学中使用。但翻转课堂的兴起与发展则源于"可汗学院"的出现。

在翻转课堂教学模式逐步普及的过程中，各国的教育工作者也根据本国的实情对其内涵和实施过程进行了拓展、延伸与发展。这也是翻转课堂开创者乔纳森·伯尔曼和亚伦·萨姆斯最为关注的。他们认为这有利于激发学生潜在的求知欲望，发展学生深层次认知能力，实现教师与学生之间、学生与学生之间的实时交流与互动。

2. 在大学体育教学中实施翻转课堂教学模式的意义

学校体育工作的中心是体育教学，而体育教学又包括体育理论知识教学和体育实践教学两部分。体育实践既是大学体育教育的重要组成部分，是激发学生热爱体育的直接方法，也是体育理论检验的基本手段，更是体育教育目标实现的关键要素。

对传统体育理论课教学理念的误解和大学课堂时数的限制以及大学体育教师在课堂教学上表现手法的缺失，种种原因造就了目前大学体育理论课堂教学的尴尬地位。一方面，这样的教学过程方法单调，内容也相对陈旧而且缺乏新意。另一方面，不能因材施教，对悟性较高的学生且熟悉的讲解、示范，他们会感到乏味，这必然会导致部分学生掉队，部分学生却出现"吃不饱"、难以激发学生学习兴趣的现象。首先，翻转课堂突破了传统课堂时空和固定教师的限制，解决了一些学生由于某些原因不能接受课堂教育，或者不能及时领悟课堂教学内容的问题；其次，翻转课堂构造的学习社区加强了教师、学生、教学内容和教学、学习资源之间的相互作用、相互联系；第三，在翻转课堂中，教学过程基本上能够实现教学中倡导的因材施教与分层次教学，学生能充分发挥其在学习过程中的主观能动性和得到具有针对性的指导，有效地提升了课堂互动的数量与质量。正因为翻转课堂的这些优势与特征，基于翻转课堂的体育教学模式能够较好地解决由于教学时间限制、教学资源有限的问题，并解决课堂教学中掉队和"吃不饱"学生两方面的问题，也为终身体育教育思想的贯彻提供了保障。

二、翻转课堂教学模式应用与实践

（一）翻转课堂的模式构建

体育教学翻转模式的构件与一般翻转课堂模式相似，包括课前学习资源的制作准备、学生自主学习、课中知识内化、课后总结评价几个阶段。

1. 课前学习资源准备阶段

教学目标是教学活动的实施方向和预期达成的结果，是一切教学活动的出发点和最终归宿。在课前，教师根据教学大纲、计划明确教学目标和任务。在教学过程中不断修正新的教学目标，使课前、课中、课后形成一个完整的、协调的、相互联系的整体三维目标。通过信息技术将技术动作的概念、要领、方法及技术原理等制成演示文稿。

综合利用演示文稿和视频等手段将教学内容形象地表现出来，按照教学步骤和程序制成学习资源上传网络平台。同时，要注意翻转课堂教学内容的体系要完整，组织结构要合理，要根据学生的认知水平和要求，选择恰当的教学素材，并根据教学内容的结构特点进行合理的加工和处理。

对于示范动作难度比较大或难以直接进行分解示范的动作，可以通过二维或三维动画技术并辅以用力方向、用力大小、运动轨迹等图示及文字说明，将其生动具体地展示出来。比如，在背越式跳高过杆教学中，人体在过杆时所做出的"背弓"动作，在实际教学过程中无法在杆上做出静止示范动作，也无法更直观地展示，但通过视频的加工处理，配以"箭头"表示力的方向及文字说明，就会使教学视频更直观、更清晰。依据教学单元的计划安排，由浅入深、由易到难地合理组织每个教学环节，让学习者在不浪费大量时间的前提下，学习掌握理论知识。

翻转课堂教学模式需要学生具有自主学习、发现问题和解决问题的能力，更需要学生积极主动地参与到课前新知识的学习中来。对技术动作概念、要领、方法及技术原理等理论知识进行学习，通过对知识的理解，借助想象法对技术动作有一个大概的理解和认识。学习过程中，要主动发挥发现问题和解决问题的能力，及时发现疑难问题，通过查阅网络资料解决一切力所能及的问题。对于课前学生对学习新技术动作的渴望和热情，不可避免地会出现有些学生积极主动地去练习。为避免缺乏体育教师的检查和指导，出现错误动作形成错误动作动力定型，要求学生在自行练习中要适当，以小组和结伴的形式进行。在充分观看了解教学视频示范动作的前提下，检查指导，锻炼和培养发现问题和纠错的能力。对于一些较难掌握的技术动作，通过"虚拟系统"不断的练习，帮助学生提高对技术动作的理解和认识，也能够保证在场地器材难以满足的情况下进行练习。

2. 课中知识内化阶段

课中应是学生提出问题、教师答疑解惑，并通过具体的身体练习形成运动技能，使知识内化的阶段。通过课堂学生间的讨论和教师交流互动，解决遗留的疑难问题。课堂上，教师放置好数码摄像机，对教学过程进行全程摄像。按照问题提出的类型或按兴趣、伙伴朋友关系、基础和水平、性格等进行分组讨论和交流。针对探究活动，要创造性地设计好、组织好课堂探究和课堂讨论，引寻学生在对话交流和合作中发展自我。对难以解决的问题，鉴于学生通过课前学习对学习内容有了一定掌握和理解，能够形成正确的思维，教师要辅以提示帮助，以便使学生更容易解决。待解决完学生课前所遇到的疑难问题后，按学生运动技术水平进行分组，实施分层教学，区别对待。同时，引导学生积极展开思考，探寻错误动作产生的原因，让学生纠错的同时，理解错误动作产生的原因。另外，对运动技术掌握较好的同学，可以指导其尝试进行讲解示范，使学生在练习中不但会做而且会教，打破传统体育教学中只追求运动技能形成的单一模式。练习结束后，教师带领大家讨论在练习过程中遇到的问题和练习心得，总结课堂练习中存在的主要问题，为下次课的实践练习提供参考。

3. 课后反馈评估阶段

课堂结束后，教师将数码录像制成视频文件，提供给学生观看。针对课中练习时出现的错误动作、学生参与练习的态度、练习的效果等问题进行总结评价，及时与学生进行沟通交流。同时，学生在课后还需学会写学习体会，根据课堂上对所学知识的理解和探讨进行总结，将自己在课堂上的讨论和练习过程中动作技术的掌握进行反思与评价。通过网络平台群或微信等创造协作学习的环境和空间，形成一个有效的师生教学活动的"闭环通路"。

（二）高校体育教学翻转课堂模式的应用及实践

基于高校体育教学翻转课堂模式的构建，将高校体育教学翻转课堂模式应用于运动项目技术动作的教学中。实践对象：大学体育课程田径专选班96人；硕士研究生及以上学历的教师10位。实践内容包括挺身式跳远的技术动作教学。实践整体设计：将田径专选班96人分成对照班和实验班各48人，实验班按照翻转课堂进行教学，对照班按照传统的教学模式进行。最后通过考核进行对比分析。结果与分析：翻转课堂教学模式深受学生的喜爱，激发了学生的学习兴趣和动机，调查中发现，有83.5%的学生喜欢翻转课堂模式；78.6%的同学认为翻转课堂能够激发学习兴趣和参与学习的动机；70%的体育教师认为，通过翻转课堂教学，学生学习的兴趣和动机明显提高了。

由此可以得出结论，翻转课堂可以有效地提高教学效率，激发学生学习的热情。翻转课堂教学模式培养了学生自主学习、探究学习和合作学习的能力，有力推动了体育教师专业水平的提高。翻转课堂教学模式拓展了学生的学习空间和时间，加强了师生间、学生间的交流和互动。翻转课堂模式使学生学习时间、空间更自由了，并且随时随地都能够进行学习。

翻转课堂提供了交流互动的平台，解决了同教师间的交流和互动，以前面对面的直接交流比较害羞，网络平台的交流互动不需要直面老师，害羞感没有了，自信心也增强了。因此，翻转课堂模式为师生间构建了一个协作融合的学习空间和环境。学生可以在学习知识的广度和深度上自由控制，从而加强了对理论知识的理解和掌握。翻转课堂教学模式有效提高了学生的理论知识水平及实践能力，强化了理论知识和技能的融合与内化，有效提高了教学效果和教学质枇根据教学计划和内容。用合作式、探究式等学习方法，有效地强化了对理论知识的学习和掌握。因此，通过对比分析，实验班在理论知识、技术评定、达标考试以及综合评定方面均明显优于对照班。

高校体育教学翻转课堂模式的构建突破了传统体育教学模式中存在的问题。网络平台的构建也拉进了师生间的关系，让师生在任何时段都能够得到有效的沟通和交流，以"环路"的方式始终贯穿于课前、课中、课后整个过程，形成了协作融合的学习环境。翻转课堂虽被誉为"影响课堂教学的重大技术变革"。翻转课堂模式中学习资源的制作、网络平台的交流互动、学生实践练习的"虚拟系统"等，每一个环节的构建都得需要教师业务能力的提升和学生的学习适应能力等软硬件条件作保证，只有多重并重，方可实现其在高校体育教学中的真正融入。

第七章 现代学校体育教学方法的优化选用

学校体育教学中科学合理的教学方法对提高体育教学质量和效果具有重要作用。伴随体育教学的不断发展，体育教学的方法和手段也在不断创新。在诸多教学方法中，如何为教学实践选择更为优化、更为科学的教学方法变得越来越重要。本章就对这些内容进行详细分析。

第一节 学校体育教学方法简述

一、学校体育教学方法的概念

学校体育教育方法，实际上是指学校实施体育活动所有的手段和方式的总和。从广义来说，凡是人类社会为实现体育教育目的所创造的条件、选择的途径、采取的措施、运用的手段和方式等，都属于体育教育方法的范畴。

就其构成要素来说，学校体育教学方法一般包括以下四个要素：

（1）目标要素。任何一种体育教育方法都指向一定的教育目标，没有目标，也就无所谓方法，方法总是为目标服务的。

（2）语言要素。包括多种形式的语言，如口头语言、身体语言等。

（3）动作要素。包括身体各种运动动作。这是区别于德育、智育方法的主要特点。

（4）环境要素。包括各种体育教育设施以及气候、风土等自然现象。

二、学校体育教学方法的分类

学校体育教学方法的分类是一个重要的理论问题，它对于学校体育教学方法体系的建立，体育教师科学地选择和运用体育教学方法、提高教学质量都是十分必要的。目前，按照达到体育教学目标的途径和活动方式，通常将学校体育教学方法分为教法、学法、练法和育法四种类型。

(一)教法类

教法类体育教学方法的出现是由体育教学方法体系的特殊性所决定的。教法类体育教学方法可以分为两种类型,即体育保健知识教学方法和体育技术技能教学方法。

1. 体育保健知识教学法

体育保健知识的教学方法与其他学科的教学方法非常相似。虽然国内外对这类教学方法的分类研究非常复杂,对其也存在着各种不同的分类方法,但是人们还是通过研究,总结出了这类教学方法的一些明显的发展趋势,具体表现在以下五个方面:

(1)由单纯指向学生认识活动到兼顾教学的情意活动;

(2)由单纯重视教学方法的结构和外部形态转向重视教学方法的功能和理论内涵;

(3)由单维划分向多维综合分类发展;

(4)由对常用教学方法分类到兼容国内外教学中涌现的新方法;

(5)由单纯经验归类到致力于从理论上建构方法体系。

需要注意的是,在向学生传授体育保健知识的过程中,必须注意教学的情意活动和它的多功能作用的发挥,同时还要注意将体育保健知识和体育活动实践紧密结合,提高这类教学方法的针对性。

2. 体育技术技能教学法

所谓体育技术技能教学法,就是我们通常所说的运动教学法。"为什么教—教什么—怎么教"是这类教学方法的主线。换句话说,这种教学方法首先要明确的是教学目的,即是侧重于掌握运动技术技能,还是侧重于发展身体或是要达到其他什么目的。其次是对于教学内容的处理,即需要明确是掌握技术技能、提高运动水平,还是利用这个内容掌握锻炼身体的手段,提高体育能力,或者是作为非智力因素发展的途径等。最后,是确定运用什么动作策略来实现教学任务。总的来说,这类教学方法不是呆板的,而是比较灵活多变的,具体可以根据教学目的,有针对性地选择不同的教学内容及其侧重点,并随着活动方式的不同而采用与之相适应的动作策略。

(二)学法类

所谓学法类,是指指导学生学习的方法。在学校体育教学中,学生的学习主要应把握以下两个方面的问题:一方面是较好地掌握前人积累下来的知识和经验;另一方面是找到这些知识经验和自己实际的最佳结合点,并逐渐形成终身体育的意识和终身体育的能力。因此,学法类教学方法的重点是使学生愿学、会学,最终达到能够学以致用,并能形成良好的学习和锻炼习惯。

(三)练法类

练法类是学校体育教学中最具本质特征的方法。这种方法能够直接促进学生身体的发展、体质的增强,其意义重大。但是,这类教学方法的主要目的在于教学过程中对方法的理解和练习时对身体运动时的体验，而并不在于发展身体和增强体质的直接效果。锻炼身体的方法较多，其效果则会因人、因地、因时而异。它既可以是单独的，也可以是成系列的、组合的。由此可见，在学校体育教学过程中，教学方法的关键是指导学生明确练法的作用和意义，掌握练习的策略，并把握各种练法之间的相互联系，使学生能做到举一反三、合理运用。

（四）育法类

所谓育法，是指对学生进行思想品德教育和美育的方法，这是各种教学的重要任务。作为教学方法的一种，育法类教学方法只有结合体育的特点来进行，才能取得理想的运用效果。充分利用这些因素培养学生高尚的道德品质和团结协作的精神，促进学生健康个性的发展和竞争意识的形成，引导学生追求健康美，建立正确的审美观，提高美的表现力和美的创造能力，是育法类教学方法的运用重点。

目前，人们在对这种体育分类方法的认识上存在分歧，其焦点是体育教学方法的范畴问题，还有运动教学方法和身体锻炼方法的联系问题等。这些还涉及教学论领域的一些深层次的理论问题，有待进一步研究。

三、学校体育教学方法的特点

（一）实践性

学校体育教学方法与体育教学实践是紧密相连的。作为一种动作策略，它具有很强的可操作性，体育教师的教学思想和综合能力要通过各种活动方式在体育教学实践中表现出来，同时也必须通过实践来检验教学方法是否成功。

（二）双边性

学校体育教学方法是体育教师指导学生学习和锻炼的双边活动，是体育教师和学生相互联系、按一定方式活动的结合体。在体育教学的过程中时刻发生着各种信息的双向交流，并不断地进行着反馈调节来提高这种双边活动的效果。

（三）多样、多变性

通常来说，学校体育教学方法十分丰富多样，供选择的余地很大，但在体育教学过程中许多因素都会发生变化，如学生的基础、场地条件、器械数量和质量、气候等任何一个因素的改变，都会导致体育教学方法的改变，也就是说一成不变的体育教学方法几乎是不存在的。不同的场合有不同的教学方法，同一种方法在不同的条件下，它的组织方法、活动方式、动作程序都有可能发生改变。

（四）系统性

学校体育教学方法不是孤立地存在的，各种不同的体育教学方法相互联系、互为补充，共同构成一个完整的方法体系，在体育教学过程中发挥出综合效能，来完整地达成体育教学目标。无论哪种教学方法，其效果都是有限的，自身也会存在着缺陷。因此，学校体育教学目标的实现，必须依赖于整个体育教学方法系统作用的充分发挥。

（五）继承性

纵观来看，历史上一些在长期教学实践中总结出来的、行之有效的教学方法，能够准确地反映体育教学的客观规律，具有强大的生命力。它们是学校体育教学的宝贵财富，具有历史的继承性。此外，也有一些传统的体育教学方法，尽管本身存在缺陷，或者由于时代的进步产生了不适应社会发展的内容，但其自身仍然存在许多有价值的部分值得我们去吸收和借鉴，并有选择性地加以继承和改造，使之成为一种新的体育教学方法。

（六）发展性

任何一种事物如果不能随着时代的发展、社会的进步而发展和进步，都会被淘汰。体育教学方法也是如此。这就要求其必须积极开拓、推陈出新，适应新的教学要求。需要指出的是，学校体育教学方法的发展除要根据新的形势创造新的方法以外，还需要对传统的教学方法进行调整和改造，赋予它们新的内涵，使之发展成为满足新的教学要求的一种新的方法。

四、学校体育教学方法的作用

体育教学方法是学校体育教学活动的重要因素，它不但在教学活动的过程中发挥着重要作用，而且在教学活动结束后也会产生深远的影响。具体来说，学校体育教学方法的作用主要体现在以下四个方面：

（一）有助于学校体育教学任务的完成

教学方法是学校体育教学过程中教师与学生双边活动的连接点。通过有效的体育教学方法可将体育教师的教和学生的学紧密联系起来，成为完成教学任务的有效途径。没有有效的体育教学方法，完成体育教学的任务就无从谈起。

（二）有助于学校体育教学质量的不断提高

通常来说，一种科学合理的体育教学方法能够充分利用各种有利的因素来调动学生的学习积极性，发挥他们的主观能动作用，从而提高学习效率，得到事半功倍的效果，并提高体育教学质量。

（三）有助于营造良好的体育教学氛围

一般来说，良好的体育教学方法能引起学生的学习兴趣，激发他们积极的学习兴趣，营造出一种奋发向上的学习氛围。而一种好的氛围能使学生受到感染，又反过来影响学习过程，从而形成一种良性循环。在体育教学中坚持运用这类教学方法，有助于体育教师在学生心目中树立威望，进而促进学生自觉、主动地学习，使体育教学过程中的气氛更加融洽，教学方法的实施更加协调自如。

（四）有助于促进学生身心的全面发展

一种好的教学方法蕴含着科学性，而其运用的过程就是学生受到科学思想熏陶的过程，无疑对学生心智的发展具有良好影响。反之，不良的教学方法则会产生不良的影响，对学生心智的发展也具有消极的负面作用。在学校体育教学的过程中，体育教学方法的实施过程往往也是学生体验运动技术技能，进行锻炼方法教育的过程。因此，学生既要受到体育方法论的教育，又要得到身体的锻炼，使身心都能得到发展。此外，由于体育活动的特殊作用，良好的教育方法还能促进学生的情感、意志等非智力因素的发展。总之，体育教学方法对学生的身心发展具有十分重要的影响。

五、学校体育教学方法的发展趋势

（一）体育教学设备日益现代化

随着社会科学生产力的不断发展和教育事业的不断进步，现代学校体育教学方法也随着体育教学设备及设施的现代化而日益现代化，体育的课堂教学也进入了一个新的发展阶段，其标志性转折就是录像这一新兴教学方法的普及。它不仅在一定程度上开阔了学生的视野，而且为学生展示了他们在体育课中无法感觉和体验的东西。进入21世纪后，随着网络的飞速发展和计算机的广泛普及，计算机辅助教学把体育教学带到一个新的感知空间。

（二）心理学研究的影响越来越大

体育教学所涉及的学科广泛，其中对其影响最大的是心理学科。众所周知，人的一切活动都是由心理控制的，学生对于体育知识和技能的学习过程自然也是一个复杂的心理过程。起初，体育教育者主要以运动学习心理学和体育心理学来控制教学方法。但经过长期的实践证明，运动学习的心理范畴已经远远超出了体育心理学和运动心理学的研究范围，并开始以运动心理学研究来证明运动学习的过程，并将一些研究成果逐渐应用于体育教学方法的改革上。如分散学习和集中学习特征的研究会直接对分解教学法和整体教学法的优选提供重要的理论支持，心理的念动理论已经使"念动训练"进入了体育教学等，特别是随着科学的发展，心理学将会给体育教学方法的改进和创新提供更多的理论支持。

（三）体育教学方法的个性化、公平化和民主化日益突出

在体育教学中，学生的个性化越来越受到重视。教学主体不再是单纯的以班级为主体，由教师进行系统的教育，而是开始充分重视学生的自身素质、体育水平以及兴趣和需要等方面的差异性，分层次对其进行教学，这也是个性化教学方法改革的关键所在。在传统的体育教学方法当中，教师多以口令法和讲解法对体育技能进行教学，随着以体育实践能力为培养目标的确立，以及民主化教学的普遍应用，就开始慢慢要求学生对于体育技能的学习要具有自主性，深入探究适合自身特点的学习锻炼方法，这也就使民主和谐的体育教学方法成为了体育教学发展的必然趋势。如近年来的小群体教学法、快乐体育教学法等教学方法就充分显现了民主化教学方法的趋势。

第二节 学校体育教学的主要方法

恰当的教学方法对于促进学生掌握知识、技能和发展能力具有重要的意义。本节主要对学校体育教学的几种基本方法进行介绍。

一、语言法

所谓语言法，是指在学校体育教学中体育教师运用各种形式的语言来指导学生学习，已达到教学要求的一种方法。正确使用语言法对学生顺利地完成学校体育教学任务具有重要意义。一方面，它能使学生明确学习任务，端正学习态度。另一方面，它还能启发学生积极思考，加强对教材的理解，从而加速对体育知识、技术、技能的掌握，提高学生锻炼身体，发展体能的自觉积极性，培养学生分析问题和解决问题的能力。

一般来说，在学校体育教学中，语言法的形式主要有讲解法、口令和指示法、口头评定成绩法、口头汇报法以及默认与自我暗示法等。

（一）讲解法

讲解是体育教师对学生说明教学目标、动作（练习）名称、动作要领、动作方法、规则与要求等内容，指导学生进行运动技能学习，掌握运动技能的一种教学方法。在学校体育教学中，运用讲解法时应注意以下五个方面的问题：

（1）明确讲解的目的。在学校体育教学中，体育教师的讲解必须要根据体育教学目标、教学内容、学生特点，科学地选择讲解内容、讲解方式、讲解速度和讲解语气，同时注意抓住重点与难点，有目的、有针对性地进行讲解。

（2）讲解内容要正确，符合学生的接受能力。它要求体育教师讲解的内容要符合技术原理，能够做到准确无误。另外，讲解的广度和方式还要符合学生的体育基础和已有的知识经验，从而被学生所接受。

（3）讲解要生动形象，精简扼要。在体育运动的各项目中，运动技术具有鲜明的动作性，这就要求体育教师要善于借助学生在生活中已经接触过的事物或已经学过的运动技术，与所学运动技术要有一定的联系，帮助学生更好地理解动作要领。此外，在运动技能教学中，还要抓住重点，简洁明了地讲解所学内容。

（4）讲解要具有启发性。在学校体育教学过程中，体育教师的讲解要能启发学生积极思维，如注意采用对比、提问的方式，能够举一反三，触类旁通，使学生将看、听、想、练有机结合起来。

（5）注意讲解的时机与效果。要求讲解应在学生面对教师并注意教师讲解时进行；在学生练习过程中，或学生背对教师时一般不宜讲解。

（二）口令和指示法

口令和指示法是指体育教师以简短的语言、命令的方式指导学生学练的形式，如调队时的口令，练习中指示学生"收腹""转体"等。

具体来说，口令是指有一定的形式和顺序，有确定的内容，并以命令的方式指导学生活动的语言方式。在体育教学中，诸如队列队形练习，基本体操、队伍调动等都需要运用相应的口令。这里需要指出的是，体育教师在运用口令时，要求声音洪亮、准确、清晰、及时，同时还应注意根据人数、队形、内容、对象等特点来控制声音的大小、节奏的快慢等。

指示是体育教师运用比较简明的语言，组织指导学生活动的语言方式。体育教师在运用指示时，要求准确、及时、简洁，尽量用正面词。在日常的体育教学中，指示的运用主要有以下两个方面：一是运用于组织教学中，主要包括布置场地、收拾器材等方面；二是运用于在学生练习时未能意识到的、关键的动作用简洁的语言提示出来。

（三）口头评价法

所谓口头评价，是指体育教师按照一定的标准，对学生的行为表现、练习完成的情况以口头方式进行评价的一种教学方法。在学校体育教学中，体育教师在运用口头评价时应注意以下四点要求：以正面鼓励评价为主；否定评价时要注意分寸与口气；要能指明努力方向；提供改进提高的方法。

（四）口头汇报法

口头汇报法是体育教师了解教学效果的一种方法，它是指学生根据教学要求，向体育教师简明扼要地表述学习心得和对教学内容与练习的见解以及疑难问题等的语言形式。这种方法不仅可以为体育教师提供进一步指导学生学习的依据，而且还能够促进学生积极思考，加深对教学内容的理解，此外还有助于学生进行自我检查和督促，以及培养学生的语言表达能力。

（五）默念与自我暗示法

默念是指学生在进行体育练习前可以通过无声语言重现整个动作或动作某些部分的过程、重点、特征，以提高练习效果的语言方式。自我暗示则是指学生在体育练习过程中默念某些指令性的词句，进行自我调控练习过程的语言方式。在学校体育教学中，将这两种语言方式有机地结合起来运用，会取得较好的教学效果。

二、发现式教学法

在学校体育教学中，发现式教学法指的是从青少年好奇、好问、好动的心理特点出发，以发展学生创造性思维为目标，以解决问题为中心，以结构化的教材为内容，使学生通过发现的步骤进行学习的一种教学方法。通常来说，运用发现式教学法需要遵循以下三个步骤：第一步，提出问题或创设问题的情境，并使学生在这种情境中出现矛盾和疑难，进而按照教师提出的要求，带着问题去进行探索；第二步，学生通过反复练习，来掌握动作技术的基本原理和方法；第三步，组织学生提出假设，并通过实践进行验证，之后再开展争辩和讨论，总结争论的问题以及动作技术的原理和方法，最后得出共同的结论。

需要指出的是，在学校体育教学中，体育教师运用发现式教学法还需要注意以下六个问题：

（1）要善于提出问题或者创设问题的情境，以激发学生的学习热情。

（2）要注意依据学生已有的知识经验以及运动技能的基础，提出适当的问题，以更好地引导学生探求未知。

（3）要善于在学生无疑问处激发学生提问，并利用在体育活动中出现的矛盾启迪学生的思维。

（4）要注意在学生发现、解决问题的过程中引导他们抓住问题的重点。

（5）要采取步步深入的方法，由具体到抽象，由个别到一般，由简到繁。

（6）要注意为学生继续探索留下悬念，并要鼓励他们进行创新。

三、直观法

在学校体育教学中，直观法是指通过一定的直观方式，作用于人体感觉器官，来引起感知的一种教学方法。由于人对事物的认识首先是通过感觉器官对事物的感知开始的，因此，学校体育教学中的直观法对学生掌握教学内容、达到教学要求和完成教学任务有重要的意义。一般来说，在学校体育教学中常用的直观法有动作示范法、教具和模型演示法、多媒体技术法、条件诱导法、定向与领先法、助力与阻力法等方法。

（一）动作示范法

在学校体育教学中，动作示范指的是体育教师或者是体育教师指定的学生以自身完成的具体动作作为范例，使学生了解动作形象、要领和结构的一种方法。动作示范简便灵活、轻快优美、针对性高、真实感强，不仅能够激发学生的学习兴趣，而且还可以增强学生的学习信心。在学校体育教学中，运用动作示范时应注意以下四个方面：

（1）要明确动作示范的目的，并依据学生的特点、教学内容以及客观的条件，对动作示范的方向、位置、次数、速度以及示范与讲解结合的方式等进行选择。

（2）要注意动作示范的准确和美观。

（3）要注意对动作示范的方向和位置进行正确选择。

（4）要能够将示范和讲解有机结合起来。

（二）直观教具与模型演示法

这种方法是指在学校体育教学中对图表、照片、模型及其他教具等直观方式的运用，它能使学生较生动、具体地了解动作的形象、技术结构和细节以及动作技术的完成过程。例如人体模型对动作的演示、球场模型对战术配合的演示等。一般来说，在实际的教学过程中，对动作过程快、空中完成的动作以及技术结构复杂的动作，都需要体育教师采用教具或模型的演示进行教学。在这里需要指出的是，体育教师在运用宜观教具与模型演示法时，要有明确的目的和适宜的演示方式，还要注意在演讲的时机以及与讲解示范结合运用等。

（三）多媒体技术法

在体育教学中，多媒体技术主要指的是运用电影、电视、录像等多媒体辅助教学实施。运用这一方法时，要注意依据教学目标来选择合适的播放内容，并要注意将电影、电视、录像和讲解示范练习有机地结合起来进行。

（四）条件诱导法

所谓条件诱导法，是指以某种条件为诱因，同时与体会动作相联系，达到直观作用目的的方法。例如，在体育教学中通过音乐伴奏或借助节拍器的音响，可形成一定的动作节奏感；领跑可建立相应的速度感；利于保护、牵引性的助力和对抗、限制性的阻力，能较快地形成完成动作的时间感与空间感。当条件诱因与体会动作相联系，运用得当就能获得较好的教学效果。

（五）定向与领先法

在学校体育教学中，定向指的是以标志物、标志点等相对静态的具体视觉标志，对学生的动作方向、轨迹、幅度、用力点等予以指示。领先则指的是以相对动态的、超前的视觉为信号，对学生的动作方向、轨迹、幅度、用力点等予以指示。在运用这一方法时，要注意依据教学内容以及对象的特点，对视觉标志进行合理设置。

（六）助力与阻力法

在学校体育教学中，助力和阻力指的是借助外力，来帮助学生通过触觉和肌肉本体感觉，对用力时机、时空、方向、大小等特征进行正确的体验，从而正确掌握相应动作的一种宜观方法。

四、完整法与分解法

（一）完整法

完整法是体育教学方法中非常重要的一种方法，它主要是适用于一些较简单无分解的且从头至尾具有强烈连贯性的动作当中，在运用这种方法进行教学时，要注意需要将动作完整、不间断地进行练习。完整法的优点主要包括：动作结构比较简单、协调性要求较低、方向线路变化较小，或动作虽然比较复杂，但动作各个部分联系非常密切；其缺点是：用于应该分解而又不宜分解的动作（如体操运动中的翻转动作）时会给教学带来一定的困难。因此，在这时为了减少学生学习的困难和便于他们掌握动作，通常采取以下五种方法：

（1）直接运用。它指体育教师在教授一些简单、易于掌握的动作及讲解示范后，让学生直接进行完整动作训练。

（2）强调重点。它指体育教师在教授一些较为复杂的动作时，要求学生完整练习时，要注意动作学习的重点，也可采取将某环节单独学习的方法。这种方式可有效提高学校体育教学的效率和质量。

（3）降低难度。它指在进行完整练习时，以减轻投掷器械的重量，降低跳高横竿的高度，来缩短和降低跑的距离与速度等来达到降低难度的目的。

（4）故意降低对动作质量的要求。如体操动作的适当分腿屈膝，武术动作中要降低速度，篮排球中的近距离投篮、发球等。这里需要指出的是，在降低要求时，要注意不要做出明显的错误动作。

（5）改变练习的外部条件。如在练习前滚翻时由高处向低处完成动作，在外力的帮助下完成完整动作等。

（二）分解法

分解练习法主要是用于难度较高且不分解的运动技术动作，在运用时可将动作分成几个部分，由简到繁逐层进行教学。与完整法相同，分解法既有优点又有缺点，其优点是降低了动作技术的难度，利于学生的学习和掌握；缺点是不利于学生对完整动作的领会，可能会导致学生只是片面掌握动作技术。

在学校体育教学中，运用分解法时应注意以下四个方面的问题：

（1）可根据动作技术的特点，按时间的先后、空间的部位，以及时间空间的结合来采取合理的分解方法。

（2）在划分动作技术的部分时，应充分考虑各部分之间的有机联系，注意不要破坏动作的结构。

（3）明确各部分在完整动作中的地位与作用，并为各部分的组合做好准备。

（4）在建立完整动作概念的基础上分解，并及时向完整法过渡。

五、自主学习法

在现代学校体育教学中，自主学习法指的是为了实现体育教学目标，学生在体育教师的指导下，可以依据自身的需要和条件制定目标、选择内容等学习步骤，以完成学习目标的一种体育学习模式。自主学习有独立性、能动性和创造性等特点，有利于激发学生学习体育的热情，培养学生的体育学习能力，确立学生的主体地位，提高体育教学的学习效果。

在学校体育教学中，运用自主学习法需要遵循以下四个步骤：

第一步，依据学习目标制定与自身能力相符合、并能充分发挥自身潜能的目标。

第二步，学生依据已有的经验和所学到的知识，自主选择学习活动和学习方法。

第三步，学生能依据体育学习目标对自己的学习状况进行自主评价。

第四步，分析学习情况，对照学习目标，进行自我调控，及时调整学习目标，改进学习的方法和策略。

六、预防与纠正错误法

所谓预防与纠正错误法，是指体育教师为了防止和纠正学生在练习中出现的动作错误所采用的一种方法。在实际教学中，学生在掌握动作时，出现错误是正常现象，体育教师应正确对待，并有意识地对此加以预防和纠正。预防与纠正错误是有机联系的，对于一个动作错误的预防措施，也可能是这一错误动作的纠正手段。预防具有超前性，即能预见学生可能出现的错误动作，还能准确找出可能的原因，主动地、积极地采取有效的手段与措施,"防患于未然"。纠正具有鲜明的针对性,既能及时准确地发现学生的动作中的错误,又能正确分析产生动作错误的原因,采取有效的手段,尽快纠正。

具体来说,常见的预防与纠正错误动作的方法主要有以下两种:

(一)强化概念法

在学校体育教学中,体育教师不断强化学生脑中正确的动作概念,促进学生正确动作形成的方法,即为强化概念法。这种教学方法主要通过加强讲解、示范,并结合学生对已有知识进行对比的讲解示范,使学生明确正确与错误动作的主要差异,从而主动避免与及时纠正错误动作。

(二)限制练习法

限制练习法是指在设置限制的条件下进行练习、纠正动作错误的方法。如练起跑时,在学生头顶上设置一排后低前高的斜竿,在这种限制的条件下使之体会、掌握起跑时的正确动作,以避免产生过早直起身来跑的错误。

七、合作学习法

在学校体育教学中,合作学习法指的是学生在小组或者团队中,为了完成共同的任务,有明确的责任分工的互助性学习形式。在合作学习中,小组或团队中的每一个成员都承担着一定的责任,而他们之间又相互依赖。

在学校体育教学中,运用合作学习法需要遵循以下六个步骤:

第一步,依据班级的规模、场地器材和学习内容,进行组间同质、组内异质的分组。

第二步,小组的全体成员在体育教师的指导下,还需要根据本单元的学习主题共同确定学习目标。

第三步,师生共同研究并确定学习的具体课题,并进行组内分工。

第四步,具体实施合作学习,小组成员在小组长的组织下,围绕学习的主题各司其职,共同完成学习任务。

第五步,进行小组间的交流、比较和评价,分享学习成果并纠正不足,进而提高学习能力。

第六步,对学习的效果从合作是否愉快、合作效果、合作技巧、进步程度等方面来进行评价,并做好记录。

八、信号提示法

在学校体育教学中,当学生在练习中由于时间或空间方向不清楚而出现动作错误时，通常可运用信号提示法，即可以用标志线、标志点、标志物来标明动作方向、幅度等；还可以用听觉信号，口头来提示学生的发力时间、用力节奏等。这里需要注意采取的方法要具体根据学生错误的形式和性质进行选择。

九、外力帮助法

在学校体育教学中，当学生因用力的部位、大小、方向、幅度不清楚而出现动作错误时，通常可运用外力帮助法。如体育教师可以运用顶、推、托、拉、挡、送、拨等外力，帮助学生建立正确动作的本体感觉。

十、游戏法与竞赛法

（一）游戏法

在学校体育教学中，游戏法是指体育教师通过组织学生做游戏，进而完成教学任务的一种教学方法。

游戏法是一种较为简单，且是最容易为学生所接受的一种教学方法，其特点主要表现在以下四个方面：

（1）通常情况下，体育教师所组织的游戏性活动都是有象征意义的，运用游戏形象有趣且高低起伏变化的特性去引导学生完成各种身体活动，从而达到预定的目的。

（2）这一方法对于行为方式并没有具体的规定，只要能够达到目的即可。因此，此方法对学生的活动并没有限制，学生可以充分发挥他们的主观能动性，积极、主动地去创造，从而提高自我的控制能力。

（3）学生之间以及团队之间的合作与竞争关系，最能表现出学生的思想道德品质。

（4）游戏活动不利于教师对学生动作等方面的控制及运动负荷的安排。

在运用游戏法时，体育教师要充分了解以下三个方面的注意事项：

（1）所选择的活动内容与形式要符合教学目标，并为其设置相应的规则与要求。

（2）不能忽略学生的主动性和创造性，但这要以学生遵守规则为前提。

（3）对于游戏结果的评价要客观公正，不偏不倚。

（二）竞赛法

所谓竞赛法，是指体育教师组织学生以比赛的形式进行训练的一种教学方法。一般来说，竞赛法具有以下四个方面的特点：

（1）对抗性强，竞争大。

（2）运动负荷量大。

（3）能最大限度发挥学生的技能。

（4）能够培养学生良好的道德品质。

竞赛法在用于学校体育教学中时，要特别注意以下三个方面的问题：
（1）竞赛法的运用不能脱离教学目标。
（2）学生分配要合理，各组间学生的实力要均衡。
（3）要在熟练掌握动作技术的前提下合理运用竞赛法，并对其动作的完成质量进行合理的评价。

第三节　学校体育教学方法的选择与运用

学校应选择符合体育教学目标和任务的、符合教学内容特点的、符合学生学习可能性的、符合学校物质条件的方法来进行体育教学。

一、合理选用体育教学方法的意义

长期的体育教学以及新教育技术的进步，不仅使人们积累了很多传统的体育教学方法，而且也创新出很多新的有效方法。面对丰富的现代体育教学方法，体育教师在进行体育教学时必须要根据体育教学的实际情况，科学选择和运用这些方法，从而不断提高体育教学的质量和效果。就目前来看，在一些学校中，体育教学质量高、效果好的课并不多。很多学校还存在教学方法单一、组织形式简单、公式化、教条化的现象，这些情况都严重阻碍了学校体育教学的发展。因此，在进行体育教学时体育教师能否正确选择教学方法，便成为影响体育教学质量的关键问题之一。通过实践证明，体育教师要想实现体育教学效果的最优化，必须科学合理地运用体育教学方法；反之，不仅会收到相反的效果，而且还会给教学活动造成不利的影响。

综上所述，我们不难发现，在体育教学的过程中，教学的成败在很大程度上会受教学方法的影响。也就是说，体育教师能否合理、妥善地选择教学方法将直接影响着体育知识各方面的发挥。

二、学校体育教学方法的选择与运用

（一）学校体育教学方法的选择

在学校体育教学的过程中，体育教师科学选择体育教学方法时，需要注意以下几个问题：

1. 根据体育教学的具体目标与任务进行选择

通常情况下，在现代学校体育教学过程中，不同的教学目标与任务对教学方法的

要求也不同。一般来说，不同教学任务的方法选择主要分为以下几种情况：在进行知识传授时，体育教学方法要以语言讲解为主，完善技能就以实际训练为主，练习课多以练习法和比赛法进行，如果是单元的前段课，应选择发现法、游戏法等；如果是单元的后段课，就可以选用一些小群体教学法和比赛法。总之，只有有的放矢，区别对待，才能取得理想的体育教学效果。

综上所述，选择体育教学方法的关键因素是具体的教学目标。通常而言，其应包括以下几个方面：体育知识内容目标，体育技术技能方面的目标，培养学生良好的社会心理和社会适应等方面的目标。体育教师要能够掌握相应的教学目标分类知识和方法，同时还要注意将教学中总的抽象的目标进行分解，可以转化为具体的可操作性目标，并依照不同的目标来选择和运用相应的体育教学方法。

2. 根据教材内容的性质和特点进行选择

体育教学方法与体育教学内容联系密切。一般来说，不同性质的教学内容要求有不同的方法与之相配合，这就要求体育教师应很好地分析内容的结构、性质、特点、形式，以确定它们对方法的要求，具体表现在以下两个方面：

（1）应根据不同的体育运动项目，来选择适合项目自身特点的教学方法。例如，跑步、跳跃、投掷类的教学一般使用完整教学法；游泳、滑冰、体操等则要使用分解教学法；大多数球类项目要选择领悟性的教学方法。

（2）应根据不同的教材内容性质，选择相应的教学方法。例如，含有重要科学原理的运动项目通常选择发现式教学法；发展学生身体素质的则常用循环练习法；趣味性较差的运动项目标要选用游戏教学法；动作简单而又不易分解的教材内容，一般选用完整教学法；比较复杂的教学内容也应选用分解法来帮助掌握动作技术等等。

总之，体育教师应该把握各种教学方法的适用范围，能够根据不同的教材内容的特点，灵活且有创造性地选择适当的体育教学方法。

3. 根据学生的实际情况进行选择

在现代学校体育教学中，学生是教学的主体。总的来看，体育教师的教是为了学生的学，选择体育教学方法的根本原则是要适应学生的基础条件和个性特征，运用体育教学方法的最根本目的也是为了学生的体育学习。因此，在选择体育教学方法时，体育教师要充分考虑学生的实际情况（如年龄、性别、身心发展的水平和特征等），从而做到因材施教。如对中学生而言，不宜使用"情景教学法"；对于活泼好动的小学生，由于他们的注意力不易集中，一般不推荐用领会教学法，而是选择直观法或游戏法来进行教学；对熟练的学生不宜使用正规的分解教学法；对身体素质不好的学生不宜使用"循环练习法"。即使是同一年级或同一班级的学生对某种教学方法的适应性也存在明显的差异性，不同年龄段的学生对相同教学方法的适应程度也不尽相同。

针对以上情况，要求体育教师在体育教学的过程中，必须从学生的具体实际出发，科学地分析、研究学生的自身特点，有针对性地选择和运用相应的体育教学方法，使学生在学习掌握体育知识、形成技能的同时，能够促进和提高学生身心的发展。

4. 根据体育教师自身的素质进行选择

一般来说，在体育教学活动中，体育教师的素质主要包括表达能力、思维品质、个性特长、教学技能、教学风格特征、组织协调能力、教学控制能力及师生关系等几个方面。不同的体育教师其特点和专长也是不同的，这就需要体育教师根据自身的素质特征来选用相应的教学方法。例如，形象好、技能强的教师，适合用示范和帮助的方法教育学生；平时不苟言笑，做事认真严肃的教师，则应多对学生进行正面教育等。在进行体育教学时，教师可充分发挥自己的特长，利用自己形象、个性及能力等方面的优势，来选择可以提高自身教学质量且深受学生喜爱的教学方法。同时，教师还要不断充实自己，以提高自身教学能力。

5. 根据体育教学方法各自独特的功能、适用范围以及使用条件等进行选择

在学校体育教学中，每种体育教学方法都有其各自的特点、独特功能、适用范围和使用条件等的限制，同时又有各自的优点和局限性。在学校体育教学过程中，体育教学方法功能作用的发挥，受制于教学过程诸因素的优化组合。

在很多情况下，同一种教学方法对于某种体育项目或知识有效，但对另一体育项目或知识则可能完全无用；同样，对同一体育项目或知识来说，有的教学方法有用，有的则没用，有的甚至还可能起反作用。例如，在传授新知识时所运用的谈话法，其前提条件是学生已具备了前期的知识和心理准备，否则的话要运用谈话法进行新知识的传授就会遇到很多困难。而讲授法虽有利于发挥教师的主导作用，且可以使学生在短时间内获得大量的系统知识，但对于学生来说，这一方法很难发挥其自身的主动性、独立性和实践性；另外，对新生实行比赛教学法也是非常不科学的。对于新生来说，他们刚刚入校，对于体育技能的掌握还不全面，且身体素质与品德素质也参差不齐，这时候使用比赛法教学无异于是拔苗助长。综上所述，体育教师在选择体育教学方法时，必须要认真分析各种方法的功能、应用范围和条件。

6. 根据体育教学时间和效率的要求进行选择

在学校体育教学的过程中，教学方法是辅助体育教师进行教学的，是有效提高教学质量的主要手段。体育教学的最优化，就是要求以最少的时间取得最佳的效果。例如，在一般情况下，发现式教学法要比讲解法用的时间更多，分解法要比完整法费时间等，鉴于此，在体育教学实践中，选用具体的体育教学方法时，体育教师应认真分析其所用教学时间和教学效率的高低。通常来说，判断教学方法的好坏，主要是体育老师是否能在规定的时间内完成教学任务、达到教学目标。不难看出，一种好的教学

方法应是高效低耗的，至少应该是能在规定的时间内完成教学任务，来实现具体的教学目的，并能使体育教师教得轻松，学生学得愉快。这里需要指出的是，同时还要求我们不要因为费时而忽略一些很重要的步骤，比如要使学生明白一个重要的原理，用点时间让他们去探索和发现是很有意义的，也是高效率的。

总之，为了达到体育教学效果最优化的教学目标，体育教师应尽可能地选用既省时又有效的教学方法。

7. 根据体育教学的物质条件进行选择

在现代学校体育教学中，教学的物质条件也对教学方法的选择与运用具有重要影响。这里所说的教学的物质条件，主要是指学校教学器材、场地（馆）设施等。一般来说，较为全面、先进的教学条件对教学方法的发挥有很好的促进作用，相反，一些落后的、不全面的教学条件则会限制教学方法的发挥。例如，用海绵块练习背越式跳高时，效果要比用沙坑练习要好，这是因为前者可以减轻学生的恐惧和怕脏的心理负担，提高神经系统的兴奋性；再如，在体育馆内上课，可以减少周围环境对学生不必要的刺激，有助于提高体育教学的效果，特别是现代化教学手段的充分运用，可以弥补体育教师动作示范的一些不足，从而提高了体育教学质量。因此，体育教师在选择教学方法时，在教学时间和条件允许的情况下，应最大限度地运用和发挥学校教学设备和教学空间条件的功能与作用，选择最佳的体育教学方法。

（二）学校体育教学方法的运用

现代学校体育教学方法的选择是为了更好地运用，并取得理想的教学效果，因此，在运用教学方法时，一定要注意将学校体育教学方法的主要功能发挥出来。具体而言，应做到以下几点：

1. 充分发挥出整体性

如前所述，由于学校体育的教学方法不同，其特点、功能和应用范围也都有一定的差异性，各自之间也存在一定的局限性。这就要求体育教师在运用体育教学方法时，要将这些因素有机地结合在一起，整体性地运用教学方法，从而使所运用的教学方法发挥出最佳的整体效果。

2. 充分发挥出灵活性

学校体育教学是一个持续的过程，是动态的，由于以学校体育教学目标、内容和学生实际情况为主要是依据设计的体育教学方法并不一定一直能适用于整个教学过程，因此，这就要求教师根据教学活动的实际情况和变化，及时、灵活地做出一定的应对措施。

3. 充分发挥出启发性

学生是教学活动的主体，学校体育教学方法的运用也是为了让学生更好地学习，因此，一定要根据学生的实际情况，并使学生学习的积极性和主动性得到充分的调动，让学生的自觉性得到有效的激发，尊重学生的主体地位，培养学生的思维能力和创造精神。除此之外，还要充分调动起学生学习的兴趣和动机，通过学校体育教学方法的科学合理设计、运用，进一步培养学生的体育能力，创设情境，引导学生积极思考。

第四节　学校体育教学方法的最优化组合

教学方法优化与组合的指导思想是教师在规定的教学时间，根据教学内容、教学环境、设施条件和学生特点进行科学分析，来确定教学切入点，从多种教学方法中筛选并组合出最优化的方法。

一、学校体育教学方法优化组合的原则

在优化组合学校体育教学方法时，一定要遵循以下三点原则：

（一）最优性原则

一般都在学校体育教学活动中，经常会碰到这样的问题：在重新组合优选教学方法时，会出现多套教学方法，而且各具特色，那么，最终应该选哪一套呢？这时候，就要求教师通过对实际情况的分析，权衡利弊，多中选优，从而选择一套最适合的学校体育教学方法。

（二）综合性原则

在进行优化组合学校体育教学方法时要遵循综合性原则，要求在看待体育教学方法在教学中的作用与联系时要全面、整体、辩证统一。具体来说，主要表现在两个方面：一方面，要重视教法与学法的统一，否则不会取得良好的教学效果，因为两者是紧密联系、相互促进的；另一方面，要将教学方法的教学、教育、熏陶、感染、发展等功能充分地发挥出来。

（三）创造性原则

在优化组合学校体育教学方法时遵循创造性原则，其主要目的是为了通过对已有的教学方法来进行改造、组合、创新，能够将教学方法的最大功能充分地发挥出来，取得理想的教学效果。为了达到这一目的，则要求教师充分利用自己的智慧和技巧，对已选择的教学方法进行再次完善，从而使原先的教学方法重新组合，达到发挥出教学方法最大功能的目的。

二、学校体育教学方法优化组合的程序

在对学校体育教学方法进行优化组合时,需要按照一定的程序进行。具体程序如下:

(一)进一步明确学校体育教学的任务

通过对本节课中的具体教学任务进行分析,将所有细化出的教学任务整理排列出来,并综合这些教学任务将本节课的详细任务制定出来,这些具体任务主要涉及了思想德育教育、知识技能学习、运动技能学习以及学生创新能力、个性发展培养等方面。由此可以看出,综合性的教学任务还具有指导性的作用。

(二)根据实际情况提出总体设想

以具体的教学任务、教材内容的难易程度、学生的具体情况和体育教学的外部综合条件等为主要依据,在提出教学方法的同时并对此进行详细分析。在提出总体设想之前,要将教学方法对学生的适用性、在各个教学阶段完成不同教学任务的效果作为主要依据,并且要求所提出的设想要对学生的创新精神和个性发展有积极的促进作用。

(三)优化组合多种体育教学方法

如果想对多种体育教学方法进行优化组合,要求做到以下三点:

第一,制作一张包括各种可用的体育教学方法和教学细节以及最佳教学方法的工作表;

第二,多方进行比较、仔细推敲这些教学方法,去粗取精,并根据实际需要对它们做出适当的调整、配合、选定;

第三,将优化组合后的教学方法应用到体育教学活动中。

(四)实施教学方法,并对其进行评价

将优化组合后优选出来的教学方法应用于学校体育教学活动中时,教师一定要对教学方法的实施情况与学生的适应状况进行全面的跟踪了解。通过将了解到的情况综合起来得出结论,以此为依据来对教学活动进行评价,找出相应的原因,总结经验教训,并对教学活动进行适当的调整,从而使体育教学方法优化组合的理论和实践成果得到进一步的提高。

第八章 高校体育运动训练的方法

训练方法是教练员和运动员为了完成训练任务，提高专项运动成绩，达到训练目的而选择的途径和采用的方法。

当今，在运动训练高速发展，训练条件日趋相近的情况下，运动训练的效果在很大程度上是取决于训练方法的优劣和运用的正确与否。所以，教练员必须熟练地掌握并能正确地运用各种训练方法，以保证训练能够达到预期效果，如期完成训练任务。

由于运动训练实践的不断发展，运动训练方法颇多，常用的训练方法有以下几种：重复训练法、持续训练法、间歇训练法、变换训练法、竞赛训练法和综合训练法。

第一节 重复训练法

一、重复训练法

重复训练法是指在不改变动作结构和负荷数据的情况下，按照一定的要求，反复地练习同一动作的方法。重复训练法在两次练习之间的间歇时间，并无严格规定，但是，原则上应使运动员的机体能够得到基本恢复。构成重复训练法的因素有：重复练习的距离、时间、次数、强度和间歇时间等。

二、重复训练法的特点

每次练习的动作结构和负荷数据不变；每次练习的强度较大，可用极限或次极限强度；间歇时间要充分，能使机体可以得到基本恢复。重复训练法主要是应用于周期性和非周期性的项目训练，以及身体训练、技术和战术训练。

三、重复训练法类型

依单次练习时间的长短，可将重复训练法分为：短时间重复训练方法、中时间重复训练方法和长时间重复训练方法三种类型。

（一）短时间重复训练方法的应用

短时间重复训练方法普遍适用于磷酸原系统供能条件下的爆发力强、速度快的运动技术和运动素质的训练。所有体能主导类速度性或力量性运动项群的技术、素质训练，所有技能主导类对抗性和表现性运动项群的高、难技术的训练和有关的速度素质和力量素质的发展，都是以此为主要的训练方法。

（二）中时间重复训练方法的应用

中时间重复训练方法普遍适用于糖酵解供能条件下的运动技术、战术和素质的训练。中时间重复训练方法还普遍适用于运动员学习、形成和巩固动作强度较低的运动技术，适用于运动员掌握局部配合的运动战术。同时，该方法同样普遍适用于比赛成绩为30秒到20分钟的体能主导类运动项群的技术和素质的训练。当然，对该类项群的训练，还应辅以短时间和长时间的重复训练方法。

（三）长时间重复训练方法的应用

长时间重复训练方法主要适用于无氧、有氧混合供能系统条件下的运动技术、战术、素质的训练工作。该法还适用于体能主导类（2分钟—5分钟）耐力性运动项群的技术、素质的训练。当然，该法辅以中时间重复训练方法或持续训练法时，将更具有独特效果。

四、运用重复训练法应注意的问题

（1）明确目的，正确规定练习的数量、距离、时间、重复次数、负荷强度等。

（2）根据训练任务确定重复训练法的要求。

（3）根据运动员身体的实际情况确定运动负荷。

（4）在进行重复练习时，应根据训练实际情况加强技术指导，不断提出新的要求，逐步提高练习的质量。

（5）间歇时间要充分，第一次练习后，当心率降到110次/分以下时，再进行第二次训练。

（6）加强思想教育。重复训练法比较单调、枯燥，对于少年儿童要采取科学的教育手段，培养他们的兴趣，调动他们的积极性。

第二节 持续训练法

一、持续训练法

持续训练法是指在相对较快的时间里，用较稳定的措施，以强度不太大的要求，连续进行练习的方法。

二、持续训练法特点

持续训练法的主要特点是练习时间相对较长，一次连续练习的量比较大，但强度不太高，一般应在 60% 左右。由于这一特点，持续训练法对机体刺激所产生的影响也比较缓和，训练效果产生得慢，但效果比较稳定。

持续训练法主要多用于周期性项目，也可用于非周期性项目的单个动作或成套动作，另外多用于发展耐力素质和学习、掌握动作技术、战术以及巩固、提高的训练中。

三、持续训练法类型

根据训练持续时间的长短，持续训练法可分为三种基本类型，即短时间持续训练方法、中时间持续训练方法和长时间持续训练方法。

四、持续训练法的应用

（一）短时间持续训练方法的应用

短时间持续训练方法广泛应用于体能主导类项目的运动素质训练之中，也适用于技能主导类运动项群中动作强度较高的素质、技术和战术的训练工作。

（二）中时间持续训练方法的应用

中时间持续训练方法普遍适用于技能主导类运动项群各个项目中多种技术的串联、攻防技术的局部对抗、整体配合战术或技术编排成套的技术或战术训练以及体能主导类耐力性运动项群训练。

（三）长时间持续训练方法的应用

长时间持续训练方法对于体能主导类耐力性运动项群具有直接训练的价值。

在实践中，长时间持续训练方法具有三种典型的变化形式，即匀速持续训练、变速持续训练和法特莱克训练。其中，在长时间持续训练方法中的匀速持续训练、变速持续训练形式与中时间持续训练方法的主要不同之处是：负荷强度相对更低，负荷时间相对更长，训练场所变更更多。

（四）持续训练法应注意的问题

（1）对于少年儿童运动员，在运用持续训练法时，其负荷量与强度要加以控制，不要太大。

（2）运用学习提高技术、战术、发展耐力时，一般在延长练习时间为主，其次是要有控制地提高强度。

（3）要根据不同训练水平运动员的具体情况以及训练所完成的具体任务，确定不同的练习程度和练习时间。

第三节 间歇训练法

一、间歇训练法

间歇训练法是指在一次或一组练习方法之后，要按照严格规定的间歇时间进行休息，在运动员机体尚未完全恢复的情况下尽量减少进行下一次或下一组练习的方法。间歇训练法广泛地运用在周期性项目和球类项目中，主要是用来发展心血管系统的功能和运动素质。

二、间歇训练法的构成因素

（1）每次练习的距离或时间。
（2）每次练习重复的次数和组数。
（3）每次练习的负荷强度。
（4）每次或每组练习的间隔时间。
（5）间歇时的休息方式。

三、间歇训练法的主要特点

（1）负荷与休息交替进行，而休息有严格的时间规定，在机体尚未完全恢复的情况下就给予第二次负荷。

（2）每次负荷的时间不长，而负荷的强度可以根据训练所需要解决的问题进行安排和调整。

（3）间歇时，主要采用积极性的休息方式。

四、间歇训练法应注意的问题

（一）儿童训练不宜用此法

间歇训练法一般来说强度较大，对于儿童训练要少用或不用。在对少年运动员进行间歇训练时，要正确确定每次练习的距离、重复次数、负荷强度、间歇时间与休息方式。最好是加强医务监督工作，以便取得理想的训练效果。

（二）间歇训练后的休息方式

最好是积极的走、慢跑等，以加速血液的可流，以防止出现重力休克。

（三）不同的训练方案交替使用

运动员对某一间歇训练方案适应之后，应变化各因素的参数，采用新的间歇训练方案，以不断提高训练水平。

第四节 变换训练法

一、变换训练法

变换训练法是指在练习过程中，有目的地变化练习的负荷、动作组合以及变换练习的环境、条件而进行训练的方法。

二、变换训练法的构成因素

（1）练习的量和强度。
（2）动作组合。
（3）训练环境。
（4）训练条件。

三、变换训练法的特点

通过负荷、动作组合、环境、条件等因素的变化，将对运动员有机体产生多种作用，以达到多种训练目的。

变换训练法应用范围广泛，周期性、非周期性运动项目均可以采用。发展素质、学习技术、战术中也可以采用。

四、变换训练法应注意的问题

（1）要根据训练的具体任务和训练中运动员存在的主要问题，有目的地变换练习的负荷、动作组合和环境条件。

（2）变换训练因素，有利于技术、技能的学习、巩固与提高，以及身体素质的发展。

（3）在运用变换训练法学习、掌握和矫正动作技术时，要掌握好训练时间，当达到训练目的后，要及时恢复到正常情况下进行练习，避免了由于训练因素的改变，形成与比赛要求不同的动力定型。

（4）变换训练法能提高自身练习兴趣，在训练中，教练员如果想要防止运动员分散注意力，就应牢牢地集中到练习的目的上来。

第五节　竞赛训练法

一、竞赛训练法

竞赛训练法是指在比赛的条件和要求下进行训练的方法。竞赛训练法能有效地提高运动员创造性地运用知识、技术和战术的能力以及身体训练水平，而且对培养运动员适应比赛的复杂环境，提高训练的实战性都具有重要意义。

二、竞赛训练法的种类

根据训练的目的与任务的不同，被广泛采用的竞赛训练法有：游戏性竞赛、训练性竞赛、身体素质比赛、技术和战术比赛、非专项性比赛、与高水平运动员进行练习的比赛、测验性比赛和适应性比赛等类型的竞赛。

三、竞赛训练法应注意的问题

（一）竞赛训练法的选择

根据训练和比赛的任务，来选用不同类型的竞赛训练法。巩固技术、战术可采用技术、战术比赛法；检查身体训练效果可采用身体素质比赛法；为顺利参加好比赛就采用适应性比赛法。

（二）运动员的思想、品德和作风的培养

在竞赛训练中，运动员的各种问题最容易暴露出来，教练员要不失时机地进行教育。

（三）防止伤害事故及产生过度疲劳

采用竞赛训练法，可以使运动员情绪高涨，比赛激烈。因此，要注意防止伤害事故发生。竞赛训练法的运动负荷过大，因此，要控制好运动员比赛次数和时间，避免了产生过度疲劳。

第六节 综合训练法

一、综合训练法

各种训练方法在训练实践中的综合运用，叫作综合训练法。综合训练法能更灵活地调节运动负荷与休息部分，使之更加符合练习内容的要求，从而能够有效地提高身体素质和提高运动技术水平，使训练取得良好的效果。

综合训练法的主要组织形式有三种：循环练习法、组合训练法、模式训练法。

（一）循环练习法

1. 概念

循环练习法是指根据训练的具体任务，有目的地建立几个或多个练习"站"，每"站"是由一个或几个练习组成，在练习时按规定的顺序、路线，每个"站"所规定的练习数量、要求与方法一"站"一"站"地进行练习，如此循环一周或几周的方法。运用循环训练法，能有效地发展各项身体素质，提高心脏、血管和呼吸系统的机能，同时还可以使身体各部位的肌肉得到锻炼，又能使局部肌肉负荷与休息得到交替，并能提高少年儿童的练习兴趣，有助于推迟疲劳的产生。

2. 循环训练法应注意的问题

（1）要根据训练任务，安排各人"站"的练习，并突出重点。

（2）选择的内容，一般是运动员已经掌握了动作，这样才有利于提高训练效果。

（3）选择的内容要注意全面性，使之有利于运动员素质的全面提高和发展。

（4）要科学地安排运动负荷。根据训练任务、对象的实际和练习特点来确定运动负荷。一般一个练习点练习量为本人极限负荷的 1/2 或 1/3，高水平运动员可以是 2/3，练习周数不宜过多。

（5）运用循环练习法，应严格要求动作的规格和质量。

（二）组合练习法

1. 概念

组合练习法是指根据各种训练方法的特点，组合两个以上的训练方法而成的一个新的训练方法。

2. 组合方式

（1）持续训练法与变换训练法的组合。

（2）重复训练法与变换训练法的组合。

（3）间歇训练法与变换训练法的组合。

（4）持续训练法与间歇训练法的组合。

（5）重复训练法、变换训练法、持续训练法的组合等。

（6）持续训练法、间歇训练法、变换训练法的组合等。

3. 组合训练法应注意的问题

（1）教练员要透彻了解各种训练方法的特点、作用及组合后的基本特性，使之符合实际要解决的具体任务。

（2）运用这种训练方法的运动员，要具有一定的训练水平。因为，这种训练方法十分不容易控制练习的量与强度。

（3）组合训练的设计，要符合比赛对机能、技术运用的要求。各个运动项目对素质、技术的要求不同，不针对专项比赛特点的需要来组合训练方法，组合训练法也就失去了它原有的意义。

（三）模式训练法

1. 概念

模式训练法是以优秀运动员创造优异运动成绩所起作用的各种因素为模式，对运动员进行定向训练的方法。这些因素包括从事运动的年龄、身体条件、开始专项训练的年龄、各项身体素质的指标，在训练过程中各个阶段的身体素质、技术、战术，以及某一专项有密切关系的其他因素的指标等。要事先进行收集或测定，然后将所得到的数据进行处理，从而可以得出各因素的具体指标及各个因素在某专项训练中应占的地位和所起的作用，制定出优秀运动员的模式，再根据模式要求，来选拔和训练运动员。

模式训练是把控制论引入体育领域，结合训练实践创造出来的。这种训练方法，可以使教练员定期将运动员在训练中所表现的各种状态、数据与"模式"标准进行比较，以便早日发现问题，及时采取措施进行修正，使训练向既定的方向发展。这比单纯靠经验训练、指导要更科学，训练的成功率也较高。

2. 模式训练的做法

可以分为制定模式和实施训练计划两步。

（1）制定模式

制定模式指标：

分析优秀运动员成绩中的各个因素及其地位、作用，定出各项因素的总指标，再定出各年龄阶段的各因素指标。

制定模式训练计划：

测试训练运动员的各因素指标，与模式各因素指标进行分析比较，找出优势与差距，以制订出训练计划。

（2）实施训练计划

依据训练计划进行训练。在训练过程中，要定期对运动员的各因索进行测定与分析，若发现问题，即发现实际与模式有偏差，应立即查找原因，修订训练计划，保证运动员各因素及成绩向模式方向发展，达到最终实现模式成绩的目的。

在运动训练实践中，训练方法是十分丰富的。教练员应从运动训练的特点出发，深入研究训练内容，从有效地完成训练任务出发，到创造性地运用各种训练方法，并在训练实践中创造和发展新的训练方法。随着世界体育运动向新的层次发展，世界各国都非常重视训练方法的研究。愿我国广大的体育教练员勇于探索，不断进取，创造出更多的适合我国国情的训练新方法。

第九章 高校体育科学运动训练实践探索

第一节 科学运动训练常识

一、运动对大学生体质健康的影响

（一）健康观念与运动参与

1. 个体健康观念的形成

随着现代医学的发展，人们个体健康观念的形式以及人类寿命的延长，使现代医学模式已经由原来单纯的生物型转变为"生物型—心理型—社会型"的医学模式。以前人们只关注个体的生物属性，对个体健康的理解仅仅是没有疾病；而现代个体健康概念强调的是作为有生物性和社会性两重属性意义的个体对不断变化的环境的适应能力和适应程度，强调个体在躯体、心理和社会适应方面的共同发展，以达到良好的适应状态。现代个体健康观念要求每个人不仅要有较高的躯体健康水平，而且也需要有良好的心理素质和社会适应能力。

在这个层面上，人们把身体健康理解为：全身各器官发育良好，组织结构完整，生理指标没有异常，身体处在充满活力、健康的状态。

对心理健康的理解则是：智力发育正常，人际关系良好，情感、意志力行为没有缺陷，社会适应能力强。

社会适应健康指的是：个体如何在社会上与人友好相处，以及如何应对、适应对方面做出反应，个体与社会习俗和社会制度又如何相互作用。

随着社会进步和经济发展，给人类带来了越来越多的健康问题。在20世纪中叶，"运动缺乏"对健康的威胁逐渐被人们所重视起来。到了20世纪70年代，美国学者John Knowles撰写了《个人的责任》一书，他认为个人健康最大的敌人就是个人本身。在此观点的影响下，20世纪80年代美国发动了一场以改变个人健康行为为目的的"健康促进运动"。这场健康促进运动对于改善个体健康状态起到了很重要的作用。最近华裔加拿大医学思想家谢华真博士提出了一个新的基本理念——"健商"。其定义是"一个人运用自己的智力保持健康的能力"。"健商"概念的提出说明人们的健康意识已是世界范围内的普遍问题。

缺乏锻炼、高脂肪和高胆固醇的饮食、紧张、吸烟、酗酒、滥用药物、接触化学毒物和不良性行为等都会引起严重的个体健康问题甚至还会导致死亡。相反，经常性的身体运动、注意饮食、保持良好的心态、杜绝不良嗜好和重视安全保护等，对于个体健康是有益的。

2.个体健康观念对体育运动参与的影响

人们想要获得健康的身体就离不开参与体育运动，首先要从养成良好的生活方式入手，要坚持规律的体育运动。要全方位地对体育运动有着正确的认知，体育运动能促进人们对健康知识拥有求知欲望，一个人所获得的运动健康知识量会决定他参与体育活动的信心。这里要知道的是保证人们毅然参与体育运动锻炼的基础是，人们能够清楚地认识到体育运动对人体健康的促进作用。在进行体育锻炼的实践中，个体一旦体会到了体育锻炼对生活状态产生的积极影响，就会不由自主地提高运动锻炼的持久性和自觉性，最终体育锻炼将成为生活中相对稳定的一部分内容。

（二）适量运动对个体健康的影响

1.对适量运动的界定

适量运动是指根据运动者的个人身体状况、场地、器材和气候条件，选择适合的运动项目，使运动负荷不超过人体的承受能力。在运动过程中的运动强度、持续时间和运动频率要适宜,运动时的心率范围要控制在 120~150 次/分钟;机体无不良反应,运动后略觉疲劳，恢复速度快；情绪和食欲良好，睡眠质量高，睡醒后感觉精力充沛。

2.适量运动对人体生理机能的影响

（1）对心血管机能的影响。适量运动能使心肌纤维增粗、心壁增厚、心脏重量和容积都增大，使心肌的收缩性增强，心肌耗氧量明显降低，具有较高的心肌耗氧效率和能量节省能力，还能使心肌 ATP 酶的活性提高，左心室压力最大升降加快，对钙的摄取和释放速率加快，能够促进心肌的收缩和舒张，使脉搏输出量增加。

适量运动能使心肌糖原贮量和糖原分解酶活性增强，三酰甘油（甘油三酯）转化速度加快，线粒体氧化磷酸化和氧的摄取能力均得到一定的提高。

适量运动时冠状动脉的血流量成倍增加，不仅改善了心肌营养与氧气的供应，而且还加强了代谢。适量运动还能增加动脉血管的弹性，使血管在器官内的分布数量增加，有利于器官组织的供血和功能的提高。

（2）对呼吸功能的影响。适量运动可以增加肺组织的弹性，增强呼吸肌的力量和耐力，使呼吸频率减慢，呼吸深度增加，肺通气和肺换气的效率提高，血红蛋白含量增高，组织的氧利用率提高，因而吸氧量也会随之改善。

（3）对神经系统机能的影响。适量运动可促进神经系统的生长发育，使脑的重量和大脑皮质（大脑皮层）厚度增加，大脑皮质表面积增大。还可以加快脑细胞的新陈代谢，对提高脑细胞的功能、工作效率及对脑细胞功能的保护都有良好作用。

在进行适量运动时，人体各部分之间的协调配合会比平时更好，内脏系统活动能被迅速激活，自主神经调节活动的均衡性会加强。适量运动能使神经细胞的工作强度、兴奋抑制转换的灵活性及均衡性都得到提高。由于运动时减少了脑血流的阻力，因此还有防止动脉硬化的作用。经常参加适量运动的人的记忆力与大脑工作的耐久力都比较强，反应更快、更敏锐，神经系统的分析、综合和控制能力会增强，工作效率也会提高。

（4）对运动系统机能的影响。适量运动可以使骨密度增加，骨骼变粗，肌肉附着处的骨突增大，骨小梁排列更为规则。这些变化提高了骨骼抗折断、弯曲、压拉及扭转等方面的能力。适量运动还可以刺激长骨增长，使人长高。

（5）对免疫功能的影响。适度运动是机体对运动应激的生理性适应，表现为机体免疫机能力增强，不易感冒，可以增强机体抵抗病毒的能力。

（6）对胃肠机能的影响。适量运动可使胃肠蠕动增强，血液循环会得到一定改善，消化液分泌增加，加速营养物质的转化与吸收。适量运动时呼吸运动会增强，膈肌活动范围加大，对腹壁胃肠能起到按摩作用，从而可以促进肠胃消化吸收。

（7）对身体成分的改善。适量运动可促进脂肪分解，促进肌肉蛋白质的合成，使体脂含量减少，体重增加，有利于改善和保持正常的身体成分，预防与身体成分异常有关的疾病发生。

（8）防治疾病。适量运动能全面增强身体各器官系统的机能，提高机体对内环境变化的适应能力，起到防治疾病的作用。

适量运动对降低正常人或轻度高血压患者的血压有良好的作用，可以预防和治疗高血压，可以延缓动脉粥样斑块的发展，来增加冠状动脉的贮备，在心血管疾病的防治上具有重要意义。适量运动可以有效减缓随年龄增长而发生的骨质疏松症状。

适量运动有助于调整神经系统的活动状态，协调各中枢神经系统间兴奋与抑制间的平衡，改善其机能活动；同时还使运动者的情绪得到一定的改善，心理负担减轻，有防治神经衰弱的作用。

适量运动可增加胰岛素受体对胰岛素的亲和力，以促进肌肉对糖的利用、降低血糖，增加肌肉对脂肪酸的利用、降低血脂，从而起到防治糖尿病的作用。

（9）延缓衰老。参与适量的体育锻炼可以有效改善人体心血管系统的机能，加快新陈代谢，清除体内的自由基，增强免疫系统的功能，提高机体抗氧化能力，改善机体内分泌，保持身体活力，延缓衰老。

3. 适量运动对人体心理机能的影响

第一，对人体没有伤害的适量运动可以有效促进大脑思维的良好发育。

第二，通过提高本体运动感知觉，使人对自身更加了解。

第三，通过运动表象，来提高认知和记忆能力，主要体现在：①通过运动形象、想象、模仿和直觉思维及空间判断活动，提高右脑机能；②通过运动时多种感、知觉的参与，从整体角度对信息进行综合、决策和应答，不停地对对手的意图及可能采取的行动作出判断和预测，做好与同伴的战术配合等，提高操作思维和直觉思维能力；③通过视觉的快速搜索（球和同伴的位置）、准确预测（球的落点）、决策与反应选择（必须决定做出何种应答反应，为行动留出时间）、快速有力的始发动作（起跑）、完成动作（协调、适宜、有效地支配身体完成动作）等活动，提高心理敏捷性。

第四，适量运动对人的情绪有良好的影响，主要体现在：①通过克服困难、竞争、冒险、把握机会、追求不确定结果、达到目标、控制、成功及挫折等过程，产生丰富的情绪体验；②适量运动具有宣泄、中和、抵消和对抗不愉快（负性）情绪和焦虑的作用；③适量运动可适应和对抗应激刺激，提高心理应激能力；④在适量运动后可出现良好的心理状态；⑤适量运动具有兴奋和充满活力的特点，有抗抑郁的作用。

第五，适量运动可使运动者产生特殊的体验，主要体现在：①高峰表现，运动者有时可出现超出正常机能水平的行为表现；②流畅体验，运动过程中有时可出现理想的内部体验状态，表现出忘却、投入、乐趣、享受和控制感；③跑步者高潮，跑步者在跑步时会出现瞬间的欣快感。

第六，适量运动可促进心理建设，主要体现在：①人在适量运动中一次次证明自己的能力，使自我概念发生积极变化；②适量运动可促进人的社会化过程；③适量运动可培养人的自信心；④适量运动可培养人的进取精神。

（三）过度运动对个体健康的影响

1. 过度运动的界定

体育锻炼中的过度运动涵盖了以下两方面的意思。

第一，在进行体育锻炼时，由于大量运动使体内机能发生改变，营养不良、思想波动、运用恢复手段无效等，会使身体正常的负荷被改变为超负荷量，让主动运动转变为被动运动的应激刺激。

第二，当体育运动的运动量超过人体所能承受的极限时，会造成人体在能量、精神上的过度消耗，短时间内无法恢复正常体力。两种运动过量的任何一种都会使人的运动能力减退，使身体出现非正常的心理症状和心理状态，而且会极大地损害人体健康。

造成过度运动的具体原因有以下三点。

第一，安排和身体体质不相符的运动量。运动持续时间过长、强度过大会引发身体极度疲劳。

第二，患病后过早恢复锻炼或刚恢复锻炼时的运动量过大。

第三，没有养成良好的生活习惯，营养不良或不均衡、作息不规律、心情不快乐等。

2. 过度运动对人体生理机能的影响

人们在运动过程中为了快速达到锻炼效果，往往会不注意劳逸结合，从而给身体带来极重的负荷。过量运动会导致大脑早衰，体内各器官供氧、供血会失去平衡，体内免疫机制严重受损，这样不但达不到健身的效果，反而会加速全身各器官的衰老。

（1）容易发生运动损伤。对于处在运动锻炼初始阶段的人来说，连续过量的运动容易造成肌肉和骨附着力点处的疲劳、骨折和关节慢性劳损，具体表现为关节肿胀和疼痛。

青春期少年过度运动易导致运动损伤，如体操运动员的应力骨折，赛跑运动员的胫前肌综合征，以及其他专项运动综合征，例如游泳肩、疲劳性骨膜炎和网球肘等。

（2）对抗氧化能力的影响。运动者的身体长期处于负荷量过重的状态，会增加体内的自由基含量，使机体的抗氧化能力明显下降，接着容易引发疾病、疲劳和骨骼损伤，进而会加速人体衰老的进程。

（3）对骨骼肌机能的影响。过度的运动会使运动者肌肉超微结构受到损伤，改变物质代谢，使骨骼肌收缩能力下降，还会使体内钙离子浓度增强，肌肉细胞内的钙离子平衡紊乱，带来肌肉酸痛、肌腱损伤等危害。

（4）对泌尿系统的影响。人在运动锻炼中机体大量排汗，会导致肾脏血流量减少，尿液浓缩就会产生高渗性原尿。当运动量超人体承受负荷时，体内血管收缩缺氧，致使二氧化碳滞留体内，滤过膜通透性增加，导致肾脏受损，严重者可导致运动性血尿。

（5）对胃肠机能的影响。过度的运动对运动者肠胃的损害也相当大，容易导致肠胃功能紊乱、食欲不振，头晕、恶心等。

（6）对神经系统的影响。过度进行体育锻炼对神经系统的影响主要有：出现头痛、失眠、头晕、记忆力下降等现象，严重的可导致人体出现自主神经紊乱的症状，主要表现为：面色苍白、恶心、出汗、耳鸣等；更有甚者会因失去肌张力而导致丧失意识，突然昏厥。

（7）对心血管机能的影响。过度运动对人体心血管机能的影响尤为严重。运动者如果不能很好地将自己的运动量控制在合适范围内，就容易给心肌毛细血管造成持续性损伤，心肌收缩功能和舒张功能也会因此有不同程度的损伤，还会造成心肌细胞发生缺氧、心肌力学指标明显下降。

这些具体表现为：心律不齐、胸闷、气短和休息时心率加快，运动后心率恢复很慢等；血小板的聚集机能明显增强，身体外周循环机能异常，血容量骤减、血压下降造成组织的缺血缺氧，最后会引起过渡性休克。

（8）对免疫机能的影响。过度运动对机体免疫机能的影响为：它可促进具有免疫抑制作用的激素释放，进而使机体的免疫能力被抑制，使人体免疫、抵抗功能下降，影响机体健康。人体在进行剧烈运动时，肾上腺素和皮质醇含量会增高，当它们的含量超过一定程度时，脾脏产生白细胞的能力就会大大被减弱，淋巴细胞和自然杀伤细胞的活性也会相对降低。同时还会降低人体的免疫力，增加呼吸系统的感染概率，造成全身乏力，易感冒，体重减轻，使肺炎、肠道炎等感染性疾病的患病率大大提高，并增加了自身免疫性疾病的患病概率。

（9）对生殖系统的影响。女性在青春期过度运动可能会导致月经周期异常，外阴创伤，卵巢扭转、破裂，子宫内膜异位症等症状。

（四）运动缺乏对个体健康的影响

1. 对运动缺乏的界定

运动缺乏是引起慢性非传染性疾病（和生活息息相关的慢性病）的一级危险因素，这些慢性疾病包括高血压、糖尿病、冠心病和高血脂等，这一类疾病的患者基本上很少运动或者根本不运动。一个人如果每周运动不足 3 次、每次运动时间不足 10 分钟，就可定为运动强度偏低；如果运动时心率低于 110 次/分钟，则可定为运动缺乏。缺乏运动就会对人体健康产生极大的不利影响。

2. 运动缺乏对人体生理机能的影响

人体长期缺乏运动，会降低身体新陈代谢的能力，从而引发多种肌肉关节疾病，例如骨质疏松、肩周炎、颈椎病等，同时也会给身体带来不良的反应，导致心肺机能下降。人们长期久坐不动，就会很容易患上坐骨神经痛、痔疮、盆腔瘀血等症状；久坐不动还可以使人体抵抗力下降，增加自身患病的概率。运动缺乏易导致心肌损伤，增加老年人的死亡率，加速人们衰老，导致中风、糖尿病、心绞痛等发病率明显上升，运动缺乏对人体健康的不利影响极为重大。

运动缺乏的人可能会出现记忆力减退、注意力难集中、精神不振、担心自己的健康、多梦、疲劳、情绪不稳定、用脑后疲劳、耐力下降、困倦、烦躁、健忘、虚弱、活动后疲劳、易怒、失眠、有压抑感、思维效率低、易感冒、嗜睡、四肢乏力、有不愉快感、头晕、目眩、抑郁、头疼、腰膝酸痛及脱发等亚健康症状。

（五）运动与健康促进

1. 体育运动对健康的促进作用

（1）健康生活方式与健康促进。通过实践证明，相对于药物的可效性，养成良好的生活方式对促进人们的健康有更重大的意义。体育锻炼和健康促进的关系紧密相连。人们如果每天都能坚持做到保证 7～8 小时的睡眠，坚持少食多餐，不抽烟不酗酒，适当地进行体育锻炼,注重早餐的营养搭配和保持好标准的体重,这些良好的生活方式将能在很大程度上促进健康的积极发展。

(2)体力活动与惰性病。随着现代社会经济高速发展,人类受机械化和快节奏生活的影响,运动已经不再是基本的生活方式,而是一种奢侈。大多数人由于缺乏运动,导致了人体的各项机能得不到有效的磨合,抵抗力减弱,各种疾病开始袭来。人体处于一种亚健康状态,使胆结石、高血压、肥胖病等各种慢性病成为生活中的常见病,损害了人体健康。

2.促进健康的身体运动量

促进健康最有效的方式之一就是运动。运动不仅能保证身体的灵活性,而且还能缓解心情,使人身心愉悦。经常参加体育锻炼的人,一般都是精神抖擞,面色红润,在工作、学习、生活中都能投入较高的热情和活力。

(六)大学生的运动健康促进策略

1.增加运动器材与设备

时尚、先进的运动器材可以有效地吸引学生参与运动。因此,高校财政部门应该在大学生运动器材上多投入些财力,购置先进的运动设备,为学生提供优良的运动资源,以保证他们参加运动的乐趣。

2.鼓励同伴一起参与运动

在体育锻炼中,同伴的鼓励和支持是不可或缺的重要因素,这一点对于大学生参与运动锻炼来说也非常重要。因此,大学生在参与运动的时候可以树立并增强团体运动的意识,积极参与学生间的运动项目,以便促进个体的运动锻炼。

3.增设多样化运动社团

多姿多彩的大学校园社团也是促进大学生能够规律地参加运动的一个重要因素。因此,学校可以根据学生不同的兴趣爱好,组建多元化的运动社团来鼓励学生参加社团,多方培养大学生参与运动的习惯,使他们从多种运动项目中能够找到自己喜爱并能坚持的运动。

4.增进运动时的正面感受

大学生如果能在所有的体育锻炼项目中找到适合自己的运动,那么运动就不单是一种强身健体的方法,而且还是一种属于自己放松精神的方式。所以,高校应该多在体育课堂上讲解体育运动的内容以及运动的趣味性,传递运动的乐趣。这样,学生不仅能够在体育锻炼中体验到运动的快乐,而且还能培养大学生养成运动的良好习惯。

二、运动促进健康的类型

(一) 有氧运动

1. 有氧运动的概念

人体的所有活动都需要能量。这些活动包括人体自身的生理活动，如呼吸、心跳、消化等，还包括人体每天在生活、学习、工作和娱乐等过程中涉及的活动，如行走、跳跃、说话等。这些活动所需的能量主要来源于在细胞中进行的物质转变成能量的过程，也就是把我们每天进食的食物分子中储存的化学能量转变成能被生命等各种活动过程利用的能量的过程。

人体所能利用的直接能量形式是三磷酸腺苷（ATP），其储存在各种营养素中的能量必须转变成 ATP 的形式才能为人体的各种需能过程所利用。完成这种转变的方式就是能量代谢过程，一般来讲，区分有氧代谢过程和无氧代谢过程，是依据在体育运动中能量代谢是否有氧气的参与。不同的代谢过程的利用的能源物质也不同，无氧代谢主要是利用糖，这会产生较多的代谢副产物——乳酸；有氧代谢可以利用糖、脂肪和蛋白质，由于只产生少量乳酸，因此有氧代谢类型的运动比较轻松、愉快，运动时间较长。人体在正常活动时主要通过有氧代谢来获得能量，而在某些特殊情况下则主要通过无氧代谢来获得能量。在运动时，由于运动的强度（剧烈程度）不同，体内为运动提供能量需要的代谢过程也不相同。我们要如何判断体内进行的是有氧代谢还是无氧代谢？一般来讲，100 米跑或 800 米跑运动中的冲刺、跳跃等均属于以无氧代谢供能为主的项目，称为无氧运动；而长跑、越野赛、长距离的自行车赛和游泳，以及日常生活中的散步、慢跑等则属于以有氧代谢供能为主的项目称为有氧运动。

2. 有氧运动的发展状况和特点

有氧运动是按照人体运动的能量代谢类型进行分类的一种运动形式。

有氧运动兴起于 20 世纪 60 年代，由于体力劳动骤减、营养摄入不合理和精神压力剧增等原因，非传染性疾病（俗称"文明病"）成为威胁人类健康的首要因素，寻找能有效预防和治疗非传染性疾病的方法成了当时研究的热点。美国医生库伯（Cooper）用了 4 年的时间进行健身与健康关系指导的研究，终于在 1968 年发表了《有氧代谢运动》《12 分钟跑体能测验》及《有氧运动得分制》等专著，系统地阐述了有氧代谢运动的原理、健身作用及评估方法，提出了有氧健身运动的理念，在西方国家引发了以有氧运动为主的健身热潮。其中影响最大的是他编写的《有氧代谢运动——通向全面身心健康之路》一书，已被翻译成 25 种文字、发行 1200 万余册，为世界许多国家所采用。

现代社会中得益于"全民健身"的口号，健身运动在全世界的被重视程度越来高，但是有氧运动仍然占据主导地位，而且还有不断扩展的趋势，其主要原因是有氧运动在促进人体健康和健身效果方面具有独特的作用。有氧运动主要有五个方面的特点。

第一，运动项目难度不大，易掌握。

第二，运动过程中身心愉快、轻松，没有任何不适的感觉。

第三，健身效果突出。

第四，运动不受环境、场地限制，运动成本不高。

第五，可以良好地保持标准体重。

3. 有氧运动对人体的影响

（1）有氧运动对物质能量代谢的影响。运动中的有氧运动主要是指运动机能在能量转换中有氧气参与，在有氧代谢下，糖分、脂肪、蛋白质被氧化成水和二氧化碳的过程；在代谢过程中能释放能量合成中被称作细胞燃料的糖、脂肪和蛋白质。

（2）有氧运动对心血管系统的影响。进行耐力性有氧运动对人体心脏的作用可分为两种情况：一是可以有效提高心肌力量；二是可以改善心率的变化。能直接反映心脏机能强弱的标志就是心率的高低，运动对于心脏机能产生的影响可以通过心率的变化来判断。运动锻炼对循环功能的主要影响是心输出量的增加，可以促使体内各组织器官的血流量进行重新分配，尤其是骨骼肌血流量大量增加，用来满足人体新陈代谢的能量供应，从而提高人体的活动能力。

（3）有氧运动对体能的影响。有氧运动对人体健康的作用是不可估量的，长期、规律地坚持进行有氧运动锻炼，就能够自然地刺激机体内的循环、消化、神经、呼吸及内分泌系统，能有效地促进青少年的生长发育，可以帮助人们保持充沛、旺盛的精力，并保障全身各器官的正常运转，增强体质，延缓衰老。

4. 常见有氧运动

（1）健身跑。健身跑通常又被称作慢跑，在运动过程中它一般用时较长，速度较慢，运动距离长，不分年龄，不限性别，不受场地、器材的限制，人们可以随时随地地在公园、田径场进行锻炼。

（2）有氧健身操。人们通常称在有氧供能的条件下进行锻炼的节奏感强、集体的体操和舞蹈为有氧健身操。长期且有规律地坚持有氧健身操运动对于提高人体的心肺功能、预防心血管疾病、消除多余脂肪、改善体形都有非常积极的作用。

有氧健身操对人们具有很好的健身、健心作用。当人体进入中老年阶段之后，各器官机能逐渐减弱，而有氧健身操以其自身的全面性、均衡性的特点，科学地延缓了各器官机能的减弱，从而使机能提高，使人们更加热爱生活，对未来充满信心。另外，健身操在塑造人体美的同时，还在潜移默化地影响着人们的情操，能使人胸怀豁达，对生活保持乐观进取的态度。

（二）休闲运动

1. 休闲的概念

在21世纪的现代社会，大家都普遍认为，只需要在"实现价值"的工作上全力以赴，休闲健身还只是被定位在"怡情"上。所以为了更高质量地提升人们的身心健康，我们必须重新定义娱乐、休闲和游戏能够给人们带来精神放松和身体健康的意义。

然而，因为休闲涉及的领域极为广泛，想要给休闲下一个准确的定义非常困难。但是，休闲却一定和当时的心态、时间、运动方式和生活状态有很大的关系。

2. 休闲运动

随着社会的进步和经济的高速发展，社会对休闲体育的需求也不断增加，丰富多彩的休闲体育活动成为人们日常生活中不可或缺的重要内容。它不仅有益健康，而且还能增强幸福感，提高生活能力。

休闲活动有两类：一类为动态，一类为静态。动态的休闲活动主要就是休闲运动。休闲运动是人们利用闲暇时间，为了增进健康、丰富业余生活的同时，还能达到以修身养性的目的所进行的各种锻炼身体的运动方式。休闲运动让人们在善度余暇，合理支配时间，同时也是一种能够提高生活质量的社会文化活动。

3. 休闲运动的特征

（1）娱乐性。休闲运动的意义在于它赋予了身体运动独立的价值和乐趣，更完美地诠释了运动快乐的精神，它既不像竞技运动那样紧张和具有强迫性，也不会像单纯无目的的锻炼那么无趣，休闲运动是用富有情趣的生活内容来充实人们的闲暇时光，让人不管是身体上还是精神上都能得到极大的放松。

（2）创造性。健康的身体使人精神愉悦、精力充沛，能更好地从事我们感兴趣的游戏和运动。人们在进行休闲运动时，在与同伴进行各种活动的过程中，活动和环境的融合以及相对开放的社会空间，会引起人们情感的共鸣和审美的体验，让人体实现自身的超越，这种超越就是创造力的激发。

部分休闲运动也具有一定的挑战性，当某项运动的难度与运动者本人的技能相吻合的时候，运动者本人会在精神上高度投入与享受，心情也会极为舒畅。在休闲运动中像攀岩、跳伞、潜水、蹦极等具有新奇性和冒险性的项目，可以在很大程度上满足运动者的探索感。

（3）可选择性。休闲运动可选择的项目是多种多样的，它还包括选择接受参与休闲运动时会有的限制和规则，如老年人可以在秧歌、舞蹈乃至遛鸟等活动的群体中放松自我，精神得到满足；也可以在学校操场、球场或者健身房、青山绿水中体验不同的人生感受，享受繁忙、紧张工作之余的快乐。

（三）民族传统体育运动

我国传统的健身养生法蕴含着五千年的华夏文明历史，在人民群众中有着良好的基础和流派众多的内容方法。其中以武术、气功养生最具有特色。这些传统的健身养生法，简单易行，不限制场地，可自行控制运动量，并且集体或个人都可以进行运动。

1. 八段锦

（1）概述。八段锦在我国有文字记载以来已经有八百多年的历史，因此被我们比作精美的锦（由此可见八段锦受我国人民喜爱的程度），故得名八段锦。

（2）八段锦的特点和功效。八段锦作为流传在民间的一种健身体操，动作完整、全面。主要是用医学理论来解释动作对人体健康的作用，八段锦的运动量可大可小，长期坚持锻炼，对一些慢性病有很好的治疗和预防作用。

2. 五禽戏

（1）概述。五禽戏还被称作五禽操、五禽气功和百步汉戏，是古代的医疗体操，是由我国东汉名医华佗创造发明的，它因模仿鹿、熊、猿、虎、鸟五种禽兽的动作和神态而得名。华佗认为"体有不快，起作一禽之戏，怡而汗出，因以着粉，身体轻便而欲食"。华佗在前人总结的理论和经验的基础上创编出成套的五禽戏，不仅可以保健、强身健体，而且还可以治病。

（2）五禽戏的功效和特点。五禽戏的流派很多，动作繁简不一。但是五禽戏的健身、防治疾病的效果特别明显，如果能长期坚持练鹿戏能益腰肾，伸筋脉，增进行走的能力；练熊戏可以增强脾胃机能，增强力量；练猿戏可以增强记忆，提高人体的灵敏性；练虎戏能增强关节功能，使人的精力旺盛；练鹤戏可以锻炼肺呼吸机能，增加平衡能力。

3. 易筋经

（1）概述。古代的健身方法中，易筋经因为特点突出，一直在民间流传，是群众喜闻乐见的一种体育健身运动。易的意思是改变、筋是筋骨、经是方法，整个意思就是把赢弱的筋骨改变成强壮结实的筋骨的一种健身方法。

（2）易筋经的特点和功效。易筋经的整体动作都与呼吸密切相关，并且是采取静止性用力，整体上和五禽戏、太极拳都有相似之处，其共同点是都要求动静自然、刚柔并济，长期坚持练习有增加肌肉力量、加强内脏器官的功能。

4. 太极拳

（1）概述。太极拳是在我国流传已久的拳种之一，因其动作绵延不绝，也曾被称为"长拳"或者"绵拳"。在18世纪末，山西王宗岳取《周子全书》中阴阳太极哲理来解释拳义，并著有《太极拳论》。从此之后，普遍采用"太极拳"这一称呼。

经过长期的演变和流传，太极拳演变出了多种流派，其中流传最广、特点最明显的有陈式、杨式、吴式、武（郝）式、孙式这五式太极拳。虽然流派、姿势、风格各不相同，但总体来讲动作顺序和套路机构相似，练拳目的也相同（都是为了强身健体）。五式套拳，各有各的器械套路练法和推手，如太极棍和太极枪；也有对练，如太极推手、太极散手、双人粘枪、太极剑、太极刀等。

（2）太极拳的特点和功效。动作松静圆活，练习时以腰为轴、以意念为主导，不用蛮力，以柔克刚，讲究"引进落空""四两拨千斤"。久练太极拳能调节中枢神经系统和自主神经系统的机能平衡，不仅消除精神紧张，而且还能消除由神经系统紊乱引起的各种慢性疾病；减轻心脏负担，降低周围血管的紧张度，使得血液循环通畅，增加心肌供血量，改善循环机能；改善肺通气和肺换气的机能，提高呼吸系统的工作效率；调节内分泌机能，增强机体的生理机能；改善人体的免疫监视能力，提高抵抗疾病的能力；疏通经络，促进新陈代谢，增强体质，延缓衰老。

5. 形意拳

（1）概述。形意拳是中国拳术之一，也叫"心意拳""心意六合拳""六合拳"。关于形意拳的得名，说法不一：有人认为由于这种拳术要求"心意诚于中，肢体形于外"，外形和内意高度统一，所以称为"形意拳"；也有人认为这种拳术象形取意，取法为拳，体现出了许多动物的特长，如虎的勇猛、猴的灵敏等，故名。形意拳起源于山西，距今已有将近400年的历史。清乾隆以后在山西、河南、河北广为流传，并形成多种流派。各种流派风格虽异，但运动特点均要求动静相间，节奏分明，气力结合，形神统一，身正步稳，快速整齐，动作严紧，手脚合顺，以及劲力充实，刚柔相济，完整饱满，稳固沉着。

（2）形意拳的特点和功效。动作简洁朴实，大多直来直往，一屈一伸，节奏鲜明，朴实无华，富于自然之美；动作严密紧凑、沉着稳健、身正步稳、快速完整。长期练习形意拳，可强健身体，锻炼勇敢、果断的精神，有利于身心健康。

6. 八卦掌

（1）概述。八卦掌是我国众多拳种之一，创始人是清代中叶河北文安人董海用，又被称为八卦掌、八卦连环掌。由于在练习八卦掌时纵横交错，与"周易"中的卦象相似，因此得名"八卦掌"。

（2）八卦掌的特点和功效。八卦掌对于锻炼人体的柔韧度、耐力和速度有相当好的作用，尤其是增强下肢力量的效果更为明显。八卦掌的特点是随走随变，身捷步灵，敏捷多变，掌掌相连。

7. 气功

（1）概述。气功古称吐纳、导引、行气、服气、食气、练气、静坐、坐禅或内功等，是中国独有的一种健身术，在我国有着悠久的历史。根据考证，早在周代金文（公元前11世纪—公元前77年）中就有了关于气功的记载。战国初期的文物《行气玉佩铭》

就已记述了气功的理论与练法。我国现存最早的医学奠基《黄帝内经》里，已有关于气功的描述，以后各个朝代也都有关于气功的详细记载。

（2）气功的特点和功效。通过练功者的主观努力对身心进行意、气、体结合的锻炼，以达到健身和防治疾病的目的。长期坚持练习气功：第一，可以调和人体气血，平衡阴阳，提高神经系统的协调能力，增强心血管和呼吸系统功能；第二，气功锻炼对腹腔有按摩的作用，可以有效地增强消化功能，提高食欲；第三，练习气功可以提高人体潜力的发挥，调动自身的积极因素，起到自我控制的作用。

三、运动促进个体健康实施的原则

（一）科学性原则

体育锻炼要讲究科学性，在参加体育锻炼之前，必须要进行健康测量与评价，以了解身体的发育和健康状况，尤其是心血管系统和呼吸系统的机能状况，并根据健康评价结果、个人的兴趣爱好合理地选择运动内容，合理地安排运动负荷、运动持续时间和运动频率。应选择全面锻炼、强度容易控制的运动项目，以提高心肺机能为主的有氧运动项目，选择能够对人体各部位、各器官系统的机能，各种素质和基本活动能力进行全面、系统锻炼的项目，以促进人体的全面发展。同时还要注意体育锻炼与卫生相结合，注意均衡的饮食和营养，保证充足的睡眠，保持积极乐观的情绪及平和的心态，从而达到增强体质和提高健康水平的目的。

（二）适用性原则

体育锻炼计划应符合人体的运动规律，任务难度要适中，要符合体育锻炼对象的年龄、能力等。过易或过难，都会容易导致锻炼者的兴趣减退，影响锻炼的效果。

体育锻炼计划应具有全面发展身体、锻炼方法多样、形式灵活等特点，例如，经常练习长跑的人，也要尽量做体操、打篮球；经常打乒乓球的人，也要多练习长跑等。

体育锻炼计划还应充分考虑环境、运动场地、器材、设施及服装等条件，以便于计划能够真正落实。一些对场地、器材要求不高的运动项目具有适用性强的特点，如跑步、快走等，在选择运动项目时可作为首选项目。

（三）循序渐进性原则

该原则是指在进行体育锻炼时，必须要根据人体发展规律和个人的实际情况，逐步地提高锻炼的要求。运动的强度要由小到大，运动时间要由短到长，运动量要由少到多。对于长期系统的锻炼来说，循序渐进原则还应该体现在锻炼中总负荷量要逐渐增加，因为随着锻炼效果的发展以及体质的增强，机体对原来负荷所产生的反应会越来越小，锻炼的效果会有所减弱。因此，必须逐渐增加运动负荷的总量。对于某一次锻炼来说，机体从相对安静到运动状态需要克服内脏器官的生理惰性而有一个逐步适应的过程，因此，一次锻炼的运动负荷量要遵循从小到大的渐进性规律。

（四）长期性原则

体育锻炼一定要科学、系统、有计划地进行，才能积累锻炼效果，逐步改善人体形态和机体各器官的机能，以达到健身的目的。据研究证明，通过体育锻炼所获得的生理机能的增强会因锻炼的终止而降低。因此，要想获得理想的健身效果，体育锻炼要持之以恒，不能中断。

（五）启动积极的运动计划

我国体育运动中占有优势的项目有跳水、乒乓球、射击、体操、武术等，综合来讲，这些项目都对人体的柔韧性、协调性、灵敏性要求较高，足以证明我国人们在这些技能方面还是有很大优势的。

健康最重要的因素就是坚持运动，医学之父希波克拉底有一句流传了两千多年的名句"阳光、空气、水和运动，是生命和健康的源泉"。因此，想要获得健康的体魄，除了大自然提供的阳光、空气、水以外，还需要坚持不懈地进行运动，所以，现在开始就应行动起来，给自己制定一个积极的健身运动计划。

1. 运动时兴趣是最好的老师

在现实生活中，大部分人就是因为兴趣才会不断地走进运动场中进行锻炼，正是由于对运动的项目感兴趣，才会使我们在锻炼的过程中不会感到枯燥、乏味，反而充满快乐；也是因为兴趣这个老师，我们在运动中才会全身心投入，运动技能才得以快速提升。

2. 选择运动项目之前做好评价

评价指的是运动者要对自己的身体状况有充分的了解，因材施艺地选择合适的项目进行锻炼。例如，力量和爆发力强的同学可以选择田径运动中的项目进行锻炼，如举重、投掷、跳跃类、短跑；身体灵敏性好的同学应尽可能地要选择球类运动或者田径运动中的跳高、跨栏等项目锻炼，柔韧性强、协调性好的同学就可以多考虑武术、健美操、拉丁舞之类的运动。

3. 迅速提高运动技能的方法

（1）注重基本功的练习。俗话说："万丈高楼平地起。"良好的运动技能一定要建立在扎实的基本功之上，想要提高运动技能，一定要从最根本的基本功开始练习。扎实稳健的基本功，是提高运动技能的良好开端。

（2）良好的身体素质奠定了提高技能的基础。良好的身体素质也是提升运动技能的必要条件之一，运动者想要掌握高超的运动技能，但是没有良好的身体素质的支持是很难达成的。总体来讲，体能的改善和运动技能的提高是相辅相成的，二者相互成就。由于多数运动项目对于体能的改善是局部性的，所以，运动者在日常锻炼时一定要有意识地进行一些基本的体能训练。像游泳、健身等都是体能训练不错的方式。

四、运动中常见的生理反应及预防

人们为了强身健体和增进体能，在日常生活中总是有目的地进行运动锻炼，但是在锻炼过程中，如果姿势不正确或者锻炼方法不当就会造成运动损伤。如果因为运动损伤影响到身心健康甚至造成终身遗憾，就违背了我们参与运动锻炼的初衷。所以，在进行运动锻炼前，一定要先了解、学习一些基本的预防运动损伤的知识，正确地进行锻炼，以避免运动损伤。

（一）运动中常见的生理反应及注意事项

1. 运动性腹痛

（1）概念。在非疾病的原因下，运动时出现不同程度的腹部疼痛的现象称为"运动性腹痛"，最常见的是发生在较长距离的跑步时。

（2）处理方法。在排除疾病的可能后，要尽可能地采取减速慢跑和调整呼吸的运动策略，并用手部对疼痛部位进行轻轻按压来缓解疼痛。假如症状得不到缓解反而有所加重，应立即停止运动或到医院进行诊断和治疗。

2. 肌肉酸痛

（1）概念。由运动而引起的肌肉酸痛一般可以分为急性肌肉酸痛和慢性肌肉酸痛（迟发性的肌肉酸痛）两种。急性肌肉酸痛有别于肌肉拉伤，可因肌肉的暂时性缺血造成酸痛现象，常伴随肌肉僵硬的现象，在肌肉做剧烈运动时才会发生，肌肉活动一结束，经过简单的恢复措施、不需治疗即可消失。有时肌肉酸痛不是即刻发生在运动结束后，而是发生在运动结束后的 1 ~ 2 天，称为延迟性肌肉酸痛。

（2）处理方法。缓解肌肉酸痛最好的方法是采用按摩和热敷的方法，帮助肌肉放松，促进酸痛部位的血液循环，缓解酸痛；还可以进行适度的静力拉伸练习，帮助肌纤维进行修复。

3. 肌肉痉挛

（1）概念。肌肉痉挛又被称作抽筋，是指肌肉不由自主地强直收缩。在进行运动练习时，最容易抽筋的部位是小腿三头肌，然后是足底的屈拇肌和屈趾肌。肌肉发生痉挛时，常常疼痛难忍，并且短时间内不容易缓解。

（2）处理方法。根据痉挛部位，牵引痉挛肌肉，即可缓解。例如，游泳中发生腓肠肌痉挛时，不要惊慌，深吸一口气，仰浮于水面，用抽筋肢体对侧的手握住抽筋肢体的足趾，用力向身体方向回拉，同时用同侧的手掌压在抽筋肢体的膝盖上，伸直膝关节，即可缓解；如果不行，应大声呼救或立即上岸处理。

4.运动性中暑

（1）概念。中暑是指在高温和热辐射的长时间作用下，发生体温调节障碍，水、电解质代谢紊乱及神经系统功能受到伤害的症状。根据发病机制和临床表现的不同，通常可将中暑分为热痉挛、热衰竭和热（日）射病。运动性中暑通常指由于运动大量产热，而造成运动者体内过热，发生高热出汗或肤燥无汗、烦躁、口渴、神昏抽搐，或以呕吐腹痛为主要表现的疾病。此症多见于从事较长时间或较大强度运动的运动者。

（2）处理方法。当运动中运动者发生中暑时，首先应把患者送到阴凉通风处，对患者进行降温治疗，可采取药物降温法和物理降温法，并同时给患者补充葡萄糖溶液或者生理盐水。中暑严重的患者在经临时处理后，应紧急送往医院进行治疗。

（二）运动注意事项

1.剧烈运动后的洗浴

在剧烈运动后，通常会汗流浃背、身体疲劳，这时是不宜进行冷水浴的。众所周知，在运动过程中会消耗肌肉很多的营养物质，同时机体新陈代谢会增强，体内因为运动所产生的热量需要散发出去，即使运动停止，汗腺的散热任务也不会立刻停止。如果运动后立即进行冷水浴，会导致皮下血管突然收缩，体内的热量不能很好地散发出去，人体积留太多热量就会生病，因此一定要采取温水洗浴，来增进血液循环，缓解疲劳。

2.剧烈运动前后的饮食

运动时血液大量地供向运动系统的肌肉，如果进食后立即运动的话，消化系统还要承担繁重的消化任务，就会产生供血不足、影响消化系统的运作，导致肠胃疾病。运动前后和进食之间最少要有半个小时的时间间隔，这样消化系统的负担也小，也容易获得理想的锻炼效果。

3.运动中的饮水

运动不仅会大量消耗能量，运动后因大量出汗也会丧失水分，人体缺水就会影响生理机能的工作能力。及时给身体补充体内流失的水分是生理的需要，不然运动者会出现口干舌燥、精神不振的现象。

4.运动中的呼吸

运动中一直提倡用鼻子呼吸，但是有些同学认为在运动时会增加通气量，单纯用鼻子呼吸根本满足不了人体的通气需求。其实，这种想法是不正确的，掌握好运动节奏，两个鼻孔完全可以满足人体通气的需求。假如实在难以做到，而又为了减少细菌的侵入，可在呼气的时候用嘴巴来辅助，但一定要用鼻子来完成吸气动作。

3.运动性疲劳及其恢复

1.运动性疲劳

（1）运动性疲劳的定义。运动疲劳是一种正常的生理现象，通常是由于运动时间过长，会导致身体功能出现暂时性下降，这对人体健康没有影响，一般通过休息就可以调整过来。

（2）运动性疲劳的成因。运动性疲劳也是一种生理性疲劳，是指在过度运动后身体会暂时性降低机体的运动能力。在运动过程中，身体疲劳和心理疲劳有着密不可分的关系，两者相互影响，换句话说，运动性疲劳是心理疲劳和身体疲劳的总称。

2. 消除运动疲劳的措施

消除运动性疲劳常用的措施有物理手段（按摩、热疗等）、补充营养、心理恢复手段、积极性休息、睡眠等，这些方法都可以在短时间内有效地缓解因过度运动而带来的机体疲劳。

（1）按摩。人们在日常生活中常利用手、足、按摩器械等多种手法和工具，通过刺激体表的穴位，改善血液循环，加快人体新陈代谢，缓解疲劳，调节人体的生理功能，预防疾病的产生。

（2）合理补充营养。运动性疲劳最常见的原因就有人体能量的供应问题，关键是要能够在运动过程中供应合理的营养。一旦运动者出现运动疲劳的现象，应立即补充人体所需的糖分和维生素；特别是经常运动的人，一定要注意在日常生活中合理搭配饮食，保证人体充足的能量供给。合理的营养能增强体质，缓解运动疲劳，还可以提高运动效率。

（3）心理恢复手段。疲劳包括身体疲劳和心理疲劳两种。千万不要小看了心理疲劳对身体疲劳的影响，在运动过程中，可以适当地采用心理手段对运动者进行积极的暗示和引导，让运动者在运动过程中获得相应的心理调节，让身体和心理得到放松。实践表明，科学、合理的心理治疗可以帮助运动者有效地缓解运动疲劳。

（4）积极性休息。如果长时间进行运动或体力劳动，大量的二氧化碳就会堆积在体内，使人们感觉到乏力、疲劳，人体机能就会下降。这时就要通过洗温水澡、按摩和物理疗法等一些积极的休息措施来进行改善，洗温水澡是最常用的且速度最快的消除疲劳的方式，按摩则可以加快血液循环，消除疲劳，恢复人体机能。

（5）睡眠。良好的睡眠就是最好的休息，生活中睡眠占据了相当一部分的时间，好的睡眠不仅能增加生活原动力，而且还可以消除疲劳。科学的睡眠一定要具备以下几点。

良好的睡眠环境；每天保持7~8小时的睡眠时间；最好要南北方向放床，枕头的高度在10厘米左右；科学的睡眠最好是仰卧或者向右侧卧，要避免趴着睡。

第二节 科学运动训练过程监控

一、运动训练监控释义

运动训练监控是将运动医学、运动生物力学、运动生理、生化等学科的理论和方法应用于训练过程中,应用综合方法和手段研究训练过程和训练效果,帮助教练员不断调整训练计划,实现运动训练最优化控制,使运动员达到体能、心理和技术等最佳状态,从而最大限度地提高训练效果和运动能力的全过程。

二、运动训练监控研究现状

目前,体育科学领域中的运动训练监控主要从身体机能诊断与监测,心理状态诊断与监测,运动技战术诊断与监测三个方面来进行。身体机能诊断与监测主要从生理学角度解决运动训练中限制能量产生的问题(医学监督、健康检查、生理生化监测);心理学监测主要解决限制能量控制的问题(心理监测、训练);运动技战术诊断与监测从生物力学角度解决限制能量利用问题(技术分析与诊断)。

三、运动训练监控的发展趋势

随着科学技术的发展,许多新仪器、新技术和新的研究方法应用到了运动训练监控中。如核磁共振、心电图、肌电图、脑电图、超声诊断等先进技术将在体育科研中发挥作用。当前,运动性疲劳发生和恢复的机理尚需进一步研究,特别是中枢神经疲劳的生理生化指标。利用现代科技实验技术,探明运动性低血睾酮、运动性贫血、免疫能力下降的机理,并开展早期诊断指标和评定方法与标准需进一步做加强研究。

第三节 运动负荷研究

一、影响体育课运动负荷的主要因素

(一)运动强度

运动强度是指单位时间内完成练习所用的力量大小和机体的紧张程度,影响运动

强度的主要因素是练习时的速度和负重量。如初中生 100 米快速跑，跑后即刻心率可达到 180 次／分以上，慢跑 1 分钟，心率一般在 130 次／分左右，显然前者强度大，后者强度小。在体育活动中，较大强度的项目有跑、跳等，而走、爬、投掷等的运动强度则相对较小。

（二）运动时间

运动时间是指一次体育课练习的总时间或每个练习的间歇时间，在保证一定的合理强度和密度的同时，练习时间持续的长短也直接关系着运动负荷的大小。如果一节课，学生长时间处于大强度的运动之中，那么，他们的运动负荷就偏大。

（三）练习密度

练习密度是指单位时间内重复练习的次数，它在运动负荷中反映时间和数量的关系。练习密度是否合适较大地影响着学生的运动负荷，一般与运动负荷成正比。

（四）教师的教学内容、教法和组织措施

教师安排体育教学内容的难易程度是否合适，教学方法是否恰当，组织措施是否得当，讲解示范是否正确形象、生动规范等都会较大程度地影响运动负荷。如教学中因分组太少而导致学生长时间的等待，从而使运动负荷过小；如练习的间歇时间太少，又使运动负荷过大。

（五）学生的个别差异

学生的个别差异是指学生的身体机能水平的个别差异。在体育课上，往往相同的练习对不同的学生会产生不同的影响。如快速跑完 60 米，有的学生心率可以达到 180 次／分以上，有的学生仅 170 次／分。

二、合理安排每节课的教材和确定课的任务

这就要求教师课前的备课要做到心中有数，在安排教材内容时，应合理搭配不同性质、不同负荷、适宜数量的教材。运动量大和运动量小的练习应交替安排，如强度较小的走平衡木或窄道、投掷、钻爬与强度较大的跑、跳跃、攀登、爬、滚翻等内容组合。教师要合理安排学生体育课的密度，尤其是学生的练习密度。在确定任务时新教的知识、技能不宜太多太难，且必须富有趣味性。

三、灵活运用教法

由于体育课是以直接的身体练习为基本手段，教师在教授学生体育课时应精讲多练，应使学生的练习密度在课程的总密度中占最大的比例（一般学生在体育课中的练

习密度在35%~55%较为适宜),还应讲练结合。为了加大学生的运动负荷和练习密度,可多采用同时练习法、鱼贯练习法、循环练习法等方法。还可增加学生练习的次数,扩大其活动范围,增加障碍物,提高练习难度。反之,如果学生的运动负荷已较大,则应通过缩短其练习的时间和距离,如变同时练习为分组轮流练习或相互观摩,改变练习的内容,缩小活动的范围,减少障碍物等手段来降低学生的运动负荷。

四、充分利用场地、器械

事实上,每个学校的具体情况各不相同,在体育场地上,有的学校还达不到正常标准,这就需要教师开动脑筋,最大限度地提高场地利用率,多采用分组活动和分散活动。如器械不够,则可采用分组轮换型或循环练习型等形式,以加大学生的练习密度。此外,安排运动负荷时还应考虑季节和气温因素。在炎热的夏季,可适当降低学生的运动负荷;而在寒冷的冬季,应适当增加学生的练习密度(但运动强度仍不应太高)和运动负荷。

以上调整策略,教师在具体运用时一定要结合每节体育课的内容和学生的实际,做到灵活机动,科学调整,以增强学生的体质,使学生身心得到健康发展。

在课堂教学中最常用到的运动负荷测量方法除了脉搏测量外,还有询问法和观察法。据瑞典生理学家研究,当询问学生锻炼后的自我感受,学生回答"累极了、很累、有点累、还行、很轻松、非常轻松"时都有不同的心率,而这些心率和回答之间有着极明显的对应关系。这样教师就可以利用学生的回答来判断学生承受运动负荷的情况。采用观察法可以直接简便地知道学生的运动负荷情况,教师可以通过观察学生的脸色、表情、喘气、出汗量、反应速度等表现来判断其所承受运动负荷的大小。比如,当学生承受较小负荷时,额头微汗、脸色稍红;承受中等负荷时,脸色绯红,脸部有汗下滴;承受过大的运动负荷时,脸色发白,满头大汗,动作失控等。所以,安排运动负荷时要以学生发展为中心,重视学生的生理和心理感受。在体育课上,可以通过调整练习的次数和组数、练习的强度和时间、器械的坡度和阻力,也可以改变课程的组织教法等来对运动负荷进行合理的调节。

第四节　训练运动处方与损失预防

一、运动处方的概述及基本组成

（一）运动处方概述

世界上最早的运动处方可追溯到我国的战国时期（公元前475—前221年）的作品《行气玉佩铭》。在公元前460—前377年，古希腊医学家希波克拉底（Hippocrates）最早用体操来治疗疾病，他的论著《运动疗法》《健身术》是运动处方的萌芽。

现代运动处方始于20世纪50年代，到目前为止已有60多年的历史，运动处方经过几十年的发展，已经成为人们健身、康复的主要方法。世界各国（中国、美国、德国）学者也对运动处方的实践应用和理论进行了多方研究。

随着社会的不断发展，人们对健康越来越重视，健康、科学、合理的运动已经成为人们迫不及待的需求。不管是日常生活中的强身健体还是疾病后的康复训练，运动处方都能给人们提供全面、科学、合理的指导方式，所以在现代社会中，运动处方有着广阔的发展前景。

运动处方最早是受医院医疗处方的启发，并在体育运动的实践中得到广泛应用和发展。因此，在研究分析运动处方之前，先简单介绍一下用于给病人治病的医疗处方的基本知识。

1. 医疗处方的概念

《处方管理办法》（卫生部令第53号，自2007年5月1日起施行）第二条规定："处方是指由注册的执业医师和执业助理医师（以下简称医师）在诊疗活动中为患者开具、由取得药学专业技术职务任职资格的药学专业技术人员（以下简称药师）审核、调配、核对，并作为患者用药凭证的医疗文书。处方包括医疗机构病区用药医嘱单。"

通过《处方管理办法》的相关规定我们可以知道，开具医疗处方要经过极其严格的程序和要求，必须由具备资质的医师和药师共同开具，有明确的针对性、较高的权威性和法规约束力，且医疗处方只是当日有效，药物用量最长不超过7日，一般用药量为3日。医疗处方科学化地为运动处方的诞生提供了实际的操作经验和科学的理论依据。

2. 运动处方的概念

美国生理学家卡波维奇在20世纪50年代提出了运动处方的概念；日本生理学家猪饲道夫教授在1960年初次运用了运动处方术语；在1969年国际上承认了运动处方

的地位；1954年起德国的Holl-marm开始对运动处方的实践和理论进行大量的研究，制定出针对运动员、健康人、中老年人、肥胖病等不同人群的各类运动处方，并取得了显著的效果。

3. 运动处方与医疗处方的区别与联系

运动处方是受医疗处方的启发而发展起来的体育锻炼方法，无论是从形式上还是从内容上，都有着非常相似的地方，但也存在诸多差别，而且有些差别是非常重要的。因此，比较和分析其主要差别，对于发展运动处方的理论和实践具有重要意义。关于练习的目的，不同的人群有着不同的要求，有的是控制体重，有的则是提高身体素质，有的可能是治疗某些慢性疾病。随着运动处方理论与实践的发展，目标对象可以是个体，也可以是类似群体。

（二）运动处方的基本组成内容

1. 练习的目的

不同的目标群体或个体，其练习的目的不同。归纳起来，练习的目的一般有增强体质、保健康复、减肥塑形、休闲娱乐、预防疾病以及从多方面提高运动素质与健康水平等。

2. 练习的内容

练习的内容是运动处方所运用的练习手段与方法的总称。关于练习和运动种类的划分非常复杂，根据不同的分类标准得到的分类体系也不同。从运动的结构上看，可以将运动分为周期性运动和非周期性运动两大类；从运动竞技取胜的决定因素来看，又可分为体能类和技能类两大类；根据练习做功的方式，可分为动力性练习和静力性练习两大类，等等。制定运动处方主要注重的不是练习或运动的形式，而是对身体的效果。因此，根据练习或运动的生理学基础——供给氧气的方式和特点，可将练习划分为以有氧供能为主的练习、以无氧供能为主的练习及以混合供能为主的练习三种类型。

需要补充的是，以上分类是相对于一般情况而言的，究竟是有氧还是无氧，主要是取决于练习时所选取的强度、而不是练习的方式。如100米跑练习，如果采取慢跑的练习强度，就是以有氧供能为主的练习；反过来，如果采取全速跑，它就变成了以无氧供能为主的练习了。

另外，同样的练习负荷，由于个体之间的体力、身体素质及健康状况等诸多方面的差异，也会存在着有氧与无氧的差别。因此，在研究设计运动处方时，要针对具体情况，选择合理、有效的练习类型，从而保证达到练习的目的。

3. 练习的负荷

练习的负荷包括负荷的强度和负荷的量度。负荷的强度是指练习对机体产生生理、心理刺激的剧烈程度；负荷的量度是指练习对机体刺激的数量要求。

如 100 米跑练习所用的时间是 15 秒，100 米是练习的负荷量度，15 秒是练习的负荷强度；举重 100 千克，连续做 8 次推举，100 千克是练习的负荷强度，8 次是练习的负荷量度。

运动强度是运动负荷的重要方面，是运动处方的重要内容，因此，制定运动处方要重视对运动强度的设计。

运动处方的练习强度指标一般要采用常见的运动生理学指标来表达，例如：摄氧量（VO2），以最大摄氧量（VO2max）的百分数表示；无氧阈值（AT）；心率（HR）；代谢当量（Met），表示运动时的代谢率与静息代谢率的倍数关系，也称梅脱（1 梅脱指 1 千克体重从事 1 分钟活动消耗 3.5 毫升氧的活动强度）。

4. 练习持续的时间

练习持续的时间是指一次练习所需要的时间长度。一次练习的时间包括每组实际运动的时间和组间休息的时间，即从练习开始到练习结束的全部时间。时间长度的设计应当根据处方对象的具体情况来定，并非越长越好。练习持续的时间与练习的强度成反比。

5. 练习的频度

练习的频度是指重复练习的次数。一般以周为基本单位，可表示为一周练习多少次（次/周），如一周练习 3 次（一、三、五练习），隔日休息（二、四、六休息），周日调整。

练习的频度取决于练习的强度和练习持续的时间，它是运动负荷量度的重要指标，合理选择练习的频度有利于提高练习的效果。

6. 练习的进度

练习的进度是指运动处方执行推进的节奏。在运动处方制定后，在实施的过程中，应根据实际情况，合理调节运动的强度、持续的时间、练习的频度甚至练习的方式等。练习的进度一般可分为三个阶段。

第一，开始阶段。该阶段的主要任务是要初步适应练习，一般练习强度较低。

第二，发展阶段。在第一阶段的基础上，该阶段的主要任务是要稳步发展负荷的强度或负荷的量度。

第三，保持阶段。该阶段主要是保持负荷的持续刺激，持续产生积极的效果，但还要加强医务监督，防止意外的发生。

7. 练习注意事项

练习注意事项是运动处方设计中必不可少的部分，它包括对运动处方中主要要素的补充说明，在实际的实施过程中，对可能出现的情况提出的建议、解决办法，以及其他应当注意的问题，如饮食、休息等。

（三）运动处方的特点

1. 运动处方的特点

运动处方是大学生科学、正确地参加运动锻炼的指导性文件，大学生在运动锻炼中按照运动处方进行锻炼可以少走运动的弯路，提高运动的效率。综合来讲，运动处方具有五大优势。

（1）科学性。在制定运动处方的过程中，要严格遵循运动医学、临床医学和运动科学的知识原理，既要保证运动处方的可操作性和实效性，还要使运动处方具有权威的科学性。通过实践证明，按照运动处方来进行锻炼的大学生，在提高自身身体素质、预防疾病和增强社会适应性方面，都有很好的效果。

（2）目的性。大学体育发展到目前阶段，可供高校大学生选择的运动项目相当多，但是无论选择哪种项目进行锻炼，相应的运动处方都会有明确的运动目标，例如，以促进健康为目标的运动处方，主要都是以强身健体和娱乐运动为主的项目。

（3）针对性。运动处方虽然选择范围较广，但不是随意制定的。在运动处方的制定过程中，首先要确定其针对性，还要根据运动者的体能水平、健康状况和兴趣爱好等一系列实际情况进行制定。只有同时具备针对性和个性化的运动处方，才能使运动者在锻炼时良好地适应和发挥运动促进健康的作用。

（4）计划性。运动处方在制定的过程中由于是参照运动目标制定的，对运动目的有很强的计划性。大学生在选择项目进行运动锻炼时，应参照运动处方来平衡身体运动的负荷量和运动强度，使锻炼方法更加得当，提高运动效果的显现率，提升运动者的兴趣，培养终身运动的良好习惯。

（5）安全、有效性。为了保证运动效果更加显著，大学生在进行运动锻炼前首先要参考实用性和针对性都较强的运动处方进行锻炼。在参与运动锻炼后，为了避免运动损伤的出现，还要及时地对自身的运动负荷量和运动效果进行分析和评价。

2. 运动处方的功能

运动处方主要是根据运动者的健康状况和体能水平，为健身者提供身体活动的指导性条款，它以处方的形式确定运动者活动的时间、频率强度以及方式。运动处方与一般的治疗方法相比，效果更为突出，它的作用主要表现在三个方面。

（1）增强人体免疫力。人体通过自身的免疫系统来维持机体的相对平衡，为身体参与各项活动提供基本保障。一旦身体免疫系统有异常情况出现，机体生理功能就会失衡，会导致整个机体的抵抗力大大下降，诱发多种疾病。

大学生根据已经制定好的运动处方参与运动锻炼，不仅能有效地避免运动损伤，增强人体的免疫力，积极地促进健康，而且制定良好的、科学的、合理的运动负荷还可以对人体的中枢神经、心血管、呼吸、内分泌等系统产生良性刺激，从而促进人体系统产生形态和功能上的变化，最终增强人体免疫系统的功能。

（2）提高人体心肺功能。运动处方中多数会采取运动强度中等的有氧运动项目来指导大学生参与锻炼，有氧运动对人体的促进主要体现在两个方面：第一，多进行有氧运动锻炼可以有效降低安静时的心率；第二，可以加强心脏的收缩力量，增加脉搏的输出量，提高心脑血管系统的功能。

大学生应参照运动处方的指导进行锻炼，这样能提高人体肺活量，增强肺部组织的弹性功能，增加机体的摄氧量，从而全面改善呼吸系统的功能状况。实践证明，长期参与运动锻炼的人的肺活量要比运动缺乏的人的肺活量高出 500～1000 毫升。

（3）改善现代文明病。现代社会的高速发展导致人类在享受高科技便利和现代文明的同时，也会受到现代文明病的影响。现代快节奏的生活和激烈的竞争状态，导致人们长时间处在紧张、焦虑、恐惧的心理状态下，各种心理疾病也随之而来，像失眠、抑郁等就成为困扰人们健康的隐患。另外，现代生活水平的提高和工作条件的改善使人们因为长期久坐、缺乏锻炼等导致人们出现了颈椎病、肩周炎、肥胖症和高血压等症状，这些症状也威胁着人类的健康。

目前来看，治疗现代文明病最有效的方式就是参与体育锻炼，通过增强人体机能来增强人们的健康体质。这就要求现代大学生在参与体育锻炼时，一定要参照自身实际负荷的情况，按照运动处方的要求来进行科学、合理的运动，否则，没有原则的和盲目的运动可能会对机体产生较大的伤害，更容易得不偿失。

（四）运动处方的分类

当前，关于运动处方的研究主要集中在保健康复领域，研究的对象也主要集中在体质弱势群体，如身体患有残疾、疾病，以及体弱、肥胖等人群。随着体育教育改革的不断深入，以及运动处方理论与实践的不断发展和完善，运动处方所涉及的目标对象会进一步扩大。依据运动处方所涉及的主要目标对象及目的的不同，运动处方可分为以下四种类型：

1. 治疗性运动处方

治疗性运动处方主要是以那些患有慢性疾病、职业病，以及其他需要治疗的人群为目标对象，以调节身心健康、缓解病情、改善身体机能等为主要目的，主要选择一些具有保健、康复功能的中低负荷的运动项目，如打太极拳、健身气功等练习，对于改善心脑血管疾病具有较好的效果。治疗性运动处方在临床医学中运用得非常广泛，学校也开始借鉴和运用，但对于研制该处方的人员的要求相对较高，一般要求除了掌握体育锻炼的常识和技巧以外，还应当熟悉相应的医学保健常识。

2. 健身性运动处方

健身性运动处方主要以那些体弱、肥胖或慢性病人群为目标对象，以调节身心健康、改善形体、缓解病情、改善身体机能为主要目的，主要采用一些中等负荷的有氧练习运动项目，如有氧健身操、中长距离跑步等。要求设计健身性运动处方的人员要熟练掌握体育健身的基础理论和基本技能，并具备一定的运动营养和卫生保健常识。健身性运动处方是目前运用最为广泛的运动处方之一，深受白领、金领职业者的青睐。

3. 竞技性运动处方

竞技性运动处方以进一步改善形体、提高专项身体素质和运动技能，以期待达到最佳的竞技状态，并且以成功参加比赛为直接目的。因此，该处方的目标对象主要是职业运动员或准备参加比赛的运动参与者，可以采用专业的运动训练方法。研究设计者应当是熟悉运动训练理论和方法的体育教练员。

4. 教育性运动处方

教育性运动处方是当前体育教育改革研究的热点领域之一。随着教育理念的不断更新，体育教育者开始研究体育教学模式和方法的改革，处方方式体育教学成为人们推崇的方法之一，并正在成为体育教育教学改革的一种趋势。实际上，运用于体育教学的运动处方就是教育性运动处方。它是以普通学生为目标对象，以增进健康、改善机能、提高运动技术水平、塑造心理品质等为主要目的，以身体练习为基本手段。研究设计者一般是体育教师。目前，教育性运动处方的目标群体主要是身体患有疾病、残疾及体弱、肥胖的体质等身体素质处于弱势的学生。

综上所述，关于运动处方的划分是相对的，有时其目的又是交叉的，手段也是通用的，只是在具体实施时，要结合目标对象的实际情况和特点，善于把握和控制练习的负荷及节奏，加强医务监督和保障，提高处方的实施效果。

（五）制定运动处方的理论依据

运动处方对内容有严格要求，对格式有规范要求，因此在研究制定运动处方时，应当根据以下知识和背景，进行全面考察、分析和设计。

1. 目标对象的特点及目的

目标对象是研究制定运动处方的出发点和归宿。目标人群现实的身体健康状况及过往病史、运动史等因素，对处方的制定有着直接的影响，关系到处方制定的成败。因此，在研究设计运动处方之前，必须对目标对象进行全面的考察、测试和分析。

目标对象的目的要求也是一个重要的依据。也就是说，处方对象想要达到什么样的目的，或者说，根据目标对象的特点，能够达到什么样的目的。因此，运动处方设计者要围绕这一目的，选择、设计具有针对性的运动处方。

2. 相关的医学科学知识

从运动处方的分类可以看出，处方涉及了众多的学科知识，其中医学知识是基本知识。只有熟悉和掌握了足够的卫生、医学保健等常识，我们才能够科学地分析特殊患者的基本情况，从而选择有效的处方方案，如对于高血压患者，就要禁止采用一些靠憋气来完成的练习动作；对于经期的妇女，也要禁止采用增加腹腔压力的练习动作。在实际的运动练习中，要掌握丰富的医疗、卫生常识，还有利于预防一些意外事故的发生。

3. 运动人体科学知识

运动人体科学是体育学的一个二级学科，其中运动生理、运动营养等学科知识是制定运动处方的重要基础之一。如运动负荷的设计、营养膳食的搭配等都离不开以上学科知识的指导。对运动生理研究的实验表明，机体对运动的适应具有双向性，良好的刺激可产生积极的影响，反之则会产生消极影响甚至会产生裂变影响，而轻微的刺激对机体的影响不大。因此，从这个层面上看，运动负荷的设计直接关系到练习的效果。

4. 体育教育训练学知识

体育锻炼的基础理论和基本技能可以为我们在选择练习方案时提供丰富的素材和科学指导，各种练习内容的制定及技术指导都离不开相关的体育知识，如采用游泳运动来练习，就必须先学会相应的游泳动作技术，打太极拳也要学会套路等。体育还是教育的重要组成部分，具有教育的属性，在实施运动处方的过程中，还能起到教育的作用。

另外，心理科学知识也是不容忽视的，尤其是对有心理障碍的目标对象来说。因此，掌握心理科学知识对研究设计运动处方具有积极作用。

二、运动处方制定的步骤及原则

为了保证运动处方在实际运用中的科学性、有效性和实操性能够最大限度地发挥，在制定运动处方时，一定要掌握好一定的制定步骤和科学原则。

（一）运动处方制定的步骤

在运动处方制定前，首先要掌握三个步骤：第一，健康调查、健康评价；第二，运动实验；第三，体质测试。在制定各个步骤的具体内容时一定要考虑清楚，要结合自身的实际情况。

1. 健康调查与评价

健康调查与评价的主要目的就是为了了解锻炼者的基本健康状况和运动情况。需要了解和掌握的基本情况有：首先，要详细了解运动者病史和以往的身体健康状况，以及现有疾病的治疗方法；其次，要了解运动者参与运动锻炼的动机和参与运动锻炼所期待达到的目标等；最后，要充分了解运动者所处的社会环境条件和运动者以往的运动史。

2. 运动实验

随着社会的不断进步，运动实验的应用范围越来越大。目前进行的运动实验一般采取逐渐增加运动负荷的方式，运动实验主要是根据被测验者的具体情况和测验的目的而定的。正常来讲，进行运动处方的实验最好不要超出几点范围，即对运动者的体能素质和心脏健康状况进行测量评定，为后期制定运动处方提供必要的依据和提高运动处方的实效性。对于心脏的检测状况可作为早期冠心病的诊断依据，由于不适宜的运动可能会引发心律失常，做好这方面的记录在后期可用于对康复治疗效果的评定。

3. 体质测试

制定运动处方过程中最主要的依据是所选择测试运动项目的种类和运动强度的大小。测试的内容虽然广泛，但主要包括以下四种：

（1）运动系统测试。体质检测中对于运动系统的测试主要包括两种测试内容：一种是手法肌力测试，另一种是围度测试。

手法肌力测试：被测者首先选好合适的位置，可以通过运动让肌肉做最大限度的收缩，同时在关节的远端作用下，由测试者向被测者助力，通过施加阻力的过程来观察被测者对抗阻力的状况。

围度测试：这种测试方法是根据肌肉力量的大小，运用与肌肉的生理横断面有关的生理常识来测试肌肉力量的方法。这种测试的指标主要有上臂围度、前臂围度、大腿围度、小腿围度、髌骨上5厘米的围度、髌骨上10厘米的围度等。

（2）心血管系统测试。人们对于心血管系统的测试主要分为动态检查和静态检查两种。测试的目的是观察被测者的心率、血压、心电图的起伏状况。通过检测心血管系统的健康状态，来评定被测者的心脏功能并以此为依据可以制定出科学实用的运动处方。

（3）呼吸系统测试。针对呼吸系统测评的项目种类繁多，主要是从人体肺活量、通气功能以及屏气实验等多方面测试人体的运动能力和健康状态，特别是对于有氧运动项目来讲，测试呼吸系统的性能十分必要。

（4）有氧耐力测验。进行有氧耐力测验时主要是采取走、跑、游泳这三种基本方式。目前，惯用的测试方式主要有定时的耐力跑和定距离的耐力跑两种。通过对受测者进行以上两种测试，基本可以了解受测者的健康状况、体力水平的高低和运动能力的大小。再根据受测试者的反应，制定科学、合理、针对性强的运动处方，从而保障了运动者的运动目标顺利实现。

（二）运动处方制定的原则

制定运动处方时除了要依据可行的健康标准以外，还要在满足运动者实际需求的基础上遵循一定的运动原则，制定出实效、合理、针对性强、可以全面提高运动者身体素质的运动处方。

1. 安全性原则

运动处方的制定首先是为了顺利达到运动者预定的运动目标，其次一定要保证运动者的安全。在制定前首先应对运动者进行全面的身体检查和体力测试，根据运动者身体的实际情况来制定有针对性的运动处方，要最大限度地避免运动损伤的出现、保障运动者的安全。运动者一定要严格执行运动处方的各项规则和要求，要选择适合自身运动负荷的项目进行锻炼。

2. 针对性原则

由于每名运动者的具体情况都是不同的，不同年龄、不同体质的人进行同一种锻炼，结果也会不同，甚至还会出现运动损伤，因此，在制定运动处方时，必须要根据每个人的具体情况量身定制，区别对待。这就是运动处方的针对性原则。

3. 渐进性原则

渐进性原则是指运动处方要根据运动者体质增强的规律而制定，在实施运动处方时，要根据个人的体质状况由小到大逐渐增加运动负荷，还要遵循循序渐进的原则。关于渐进时间和每次渐进的量，应按照负荷和有效价值所规定的时间来确定合理的渐进指标，并且要按照每个指标合理安排渐进的幅度和渐进的时间。

运动处方的渐进性原则主要是指按照循序渐进的特点，遵循超量恢复的法则来逐渐提高运动负荷量。如果在锻炼的过程中仅按照一个运动处方进行锻炼，是不可能有效达到运动锻炼的目的的；而突然进行一次大强度、长时间和多次重复的锻炼，会违背循序渐进的宗旨，这样不仅达不到应有的锻炼效果，甚至还会造成运动损伤，影响下一步的锻炼计划。

4. 全面锻炼原则

人体是由大脑皮层统一调节的有机体，其中包含了多个系统，并且每个系统之间都是互相联系和互相促进的，各个系统都有自己的功能，且各系统间不可相互替代。因此，运动锻炼必须要按照运动处方进行，本着全面锻炼的原则，对身体各个部位进行锻炼，从而获得身心的全面发展。在锻炼的过程中，运动者还要结合运动锻炼的目标，合理调配饮食结构，以保证营养物质与运动目标的有机结合，促使机体与运动目标协同发展。

5. 可操作性原则

在制定运动处方时需要充分考虑到锻炼者所处的环境与实际的锻炼条件，可以充分利用体育资源，制定可操作性强的运动处方，保证运动锻炼的科学性和有效性。制定出的运动处方必须要有一定的可操作性，否则运动者就无法按照运动处方开展运动锻炼活动，就更谈不上达到运动锻炼的效果了。

三、运动促进健康的实施原则和方式

（一）体育运动育人所遵循的原则

1. 体育教育与社会需要相结合

学生作为社会的需要和学习体育的主体，有很大的共通性，因此，进行体育教学既是社会的需要，又是学生的需求。体育运动作为人们工作、生活、学习中的一项重要内容，一直扮演着调节情绪、愉悦身心、促进健康、磨炼意志的重要角色。体育运动越来越受到高校教育工作者的重视和社会的青睐。因此，在现代高校体育教学中，已经将社会需求和学生主体需求完美地结合起来，从而为终身运动奠定良好的基础。

2. 体育教育与育心相结合

随着中国现代化建设的飞速发展，教育对现代人所必须具备的心理素质的培养开始彰显出来了。目前，我国正处于独生子女偏多的阶段，来自家庭、长辈的溺爱和过多的包容，导致孩子以自我为中心的倾向日趋严重，对于相互尊重、相互理解、共同合作理解得并不透彻，不善于同别人共事、合作，意志并不坚强，自我控制能力与心理素质不强。因此，加强对学生心理素质的培养更具有特殊的意义。

高校体育对学生心理素质的培养，有着极为重要的作用，是其他的学科所无法比拟的。体育教育与育心相结合的特色，必将会随着我国社会的发展而体现得越来越明显、越来越突出。

3. 增强学生体质与为学生养成终身体育打基础相结合

增进学生健康，增强学生体质，是学校体育教学的本质功能，是评价我国高校体育工作的主要依据。因而在我国学校体育中，一直相当重视运动的安排和学生身体素质的发展。特别是在1995年《全民健身计划纲要》的颁布和实施，进一步坚定了人们的这一认识。

（二）体育运动方法方面所遵循的原则

1. 统一安排与自主活动相结合

我国仍是一个发展中国家，大学教育发展水平还不高，体育场地器材也普遍不足，这种状况一时还难以改变。因此，为了保证高校体育目标的实现和各项体育活动的有序进行，各学校应对体育教学、早操、课间操、课外体育活动、运动会等做出统一的安排，并由学校或班级统一组织进行。各种不同形式的体育活动，也都可以根据不同的情况和不同的对象，安排一定的时间让学生来进行自主活动。

从目前情况来看，在我国高校体育中，学生自主活动的水平比较低，这很不符合素质教育的要求。学生是体育学习的主体，而素质教育就是一种弘扬主体性的教育，它尊重学生的人格、承认学生的个体差异、重视学生的个性发展。

2. 严格的组织纪律与生动活泼的体育氛围相结合

可以根据青少年的身心特点营造一个生动活泼的体育氛围。从广义来说，整个大学的体育氛围主要是指体育的育人环境。有人又把这种环境分成"硬件"环境和"软件"环境。"硬件"环境主要是指体育场地的器材建设；"软件"环境主要是指体育舆论和全校师生的体育意识。与此同时，教育行政部门和学校领导应把加强体育教育工作作为全面推行素质教育的突破口来认识和对待，在全校师生与学生家长中，通过种种媒介广泛深入地宣传体育的重要意义，形成一种强有力的舆论。从狭义来说，体育氛围主要是指学生从事各种体育活动时的心态与情感，如体育教学氛围、课外体育活动氛围等。

3. 激发学生的体育兴趣与培养学生刻苦锻炼的精神相结合

高校在体育教学中，往往为了教学效果，只是单一地提高青少年的某种运动能力，或让青少年在短时间内掌握某一种运动技术，因而导致了体育教学过程很单调、乏味，缺少趣味性。但是这种教学结果却是十分有效的，因此，青少年在学习、锻炼的过程中必须要克服学习的枯燥性，激发寻找锻炼过程中的趣味性，这样刻苦锻炼才能收获良好的效果。

4. 课内与课外相结合

现代的大学体育是一个人工设计的系统。在大学体育中的课程教学、课间操、早操、课外体育活动等构成具有特定功能的大学体育的有机整体。想要提高它的整体效益和整体功能，就必须要有效结合课内外内容，把体育课程教学和体育活动、课间操、早操等紧密地结合起来，并对此进行整体的规划和设计。

就目前来讲，实现大学体育的教学目标的基本形式就是体育课程，但不是作为唯一的形式来运作。我国大学体育除了专业的体育课程以外，还有早操、课外活动、兴趣俱乐部、体育团体等多种不同的形式，每一种形式都有其不同的特点。在实现大学体育的教学目标上要有不同的侧重方向，这种侧重和专业的体育课程紧密相连、相互补充、共同促进。

四、运动处方的实施与监控

不同效果的运动处方在经过测量制定后，紧接着就要具体检测处方的实施效果，在实施运动处方的过程中，运动者要结合自身的实际情况及时地调整运动处方的实施方案，始终保持运动处方的科学性、有效性和可行性，最大限度地保障运动促进健康的效果。

（一）运动处方的实施

运动处方在实施的过程中一般会分为三个部分进行，不同的实施阶段会安排不同的锻炼内容，达到不同的运动效果。大学生在按照运动处方进行锻炼时，一定要注意坚持实行处方在每个运动阶段的计划。

1. 运动前准备活动阶段

运动者运动锻炼前的准备活动尤为重要，正如很多大赛前都会有专门的人员为运动员进行热身运动一样，这是一种科学的锻炼方法，也是必须进行的运动过程。准备活动可以帮助运动者的身体从安静状态转换到运动状态，避免了因为突然运动而引起肌肉拉伤、韧带撕裂、关节脱臼以及心血管系统和呼吸系统等因为剧烈运动出现超负荷意外。科学、适宜的准备活动可以使运动效果更加明显。

2. 运动中基本活动阶段

准备活动结束后，运动者紧接着要进入处方的第二阶段——运动中的基本活动阶段。这个阶段的安排主要是为了帮助运动者实现强身健体或顺利康复的目标。运动者在进行运动锻炼时，一定要完全按照设计好的运动处方来决定运动内容、运动强度以及运动时间。

3. 运动后整理活动阶段

运动处方的第三阶段即是在运动后的整理活动阶段，也是整个运动处方的重要阶段之一。它的主要目的是为了防止运动者剧烈运动后突然停止运动而引起身体的不适，如头晕眼花、恶心、运动损伤等。因此，运动者在运动结束后，不可以立即停止运动、进入休息状态，而是应该先进行一些减缓运动，经过一小段时间的整理运动后再逐步结束运动，这样才能更好地帮助机体实现疲劳恢复，促进健康。

（二）运动处方的监控

大学生们在参与运动锻炼时，身体会产生一定的疲劳现象，这属于正常的运动综合症状，不会对机体产生危害，因此，不能因为身体有疲劳现象就会终止运动，机体会通过肌肉疲劳与恢复的过程来促进机体功能增强、提高机体的健康水平。但是也不能过度运动，因为过度运动而产生的过度疲劳对身体是没有益处的。大学生在实施运动处方的过程中，一定要采取必要的方法或措施进行自我监督和医务监督。

1. 自我监督

大学生在进行运动锻炼时，首先要根据自身的体质状况、运动基础、自身优势以及综合参与运动的计划来选择合适的运动项目。在运动过程中，为了让运动更好地促进健康，一定要随时观察自身的健康状态和机体的功能状态，具体的观察项目有主观感觉类的运动心情、运动后的感觉、运动后的食欲、排汗量等，客观类的有运动后脉搏的跳动状态以及运动效果等。

2.医务监督

大学生在参与实施运动处方时，如果本身患有疾病，不可以不经过医生的指导而盲目参与运动，一定要在具有心电监测和及时抢救的医生或有医务监督的条件下参与运动。

五、实用运动处方

（一）有氧运动项目的运动处方

有氧代谢运动被称为"健康运动"的主要原因有以下几个方面：第一，这种锻炼方法简便易行，其运动形式对技巧的要求不高，除了步行、健身跑、游泳、骑自行车外，还有原地跑、登楼梯、健身操、跳绳等；第二，这是一种可对运动负荷强度、练习数量、持续时间和每周锻炼的次数进行自监自控的锻炼方法，安全有效；第三，这种方法科学性强，它的特点是强度低、有节奏、不中断、可持续时间较长。现仅对几项常用的有氧运动项目的运动处方的制定进行简单介绍，供运动实践参考。

1.步行运动处方

行走历来被称为"百练之祖"，走路是人们日常最基本的活动之一，还是人们强身健体、延年益寿的最佳途径，也是每一个健全的人每天必须做的事情之一。它不限时间、不限地点、不易受伤、不挑别运动者年龄和性别，年老体弱、身体肥胖和患有慢性病的人都特别适合用这项运动来进行健身。

但是相对于年轻人来讲，步行比较浪费时间，同样的运动效果，步行要比跑步多付出两倍的时间才能达到。

（1）步行健身的运动效果。健身运动中的步行总共可分为四种方式，即：普通步行、负重行走、医疗步行和竞技步行。

散步是人们茶余饭后的一种积极健康的运动方式，通过研究证明，轻快的步行可以有效地缓解神经肌肉的紧张状态。著名的美国心脏病专家怀特曾经说过：心情愉快的步行和其他提高体质的运动一样，不仅能有效健身，而且还是治疗情绪紧张的最佳镇静剂。每天坚持步行60分钟，可作为保持心脏健康的理想手段。

长期、规律的步行锻炼可促进体内糖类代谢的正常化，人们饭前饭后进行散步运动是防治糖尿病的有效措施。实践证明，中老年人每天以每小时3千米的速度运动1~2小时，人体代谢率可提高50%，糖类的代谢也能得到明显的改善。

步行运动具有良好的减肥效果。对于因为多食少动而肥胖的人们来说，长时间的疾走可以有效地消耗体内的热量，促使体内机能更高效地消耗多余的脂肪。如果能每天坚持步行运动，再适当地控制饮食，就可以有效地控制身体发胖。

步行运动锻炼有助于关节疾病的防治。步行是需要承受体重的运动锻炼，坚持规律的运动可以有效预防骨质疏松症、延缓退行性关节的变化和消除风湿性关节炎等。

步行是增强心脏功能的有效手段之一。在大步疾走时，下肢大肌肉群的收缩，可使心脏跳动加快，心跳脉搏数量增加，血流加速，以适应运动的需要。步行还可在一定程度上改善冠状动脉的血液循环，这对心脏是一种很好的锻炼。

（2）步行运动处方。步行锻炼应以下列五点为基准：

速度：以 100 米 / 分钟为限。

运动量：行走距离为 1000×2=2000 米（往返）。

运动频率：每日或隔日 1 次，每次 20 分钟。

动作要求：步行的姿势上半身略前倾，大步流星地走。

注意事项：为防止对头部的震荡，鞋后跟最好是橡胶底的。

2. 慢跑运动处方

被人们视为"有氧代谢运动之王"的慢跑又被称作健身跑。相对于其他中长跑运动来说，健身跑的优点很多，不管是在运动距离还是运动强度上来讲，慢跑更具备轻松性、随意性，是属于中低强度的运动练习，比较适合中老年运动者和处在恢复期的慢性病患者。除上述因素外，从运动医学的观点来看，慢跑受人们欢迎的主要原因还有三点：一是比较安全且省时间；二是健身效果好而且见效快；三是运动量容易控制，男女老少可以随时随地进行健身跑运动，也便于终生坚持锻炼。

慢跑虽然说是比较安全的运动项目，但个别人由于跑步技术不完善或运动量过大，也会发生某些运动损伤，其性质多数是轻微的。此外，在慢跑时下肢关节受力较大，容易引起膝关节疼痛。由于脚下不停地重复快速的动作，受伤的概率大于步行和游泳。因此，缺乏锻炼的中老年人，宜先练步行，待基础体力提高后再慢跑，过渡期间可走、跑交替练习，使机体有一个适应的过程。

（1）慢跑健身的运动效果。慢跑运动能够有效改善由运动不足、生活安逸以及精神紧张等因素引起的"生活方式病"，对高血压病、糖尿病、动脉硬化、冠心病、肥胖症等疾病有很好的防治作用。

慢跑运动能够促进人体在大自然中摄取氧气，提高机体的新陈代谢，增进健康。到大自然中跑步还能陶冶情操，是一举多得的健身方法。

慢跑运动能够坚实人体的骨骼、关节和腿部肌肉，强健人体的心肺功能。

慢跑运动能够磨炼人的顽强意志，持之以恒地锻炼可换来健康的心态，从而能更好地迎接现代生活方式的挑战。

（2）慢跑运动处方。慢跑的运动量、运动强度和运动时间。在慢跑运动中，运动量的大小主要是由所进行运动的运动强度和运动时间来决定，它们两者之间是以运动强度为主，以运动时间为辅。运动者应该根据自身的运动条件，选择合适的运动强度和运动距离来加以锻炼。

①常规健身跑。常规健身跑是指人们按照自身运动状况而选择的千米慢跑运动，最初先以每次1000米进行锻炼，等身体负荷完全适应运动状态后，再每周或者每两周按照定性规律每次增加1000米进行锻炼，跑速控制在每1000米8分钟以内，最终跑步距离增至5000米即可。运动者根据自身的体质可选择每日锻炼或隔日进行锻炼。

②短程健身跑。运动者从最初的50米跑起步，逐步增到400米跑，跑速不要太快，速度一般要控制在每100米40秒以内，平均每周测量两次。当运动距离增至1000米后，短时间内不要再次增加运动距离，开始逐渐增加跑步速度，以提高运动的强度。刚开始增加运动速度时，为巩固运动强度，可增加锻炼频率，每日一次或两日一次。

③间歇健身跑。年龄偏大或体弱的运动者更倾向于采取间歇健身跑的方式进行运动锻炼，它是一种采用行走和慢跑相结合的练习方式。初练者一般会从快走60秒、慢跑30秒开始，反复交替进行练习来提高心脏负荷力。练习时间共计达到30分钟，以后再根据体力状况逐渐增加运动量。

④慢跑的技术要领。慢跑的正确姿势是上体正直并稍前倾5°左右，使头与上体成一直线，不左右摇晃，双眼平视，面部和颈部的肌肉放松。在两臂摆动时，肩部要放松，上臂自然下垂，肘关节的曲度稍小于直角，两手自然半握拳，前摆时手稍向内，后摆时肘稍向外，做到"前摆不露肘，后摆不露手"。

⑤慢跑注意事项。慢跑时要注意掌握好呼吸节奏。所谓呼吸节奏就是让呼吸和慢跑的步子频率配合好。一般常采用"222"的呼吸节奏，即"两步一吸，两步一呼"的方法，也有采用"323"或"424"呼吸节律的，并且主张多采用鼻和半张口同时呼吸的方法。掌握好呼吸节奏，跑起来就会感到轻松自如。

3.游泳运动处方

游泳运动的优点有很多，这是一项可以促进身体全面发展的运动，男女老少皆宜，又不易受伤，而且也是一种实用的生活本领，故应提倡从幼年就练习游泳。

游泳运动的缺点是游泳场地条件受限制，不易常年坚持锻炼。

（1）游泳健身的运动效果。游泳是一项全身运动。在游泳时，水的阻力比空气阻力大820倍，不论哪种游泳姿势，人的肢体都要不停地进行收缩和舒张，全身的肌群都会参与活动。长时间游泳可促使身体各部分关节和肌肉都得到良好的锻炼。所以，经常游泳不仅能使身材匀称、富有曲线美，而且还可以提高肌肉的力量，刚柔适中。

游泳是一种周期性运动，肌肉的紧张和放松交替进行，长时间锻炼可使肌肉变得柔软且富有弹性。

游泳的减肥效果。水的导热性比空气快28倍，由于游泳时人体的热量散发很快，所以必须要尽快地补充身体所失去的热量，以抵抗冷水的刺激。在同样的时间、强度下进行运动，在水中要比在陆地上运动能消耗更多的能量。研究证明，身体肥胖者如果能够每天坚持游泳 30 分钟，并且不增加饮食量，完全可达到减肥的效果。

游泳运动可有效提高肺活量。当人体在水中浮动处于水平姿势时，接近于悬浮状态，胸部要受到 12～15 千克水压，因此必须不断加深呼吸。经过长期游泳锻炼，呼吸肌就会变得强壮有力，从而增大呼吸差和肺活量。

游泳有利于锻炼骨髓的灵活性和柔韧性，能更好地促进骨髓的生长发育，还可以预防少年儿童佝偻病和软骨病的发生。

（2）游泳运动处方。游泳时的能量消耗很大，原因有如下几点：

水的温度越低，散热越多，能量消耗也越多。例如在 12T 的水中停留 4 分钟所散发的热量，相当于人在陆地上 1 小时所散发的热量。

用相同的速度、不同的游泳姿势时，自由泳的能量消耗大于蛙泳。

游泳的速度越快，受阻力越大，消耗的能量就越多。

在制定水中游泳运动处方时，需要对陆上锻炼的运动处方的制定原则做出相应的调整。日本学者小早用智治对游泳中的最大心率与跑步的最大心率做了研究（1992 年），以探讨水中适当的运动强度。研究结果显示，水中的最大心率比陆上低 11 次 / 分钟，如被检查者的目标心率陆上平均为 151～186 次 / 分钟，而水中为 144～176 次 / 分钟，低 7～10 次 / 分钟；再用 "220- 年龄" 推算最大心率时，则水中的低 13 次 / 分钟，水中目标心率低 7～11 次 / 分钟。因此，陆上运动处方应用于水上时，青年人要按照各种心率值减去 12 次 / 分钟来处理。

4. 登楼梯运动处方

登楼梯运动是近年来发展最快的有氧健身运动。在 1977 年的研究结果表明，每天登 5 层楼梯，可使心脏病的发病率比乘电梯的人少 25%。美国斯坦福大学于 1987 年的研究结果证实，登 1 级楼梯，可延长预测寿命 4 秒钟。研究还发现，一个人每星期登 5000 级楼梯（每日登 714 级，相当于上下 6 层楼 3 次），死亡率比那些不运动的人低 1/4～1/3。由此科学家得出结论：坚持登楼梯运动 30 年便可延长 1 年的寿命。

登楼梯运动毕竟是一种比较激烈的有氧运动形式，必须具备良好的健康状态，且具有一定的训练基础。登楼梯运动并不能替代跑步、游泳等健身运动项目。

（1）登楼梯的运动效果。据统计，登楼梯时消耗的热量比静坐多 10 倍，比散步多 3 倍，比步行多 1.7 倍，比打乒乓球多 1.3 倍，比打网球多 1.5 倍，比骑自行车多 1.5 倍，比打排球多 1.4 倍。

（2）登楼梯运动处方。登楼梯运动一般有登楼梯、跑楼梯及跳台阶三种形式，可按自己的体力进行选择。

"登楼梯机"。该机器使用起来很方便,锻炼者只需像踩自行车那样踩踏上下转动的两块踏板即可,而且有先进的计算机控制程序,可随时在屏幕上显示出时间、距离、步数、速度、心率、体重、热量消耗等各种参数,并且有多个难度(阻力)等级可供选择。

5. 倒走运动处方

在进行倒走运动锻炼时,首先要选择平坦、安全的场地,不要在马路上进行练习,初期进行这项运动锻炼时一定要慢行,服装和鞋子要选择和散步、慢跑运动类似的装备。

由于倒走这项一反常态的锻炼方式可以有效地刺激平时难以活动到的肌肉,平衡血液循环和肌体的状态,同时对神经衰弱、失眠、高血压等心脑血管疾病都有极好的防治作用。

6. 登山运动处方

登山运动作为体育锻炼项目来讲,秋季是进行这项运动的最佳季节。登山运动在我国被称作"心血管体操",它对人体可起到增加肺活量、促使脑血流量增加、增强血液循环系统、提升尿液酸度的作用。长时间、多次数的登山运动,不仅可以增强心脏和血液循环系统的功能,而且还能保证血糖、血压、血脂维持在正常水平,同时还对人们预防骨质疏松症、促进骨骼健康具有特殊作用。

(二)高血压运动处方

实践证明,人们长期进行规律的有氧运动,首先,可以使骨骼肌得到有效锻炼,可以在很大程度上增强末梢神经血管的适应性,对作用于大脑皮层和皮质下的血管运动中枢有很好的降压作用;其次,人体经过有氧锻炼可以降低血管平滑肌对于运动的反应性,来改善血液的动力学反应,提高身体的活动能力;最后,规律、合理的运动锻炼对于改善情绪,提高交际能力,增加社会活动的适应性,降低情绪波动的频率,改善不良的性格都有积极的作用。

(三)发展心肺功能的运动处方

运动锻炼目的:提高心肺功能,发展有氧耐力素质。

1. 运动项目

长距离步行、慢跑、自行车、游泳、划艇、爬楼梯等全身大肌肉的持续性活动。

2. 运动强度

(220- 年龄)×(60% ~ 80%)的目标心率。

3. 运动时间和频率

每次 20 ~ 60 分钟,每周 3 ~ 5 次。

4. 注意事项

每个人的适应水平和能承受的运动强度不同,锻炼持续的时间也应根据自身情况有所区别，对于一般适应水平低的锻炼者来说，20~30分钟就可提高心肺适应水平；而适应水平较高的锻炼者则需要40~60分钟。所以，运动者可根据自身的运动水平和运动基础来调整运动的频率和强度。一般来讲，每周进行两次锻炼可以达到有效增强心肺适应能力的功能，3~5次的运动锻炼可以使运动损伤的概率降到最低、心肺功能的适应水平达到最高。

凡是有大肌肉群参与的、慢节奏的持续性运动都可作为锻炼方式。人们可以按照自己的兴趣选择喜欢的运动，另外还要考虑可行性和安全性。运动锻炼中相对来讲不易受伤的人群就可以任意地选择运动项目，而容易产生运动损伤的人群就要在选择项目时有所顾忌，一定要选择运动动作不剧烈、对身体冲击力相对小的项目进行锻炼。

（四）发展肌肉力量的运动处方

运动锻炼目的：提高肌肉力量和爆发力。

1. 运动项目

哑铃或杠铃。

2. 运动强度

选择8~12个主要肌肉群练习，以8~12最高重复次数的重量或阻力做8~12次/组，共做1~2组，组间休息时间约1~3分钟。

3. 运动时间和频率

每次总练习时间20分钟为最佳，每周1~2次。

4. 注意事项

每周进行4次锻炼可以坚持长期肌肉力量锻炼的最大频率限度。一般来说，运动者进行运动的频率为每周1~2次最佳，这样既能保证不产生运动损伤，又能有效增加肌肉力量的同时，运动成果也可最大限度地体现出来。力量锻炼的间隔时间，一般会以肌肉能彻底恢复的时间为参考，正常情况下，肌肉在停止锻炼后5秒能恢复50%，2分钟左右可以完全恢复，所以，为了保证运动效果，每次运动锻炼的间隔时间要控制在2分钟以内，每次练习总时间以20分钟最为适宜。

当使用杠铃练习时，须有同伴帮助，以便在需要时得到保护。

（五）发展柔韧素质的运动处方

运动锻炼目的：提高柔韧性。

1. 运动项目

被动静力性伸展法或本体感受神经肌肉伸展法。

2. 运动强度

每组肌肉伸展至拉紧或有少许酸痛感为止。

3.运动时间和频率

每组肌肉伸展约 10～30 秒钟，大肌肉群可伸展 30 秒钟。但是每个姿势的持续时间和次数应逐渐增加，一般从 10 秒钟逐渐增加到 30 秒钟。可以每天练习或在运动后练习。

4.注意事项

在进行柔韧性练习时，动作的幅度要逐渐增大，用力要柔和，以免受伤。

静力性练习一般保持 8～10 秒钟，重复 8～10 次可收到良好的效果；动力性练习一般保持在 15～25 次。还要针对身体进行全方位的运动锻炼，不管是运动前的准备活动、运动后的伸展运动还是进行关节柔韧度的练习，都要兼顾其他及全身关节柔韧性的锻炼。

五、运动中的注意事项

运动锻炼是指人们有计划、有目的地进行身体运动，从而达到强身健体、增加体能的目的。人体自身的发展要经历生长发育期、成熟期和衰退期这三个发展时期。适当的体育锻炼对人体各个时期的生理变化都有积极影响。因此，运动锻炼贵在坚持、重在科学，要点是因人而异。

（一）运动的益处

1.改善人体各系统的功能

第一，运动可以有效提升人体的大脑和神经系统的工作强度，能在很大程度上增加神经系统的均衡性及灵活性、增强神经细胞的持久力，从而使人体获得更多的氧气与能量的供应，大脑和神经系统相应地也能在紧张的工作后得到充分的休息和调整。

第二，系统的运动训练，能使心肺功能得到显著改善，可较大地提高肺通气量，增加心脏的每搏排出量，提高供氧能力。

第三，运动能调整人体肌肉与脂肪的比例结构，增加机体的柔韧性、协调性，改善人体的结构比，从而体现人体的健美状态。

第四，运动能调整人的心理健康状况，促进人的身心健康发展，培养人们的良好意志与品质，以及坚韧不拔的意志和精神。

第五，体育运动还能调节人体的自主神经系统，有助于防止便秘、预防和控制某种类型的糖尿病、降低血压等。

2.保持位能

相对于人体自然衰老，缺乏运动才是老年人体能下降的要害之一。运动促进健康是指长期、规律的运动能增强体质，增进健康。如不能坚持运动锻炼，在停止运动后，锻炼带给人体的益处很快就会消失，全身肌肉和心肌会出现软弱乏力、血压上升、脂肪继续增多的现象，对人体有益的高密度脂蛋白（HDL）胆固醇也会有不同程度的下降，甚至患心肌梗死的概率会比运动前更高。

（二）制订计划

科学、系统的锻炼计划可以克服运动的盲目性和随意性，也可以更充分地利用时间、取得预期的效果。体育锻炼要有系统性，要从简单到复杂，逐渐加大运动负荷，有层次、有系统地进行。

简单的计划首先从自身的感受做起，当锻炼后出现四肢酸痛或沉重感时，说明你制订的计划已基本到位，可继续进行；在锻炼一段时间后，体能大幅度提升，当人体可以承受更长时间的锻炼而不会感到疲劳时，表明可以再次适当地增加运动量了。如果每天的运动都能很舒适地进行，同样也会在很大程度上增加运动者进行持续锻炼的兴趣。

1. 锻炼的时间

现代大多数人都希望用最少的时间获得最大的运动效益，每周坚持锻炼3次、每次坚持运动30分钟左右，就完全可以维持体能；但每周低于3次的运动或者每次低于30分钟的锻炼对健身没有意义。

人体改善体能的方式主要是来自机体肌肉疲劳的完全恢复，并不是要求运动者每天重复相同的运动动作进行锻炼。人体强大的心脏功能虽然耐得住每天运动带来的负荷，但是每天不断增加运动量却会损伤人体骨骼肌。专家在运动者进行大量运动后的当天，在显微镜下观察了运动者肌纤维组织，发现肌纤维有微小的撕裂和出血的现象，这就科学地解释了为什么人们在进行剧烈运动后，会有肌肉疼痛的感觉，这种疼痛一般要在运动48小时后才能渐渐恢复。肌肉微小地拉伤愈合后，反而会变得更加强壮。所以，每周坚持锻炼3次或者每运动完毕，间隔休息几天后变换运动内容继续进行锻炼，这种方式可以有效预防肌肉的损伤。

2. 运动的强度

运动者在运动初期必须要制定严格的锻炼计划，掌握好自身合理的运动负荷，进行科学地加以锻炼，这样才能够在运动锻炼中获得满意的运动效果。切忌在运动中无规划地盲目锻炼，兴致高时过量运动、没兴致时连续不运动，这些随心所欲的运动锻炼对身体只有害而无益。为了减少运动过激带来的运动损伤，运动者进行运动时首先要清楚地了解自身的负荷量，如果运动产生的负荷量超过自身的负荷量就容易引起运动损伤，负荷量过小则达不到刺激人体肌肉的程度，就不会产生良好的运动效果。因此，获得健康的体能主要取决于运动者的运动强度，而非运动周期。

3. 运动内容的选择

科学地选择体育锻炼的内容，是获得良好体育锻炼效果的重要环节。在选择运动内容时，应注意以下几点内容：

（1）选择运动的内容应注意针对性。针对性就是要因人而异，即根据自身的爱好、身体特点、场地器材条件、学校或周围环境以及今后的需要来决定锻炼内容。人的个体之间有很大的差异，相同的年龄、相似的体格及等量的运动强度的运动产生的运动效果也可能大不相同。因此，在进行运动项目的选择时，一定要切合自身的实际条件，即身体负荷量的大小、年龄、性别、运动基础等。再者，还要确定自身锻炼的目的，是为强身健体、提高运动水平，还是为了更好地促进生长发育，从而配合自身的兴趣爱好来选择合适的项目进行锻炼。对高校学生来说，应多进行一些竞技性活动和娱乐性项目，尽量多接触不同性质的运动项目，尤其是要关注新兴的运动项目，以丰富运动经历，还要多参加田径、球类、体操等传统项目，定向运动、登山运动、野外训练等新兴运动项目也可以在条件成熟的情况下适当参与。

相对于每天进行规律运动的人来讲，经常变换不同的运动项目进行锻炼可以有效地预防肌肉损伤、增强体能、促进肌肉恢复。人体在进行运动锻炼时，假如今天跑步半小时，明天骑车半小时，这种锻炼方法不会使自身产生任何的运动损伤，但是如果在运动时间相等的前提下，同一天进行两种运动项目则会更容易对人体造成伤害。

（2）选择运动内容时要有各自的目的性。体育锻炼的目的不同，所采用的锻炼方法也就不同。若以健身为目的，就应该选择有氧运动，较好的有氧运动项目包括慢跑、网球、排球等；若以减轻体重为目的，则应选取摄取能量与消耗能量保持平衡甚至消耗能量大于摄取能量的运动项目，如长跑、竞走等。

（3）选择体育运动的内容时还要考虑全面发展。运动应考虑全面性，使身体的各个部位、各个系统运动技能、身体素质和基本活动能力都能得到全面的发展。

（4）运动内容应实用方便。进行体育锻炼应考虑实际条件，如场地、器材等客观条件，因时、因地进行一些实效性强而又简便易行的锻炼内容和形式。同时，也可以创造性地移植项目、创造适应客观条件的新项目。

（5）运动的内容应注意因时制宜。体育锻炼要从实际情况出发，讲求实效，不要贪多，要力求简便易行。同时，要考虑当地的季节气候情况，因时制宜。我国大部分地区一年四季气候差异较大，很多项目对气候环境有着极高的要求，这就要求练习者要掌握几种不同季节条件下可参与的运动项目，便于在不同时间段内进行不同项目的锻炼。

4. 辅助锻炼

（1）热身运动。在静止肌肉中，肌血流量较小；但经热身运动后，体温上升，血管扩张，血管壁阻力减少，局部肌血流量增加，血红素和肌蛋白结合和释放氧的能力增强，神经感受器的敏感度和神经传导速度因体温升高而获得改善，因此，关节、肌膜、韧带和其他结缔组织的伸展性也随之提升。因此热身运动可增加肌肉收缩时的速度和力量，改善肌肉的协调能力，预防或减少肌肉、肌腱、韧带的伤害。健身操就是基本的热身活动之一。

（2）伸展运动。运动者在运动锻炼后必须要进行伸展运动进行辅助，人体在刚结束运动时的肌肉发热，不会带来肌肉撕裂的情况的发生，及时地进行伸展运动，使牵拉肌肉和肌腱拉长，拉长的肌肉在关节周围可以发挥更大的力量，有助于运动者产生理想的运动成绩（具体指跳得更高、跑得更快等）。

（3）减缓运动。在运动锻炼即将结束时切不可突然中止运动，运动者要在运动后期适当减缓运动量，慢慢结束运动。不然由于运动时大量地消耗能量，会造成肌肉紧张，突然停止运动后腿部肌肉就会放松，血液堆积在腿部静脉中得不到回流，大脑没有充足的供血很容易引起头晕。运动后期进行减缓运动还有助于清除身体在进行无氧锻炼时产生的大量乳酸，防止肌肉酸痛。

（三）运动中的注意事项

1. 做好身体、心理准备

体育运动和其他活动不一样，在运动之前一定要先做好身体和心理准备，要了解自身的身体状况，调整好心态，最重要的是要做好吃苦的准备。

2. 注意着装

在体育运动中最基本的着装要求就是要"轻便"，在运动过程中尽可能不要穿得太多，以免服装太沉，影响运动发挥。此外，着装重点在一个"便"上，因此要选择比较宽松或带弹力的服装，最好是运动服，不要因为服装太紧而限制了运动中关节的活动范围，影响技术水平的发挥，这样可能达不到运动的预期目的。在着装时还必须注意"由厚到薄"的原则，根据运动中身体的发热情况，可酌情减少外套。在运动后必须及时穿上外套，以免因为运动中出汗太多而受凉、感冒。

3. 用具准备

在进行体育运动之前，要做好对运动中所需要的一些物品的准备工作，如饮料、毛巾等，以便更好地进行锻炼做准备。

4. 熟悉器材、场地的情况

在运动之前要对采用的器材和场地进行了解，并检查所要用的器材是否正常、场地是否适合及周边环境可能对运动造成的影响，以尽可能减少运动过程中意外事件的发生。

5. 关注天气情况

天气情况是能否进行运动的必要因素，良好的天气情况是正常进行运动的保证，要及时了解运动过程中的天气情况，尽量避免在高温和紫外线太强的天气下进行体育锻炼，以免在运动过程中出现中暑、因紫外线过强而造成皮肤损伤及全身失调等现象发生。此外，还要注意下雨对运动的影响，下雨天应尽可能地选择在室内场地进行锻炼，避免因下雨造成户外场地太滑而引起意外事件的发生和因淋雨产生疾病。在寒冷的环境等特殊环境中进行运动时，要注意了解特殊环境中身体机能的特点，做好相应的准备工作。

6. 准备活动

在进行较剧烈的运动前，必须做好准备活动。准备活动又称作运动前的"热身运动"，主要是为了预防肌肉损伤，提前提高人体中枢神经系统的兴奋性，将人体调整至积极的备战状态。进行准备活动一定要根据即将进行的运动项目的特点，有针对性地进行"热身"，再调整好其他关节的准备运动，帮助身体调整到最佳的运动状态。

7. 注意运动的量和强度

在运动过程中要注意保持运动量和强度的合理性，根据自身的体能情况制订相应的运动计划，关于运动量和强度的安排，开始不宜太大，以免造成身体损伤；也不能太小，这样达不到锻炼的效果，应选择适宜的运动量和强度进行锻炼。若出现特殊情况应及时调整运动计划，使运动量和强度与身体状态相适应，这样可以更好地起到强身健体的作用。

参考文献

[1] 孙超. 多元化教学方法在高校体育篮球教学中的应用探究 [J]. 冰雪体育创新研究，2022（15）：4.

[2] 高恺. 理解式球类教学法在高校体育教学中的应用 [J]. 冰雪体育创新研究，2022（8）：3.

[3] 李东海. 任务驱动教学法在高校体育教学中的应用分析 [J]. 中文科技期刊数据库（全文版）社会科学，2022（10）：3.

[4] 隋虎，李锐. 高校体育教学中体能训练的技巧与方法分析 [J]. 健与美，2022（2）：2.

[5] 孔晶晶. 高校体育课程混合式教学方法的研究 [J]. 健与美，2022（7）：3.

[6] 孟丝雨. 高校体育网球教学中的问题及解决方法探析 [J]. 运动-休闲：大众体育，2022（1）：3.

[7] 杨婷，王贵艳. 社会主体研究方法对高校体育教学的启示 [J]. 黑龙江科学，2022，13（3）：2.

[8] 吴奎忠. 任务驱动教学法在高校体育教学中的应用分析 [J]. 体育世界，2022（4）：0079-0081.

[9] 周灵. 新媒体信息时代下新型高校体育教学改革方法探索 [J]. 产业与科技论坛，2022，21（22）：2.

[10] 甘霖. 高校体育教学中比较分析教学法的运用探究 [J]. 当代体育科技，2022，12（29）：95-98.

[11] 陶驷翔，宋亚明，刘菡. 体育游戏教学法在高校身体功能训练教学中的应用研究 [J]. 当代体育科技，2022，12（16）：4.

[12] 胡璇，黄丽. 新课改背景下体育游戏教学法在高校体育教学中的应用探究 [J]. 拳击与格斗，2022（6）：3.

[13] 王合霞，文唐亮. 新时期高校体育教学训练与教育创新研究——评《高校体育教学创新方法论》[J]. 中国高校科技，2022（10）：1.

[14] 郑道远. 高校体育教学中情景教学法的运用分析 [J]. 拳击与格斗，2022（14）：31-33.

[15] 王烨妮. 高校体育教学中实施拓展训练的方法探究 [J]. 内江科技，2022，43（8）：2.

[16] 赵俊. 当前高校体育教学理念以及改革方法探析 [J]. 拳击与格斗, 2022（8）: 3.

[17] 陈鹏卢德林. 互联网背景下高校体育教学模式创新理念分析——评《体育教学的信息化教学理论与实践研究》[J]. 科技管理研究, 2022, 42（1）: I0005.

[18] 陈飞. 基于关键词共词分析的我国高校体育教学方法研究现状 [J]. 中国科技期刊数据库科研, 2022（9）: 5.

[19] 马中林. 课证融合背景下高校体育教育专业学生上岗能力的培养——以体育教学方法的选择与运用为例 [J]. 体育视野, 2022（9）: 3.

[20] 陈飞晏道炯. 近十年高校体育教学方法热点探讨 -- 基于中国知网期刊文献的 citespace 可视化分析 [J]. 新体育·运动与科技, 2022（6）: 107-109.

[21] 吴猛. 新时代高校体育教学方法的创新探究 [J]. 今天, 2022（12）: 0203-0204.

[22] 冯伦. 新时代高校体育教学方法创新研究 [J]. 冰雪体育创新研究, 2022（13）: 4.

[23] 徐焕喆赵勇军. 新时代我国高校体育教学改革任务及措施 [J]. 体育文化导刊, 2022（2）: 98-103.

[24] 国翠翠, 王雅静. 高校体育教学方法与创新教育的探讨和研究 [J]. 教育研究, 2022, 5（2）: 54-56.

[25] 韩璐. "健康中国"理念下高校体育教学的新思路 [J]. 体育科技文献通报, 2023, 31（3）: 3.